CB126114

Rituais de Entendimento

RITUAIS DE ENTENDIMENTO

AUTOR
José César Paulouro das Neves

© Maria José Ponce de Leão Policarpo Paulouro das Neves

PREFÁCIO
Jorge Sampaio

EDITOR
EDIÇÕES ALMEDINA, S.A.
Rua Fernandes Tomás, n.os 76, 78 e 79 – 3000-167 Coimbra
Tel.: 239 851 904 • Fax: 239 851 901
www.almedina.net • editora@almedina.net

REVISÃO
Ana Breda

DESIGN DE CAPA
Joana Carvalho

PAGINAÇÃO
Aresta Criativa – Artes Gráficas

IMPRESSÃO E ACABAMENTO
ACD Print, S.A.

março, 2022

DEPÓSITO LEGAL
496443/22

A publicação não segue o Acordo Ortográfico em vigor.

Os dados e as opiniões inseridos na presente publicação são da exclusiva responsabilidade do(s) seu(s) autor(es).
Toda a reprodução desta obra, por fotocópia ou outro qualquer processo, sem prévia autorização escrita do Editor, é ilícita e passível de procedimento judicial contra o infrator.

ALMEDINA | GRUPOALMEDINA

BIBLIOTECA NACIONAL DE PORTUGAL – CATALOGAÇÃO NA PUBLICAÇÃO
NEVES, José César Paulouro das

Rituais de entendimento : teoria e prática
diplomáticas : apontamentos. - 3ª ed. - (Fora de coleção)
ISBN 978-989-40-0328-1

CDU 327

Rituais de Entendimento

José César Paulouro das Neves

Teoria e Prática Diplomáticas • *Apontamentos*

3.ª Edição

ALMEDINA

ÍNDICE

PARTE II

A PRÁTICA DIPLOMÁTICA

NOTA INTRODUTÓRIA

por José de Freitas Ferraz
Diretor do Instituto Diplomático

O Instituto Diplomático do Ministério dos Negócios Estrangeiros editou o manual *Rituais de Entendimento — Teoria e Prática Diplomática, Apontamentos* do embaixador José César Paulouro das Neves, primeiro em 2011 e mais tarde em 2016. Ambas as edições esgotaram rapidamente, razão pela qual propusemos à editora Almedina continuar a difusão de um livro cuja procura vinha aumentando ao longo dos anos e que passaria assim a poder contar, pela primeira vez, com uma rede de distribuição em todo o território nacional.

De regresso a Portugal após uma longa e brilhante carreira diplomática em quatro continentes, Paulouro das Neves foi convidado, em 2003, a reger um curso de Direito Diplomático na Universidade de Coimbra e este livro, como o próprio autor refere, é fruto das notas que preparou para as suas aulas.

Rituais de Entendimento beneficia assim do facto de Paulouro das Neves não ter apenas um conhecimento erudito da literatura existente mas igualmente prático, fruto de uma experiência profissional que o levou a Tóquio, Estugarda e Brasília como jovem diplomata e, mais tarde, a Maputo, Madrid, Bruxelas (Representação Permanente junto da União Europeia), Paris e Roma como embaixador.

Além dos professores e estudantes das licenciaturas e mestrados em relações internacionais existentes em praticamente todas as Universidades portuguesas, este livro é igualmente útil para quem segue a difusa e crescentemente complexa cena internacional.

NOTA DO EDITOR

Quis o embaixador José César Paulouro das Neves que fosse o Instituto Diplomático do *seu* Ministério a editar o livro *Rituais de Entendimento – Teoria e Práticas Diplomáticas*, de que é autor. A escolha — que nos honra — é um pouco à sua imagem: é a adequada sem, necessariamente, ser a óbvia ou, dito por outra forma, foi aquela que devia ser, sem que fosse obrigatório ser essa. À sua maneira, esta escolha reflectirá um juízo ético e discreto, retrospectivo e actual, sobre a *casa*, o seu percurso pessoal e as circunstâncias de hoje. Vem a propósito de o autor citar o discurso de Lorde Salisbury no Congresso de Viena, falando sobre Lorde Castlereagh:

> There is nothing dramatic in the success of a diplomatist. His victories are made up of a series of microscopic advantages; of judicious suggestion here, or an opportune civility there; of a wise concession at one moment, and farsighted persistence at another; of sleepless tact, immovable calmness, and patience that no holly, no provocation, no blunders can shake.

Rituais de Entendimento é, pois, o livro de um *scholar* que se ignora, sólido e coerente, um texto que flui e quase esconde a intensidade da pesquisa, o rigor do detalhe e a riqueza da reflexão. Não é um manual de práticas diplomáticas nem uma história diplomática; situa-se entre estes dois territórios da diplomacia e, à medida que a narrativa se desenvolve, abarca o essencial de ambos.

Quis o autor pôr também em subtítulo «Apontamentos». Não tive sucesso em tentar convencê-lo a ultrapassar esta manifestação de sobriedade e a retirar do título uma palavra que não faz justiça à obra.

É minha convicção de que estamos perante um texto indispensável para os lusófonos estudiosos, estudantes ou meros curiosos das relações internacionais, que irá ocupar em Portugal uma boa parte do rarefeito espaço que existe entre a literatura anglo-saxónica da especialidade e o que os autores nacionais foram publicando.

Ao Presidente Jorge Sampaio agradeço, penhoradamente, ter querido ilustrar, com um prefácio seu, um livro editado durante a minha gestão do Instituto Diplomático.

Lisboa, 31 de Maio, 2011

CARLOS NEVES FERREIRA
(embaixador)
Presidente do Instituto Diplomático

PREFÁCIO

Há certamente muitas formas de abordar a elaboração de um prefácio. O Autor, porventura, espera do prefaciador um gesto de simpatia, um olhar valorizador do seu trabalho de meses ou anos. O editor, por seu lado, vê nele uma ajuda à sua própria actividade. Vale a pena, por causa deste tradicional pano de fundo, explicar que este prefácio não é abrangido por nenhuma daquelas categorias, antes pretendendo situar-se a montante da obra e fixar-se junto do seu Autor. Assim sendo, este Prefácio procurará completar o estudo que aqui é apresentado — inteligente, subtil e rigoroso, aliás, à imagem do Autor — com um conjunto de notas mais pessoais que condensam, afinal, cinquenta anos de amizade, respeito e apreço mútuo que fomos forjando e desenvolvendo e que sempre soubemos preservar, cientes de que estes são fermentos de valores sem os quais a vida perderia muito do seu sabor, gosto e sentido.

*

O Embaixador Paulouro das Neves, doravante o Autor, é um amigo e companheiro de sempre, que nunca perturbou a muita distância física que tantas vezes se sobrepôs entre as nossas vidas.

Se não erro, data de 1961 o nosso primeiro encontro. Uma lista de esquerda, em Coimbra, e na qual o Autor figurava, encabeçada pelo saudoso Carlos Candal, ganhava as eleições para a Associação Académica. E eu, associativo pela capital, fui mandatado, para, em representação das congéneres lisboetas, ir observar a indiscutível novidade. O baptismo que apanhei por ter assistido a uma inesquecível Assembleia Magna, onde tantos futuros amigos participaram, saldou esse encontro.

Soube depois que o Autor passou pelo Ministério Público, onde certamente a rotina dos processos-crime não o poderiam ter prendido nem entusiasmado. E mais tarde tomei conhecimento da sua entrada para o Ministério dos Negócios Estrangeiros. Confesso que, na altura, fiquei contente, na secreta esperança de, um dia, um Ministro da tutela poder beneficiar «plenamente» de um intelecto invulgar, de uma personalidade com forte recorte moral, de um cidadão, já por essa altura com uma sólida e quase inesgotável bagagem cultural.

No pós-25 de Abril, quis o destino — para usar a palavra benigna que o Outono da vida aconselha — que eu fosse «aterrar», como Secretário de Estado do IV Governo Provisório, no Ministério dos Negócios Estrangeiros. Dessa experiência sempre guardei a mais grata recordação, principalmente pela maneira elegante e amiga com que me foram mostrando o que era — e continua a ser — um corpo civil ao serviço do interesse nacional. Recordo, como se fosse hoje, um notável aerograma proveniente de Brasília (os tais inesquecíveis documentos amarelos) com uma análise profunda, em todas as direcções, do estado das relações luso-brasileiras e, muito em especial, da evolução política e social do Brasil. Soube mais tarde, porque perguntei, que era da autoria do diplomata Paulouro das Neves.

Os nossos encontros sucederam-se sempre que o Autor vinha a Portugal. Lembro-me bem dos nossos múltiplos encontros, em que eu o consultava exaustivamente sobre a política externa em geral e a portuguesa em particular e de como sempre aliava rigor na análise e capacidade de síntese, visão do futuro e compreensão do presente. O seu conhecimento, experiência e cultura foram-me de grande auxílio quer enquanto responsável pelas relações internacionais do Partido Socialista, quer, mais tarde, como deputado, e em muito contribuíram para consolidar o meu gosto pela política internacional bem como a minha apetência para a diplomacia. Mantivemos essas conversas como velhos amigos e sem publicidade, porque nada poderia afectar o meu dever de, por forma alguma, pôr em causa a exemplaridade do Autor e da sua carreira. Nunca se sabe como outros reagem!

Já com diversas funções oficiais, de Presidente da Câmara de Lisboa e de Presidente da República, estive com o Autor em cidades-chave, como Madrid, Paris, Roma, onde representava Portugal como Embaixador.

Lembro-me particularmente bem da minha primeira visita à capital francesa como Presidente da República, durante a qual o Autor organizou um inesquecível jantar com numerosas personalidades da cultura e política francesas, mostrando então claramente como a sua presença nos meios locais era prestigiada e prestigiante para o nosso país, contribuindo de forma decisiva para a valorização das nossas relações bilaterais com a França, terra de residência de tantos compatriotas.

Quando o Autor completou a idade para poder estar no Serviço Externo, lembrei-me, de súbito, de lhe pedir que integrasse a minha Casa Civil da Presidência, onde a sua experiência e sabedoria me poderiam ser da maior utilidade. Aceitou de imediato, estava ainda em Roma, seu último posto, e passei então a poder contar todos os dias com um velho amigo, de afinidades geracionais fortíssimas, além de ser um diplomata com uma craveira intelectual e moral superiores, com a serenidade de quem tem a vida feita, sem agenda nem pretensões avulsas.

Mas algo de muito marcante estava para vir. Quando em 2005 se preparava a minha visita de Estado a França, ficou acordado que eu falaria na Assembleia Nacional. Sabia que tinha o *ghost writer* ideal para esse discurso na pessoa do Embaixador Paulouro. Chamei-o, disse-lhe o que queria, e trocámos longas impressões sobre o que é que a França representava para a nossa geração e, claro, para tantos e tantos milhares de Portugueses. Era o país de emigração dos nossos compatriotas, a terra acolhedora para tantos exilados do regime e/ou da guerra colonial, eram as revistas e os jornais, as livrarias da nossa incansável curiosidade, o cinema por atacado à razão de três sessões por dia, eram as múltiplas conspirações nos cafés e em torno dos nossos amigos feitos transitórios *concierge de nuit* nos hotéis baratos de Saint Germain, era a literatura, os museus, a música e as canções de combate. Era tudo, afinal, que nos dava alento e vida, tudo que devíamos agradecer e os valores subjacentes a que devíamos prestar homenagem assim como ao povo e à cultura que melhor os simbolizavam.

Para esse efeito, o Autor preparou uma primeira versão — e única, tanto quanto me lembro —, que adoptei desde a primeira hora e que tão emocionadamente li na Assembleia Nacional francesa. Palavras que foram aplaudidas de pé *toutes tendances confondues*. Foi um dia único e irrepetível, e o Autor ficará para sempre associado a esse momento.

Daí que, para voltar ao princípio, este prefácio é para mim muito especial: não é o tal gesto de simpatia, não quer ser um olhar apreciativo sobre o trabalho do Autor. É uma manifestação de agradável cumplicidade, de solidariedade e apreço por um grande diplomata e um homem de cultura, que escreveu esta obra a partir de um acervo pessoal de décadas de exigente profissionalismo, de cultura, de uma escrita que nos enreda e nos prende como se estivéssemos a reviver, por exemplo, Richelieu, Talleyrand e Metternich, a diplomacia das cidades italianas, *maxime* Veneza, e também Vestefália e Viena, dos príncipes absolutistas à revolução francesa, da Genebra da Sociedade das Nações ao multilateralismo dos nossos dias, numa espécie de manual ao ritmo viscontiano que traduz a realidade de forma atractiva e enleante.

O Autor continua igual a si próprio, à sua completa ausência de arrogância, que faz da sua culta modéstia um poderoso instrumento de relação liberal e democrática. É por isso que chama ao presente livro «Apontamentos», compreensível na sua origem e justificação iniciais, muitíssimo ultrapassado por uma verdadeira «Teoria e Prática Diplomáticas» que enriquece — e de que maneira — a bibliografia disponível, e nos incita a seguir as pistas detectadas, a ler a bibliografia citada, a compreender uma profissão e uma arte — a diplomacia — que sempre comprovou a sua capacidade de ajustamento (para citar o Autor) e, já agora, neste tempo de redes sociais, a sua continuada indispensabilidade com as adaptações, inovações e a exigência de temas que a complexa realidade de hoje impõe, não esquecendo os novos desafios do *soft power* e da sociedade civil na multiplicidade criativa, mas dispersa, das suas iniciativas.

O Autor escolheu ainda para mote principal deste seu estudo — o de «Rituais de Entendimentos», uma escolha feliz que deixa claro o intuito prosseguido, o de dar um contributo cultural para o enquadramento de uma narrativa que vem preencher as necessidades quer dos estudiosos da diplomacia quer dos seus «praticantes», dos cultores das suas vicissitudes e épocas.

Percorrido no pormenor, este estudo propõe um conspecto do que é a diplomacia hoje, do que foi no passado e do que terá de ser sempre como «instrumento dos Estados e de sujeitos reconhecidos pelo direito internacional para, através de representantes mutuamente aceites e de forma predominantemente prática, cooperarem no quadro da legalidade internacional para defesa e harmonização dos respectivos interesses».

Um ponto que gostaria de sublinhar é o facto de o Autor, ao longo da obra, não só se apoiar num conjunto sólido de autores de referência, mas levar também em consideração a doutrina portuguesa, num gesto, muito seu, em que se adivinha a expressão de reconhecimento pelos trabalhos dos seus pares e de quantos, em Portugal, se dedicam ao estudo destas matérias. Esta obra, que decerto marcará um antes e um depois, na vida académica dos nossos estudantes universitários de Relações Internacionais, de História e Direito Diplomático, vem contribuir de forma decisiva para renovar o estudo da diplomacia em português e passará a ser, muito em breve, disso não tenho a menor dúvida, um «clássico» das estantes das nossas bibliotecas. O nosso Embaixador chama-lhe «Apontamentos», pois sejam, desde que passem a ser uma «paragem obrigatória» no percurso de formação dos nossos futuros diplomatas.

E eis como este prefácio passou de um percurso de memória solidária para o reconhecimento científico e cultural de uma obra cuja leitura se aconselha vivamente, por ser não só muito instrutiva e intelectualmente estimulante, mas também por proporcionar momentos de grande prazer pelo magnífico estilo do Autor.

Por último, uma amiga saudação ao Instituto Diplomático e ao Embaixador Carlos Neves Ferreira, pela oportunidade e utilidade da publicação, aliás certamente para um público mais vasto do que inicialmente porventura se teria pensado. O Instituto, para outra vez voltar ao princípio, não precisava da minha ajuda!

Obrigado!

Lisboa, 24 Maio de 2011

NOTA PRÉVIA

Este livro nasceu de uma necessidade. Quando a Faculdade de Direito da Universidade de Coimbra me convidou há alguns anos para reger um curso de Direito Diplomático, verifiquei ser útil actualizar a escassa bibliografia portuguesa que então abordava a teoria e a prática da diplomacia. Decerto que desde então foram vários os textos publicados, designadamente sobre algumas figuras e momentos da história diplomática portuguesa. Mas as expectativas e questões colocadas pelos alunos levaram-me a preparar breves apontamentos que os ajudassem a completar as excelentes obras do Embaixador Calvet de Magalhães. Assim nasceram as bases — posteriormente desenvolvidas — de um livro que pretende evocar períodos significativos da evolução da diplomacia, descrever certos temas da actividade diplomática e revisitar questões práticas que se deparam ao trabalho das embaixadas e dos seus agentes. Para isso, entendi adoptar uma exposição que, além do seu objectivo inicial, servisse também de esclarecimento a quem pretenda saber um pouco mais sobre o que é e como se faz diplomacia.

Não são outras, pois, as ambições desta escrita de síntese, que pretende ainda cumprir um dever: o de transmitir não só uma experiência, mas a funda convicção pessoal da comprovada capacidade de ajustamento da diplomacia — apesar dos seus enleamentos nas margens egoístas de um frequente realismo político —, para responder às novas realidades e aos vastos e diversificados desafios do nosso tempo.

Este é um trabalho que dedico à minha Mulher, que desistiu da sua carreira profissional para me acompanhar — e decisivamente ajudar — nas múltiplas errâncias impostas pela carreira diplomática.

Parte I

CAPÍTULO I
INTRODUÇÃO

1. Diplomacia – ontem e hoje

A diplomacia é velha como o tempo e só com ele desaparecerá.
MAULDE DE LA CLAVIÈRE[1]

Na National Gallery, em Londres, ocupa lugar de relevo um famoso quadro a óleo, pintado em 1533 por Hans Holbein. Tem por título *Os Embaixadores* e mostra-nos dois homens numa pose grave, de cada lado de uma mesa coberta por um tapete turcomano, sobre o qual se dispõem diversos objectos, todos eles com um preciso significado simbólico e escolhidos em vários campos do saber: geografia (um globo onde se descortina a linha divisória de Tordesilhas e o Brasil), música (um alaúde com algumas cordas partidas, sinal de discórdia política e do trabalho diplomático para a superar), um livro de hinos religiosos, ciências astronómicas, matemática[2]. No chão de motivos geométricos, facilmente identificável

[1] Citado em *Histoire de la Diplomatie Françoise*, «Diplomacia/Protocolo».

[2] L. Jardine sublinha, além da ostentação de prestígio e de poder revelada pela qualidade dos objectos representados, o cosmopolitismo de uma nova idade europeia transmitida por Holbein. Estamos perante um retrato de aristocratas franceses, pintado por um artista alemão residente na Inglaterra, semeado de alusões: desde trocas comerciais entre a Alemanha, a Itália e Istambul, ao intercâmbio intelectual prosseguido por Paris, Nuremberga e Londres, e, bem assim, ao relacionamento político existente entre França, Inglaterra, Veneza e o Império Otomano. L. Jardine, *Wordly Goods*, Macmillan, 1996, Londres, p. 436.

por reproduzir o lajedo da Abadia de Westminster, destaca-se um estranho desenho e este, em observação mais atenta, revelar-nos-á um crânio, a lembrar serem efémeras as glórias terrenas.

Olham-nos os dois homens de modo algo hierático, de jeito determinado um, de maneira mais introspectiva o outro, como que a combinar com as suas vestes: gabão curto e amplo, rico, debruado a arminho e ornado de um colar da Ordem de S. Jorge, as do primeiro; traje longo, escuro, quase sem adornos, as do segundo personagem.

Sabemos, também, quem são: o homem do colar é Jean de Dinteville, Embaixador de França na corte de Henrique VIII; o seu companheiro é um bispo francês, Georges de Selve, seu amigo, também utilizado pelo Rei para importantes tarefas diplomáticas em Londres, Roma, Madrid e Veneza.

Enfim, conhecemos igualmente a principal missão do embaixador francês: tratava-se de uma iniciativa diplomática do Rei de França, Francisco I, junto de Henrique VIII, acerca do contencioso entre a coroa inglesa e a Santa Sé, originado pelo casamento daquele com Ana Bolena, não obstante a sua ligação anterior com Catarina de Aragão, tia do poderoso Imperador de Habsburgo Carlos V, não ter sido anulada pelo Vaticano.

Nada pôde a diligência do Embaixador Jean de Dinteville contra a teimosia do soberano inglês perante Roma, pois ainda antes de regressar ao seu país foi participante destacado nas cerimónias de coroação de Ana Bolena e, pouco depois, testemunha da sua morte no cadafalso. Mas Hans Holbein libertou-o do esquecimento a que este insucesso porventura o teria votado para nos deixar na sua célebre tela o registo de uma Idade em que a diplomacia se ocupava com empenho, e alguma intriga, em casamentos reais, ou procurava atenuar os riscos das alianças dinásticas deles eventualmente resultantes. Essa era uma época em que os enviados diplomáticos, por representarem os seus soberanos, se rodeavam de um aparato e pompa condizentes com a grandeza dos seus Senhores, ou cuidavam de deixar para a posteridade um retrato pessoal da magnificência da sua ocupação. Disso ficariam vestígios na numerosa iconografia espalhada pelos museus do mundo, pela qual nos familiarizamos com severos e magníficos vultos, ou com o fausto dos cortejos da entrada de Embaixadas na Corte do Grão-Turco, ou em Versalhes, Roma, Veneza, Lisboa, e em outras capitais.

Hoje, chegando-nos em tempo real pelos noticiários em directo das televisões, são bem diferentes as imagens dos agentes diplomáticos, sucessores actuais dos Dinteville de outrora, ao serem mostrados, tantas vezes em cenários de risco ou conflito, a explicarem aos media situações de crise, ou a comunicarem por telemóvel com as autoridades do seu país, no cumprimento de uma das mais antigas tarefas da sua função: a de informar.

Velha como o mundo, e com ele se transformando, a diplomacia — que um estadista inglês do século XIX definiu como «a grande máquina usada pelas sociedades civilizadas para a preservação da paz»[3] — nunca conseguiu, todavia, sacudir, sobretudo desde que assumiu nos começos da época moderna o rosto inédito das embaixadas permanentes, muitas das diferenciadas suspeições, caricaturas, libelos, e até, perante as recorrentes inovações do mundo da comunicação, repetidas profecias sobre um seu provável óbito. Para isso concorreu, logo de início, o mistério de um ofício novo assente em códigos de formalismo, na confidencialidade das suas diligências, na recolha de informações em solos soberanos estrangeiros, ou nas singulares prerrogativas dos seus agentes; bem mais tarde, o desabar dos equilíbrios construídos pelo Congresso de Viena, que resultaria nos massacres da Grande Guerra, ofereceu-a como fácil bode expiatório das condenações sobre os entendimentos secretos entre governos europeus dos quais fora instrumento; já nos nossos dias, com a quotidiana aceleração de um progresso tecnológico facilitador de frequentes contactos entre responsáveis políticos, não são poucos aqueles que a acusam de anacronismos, de bloqueios decisórios, de inoperâncias, ou proclamam a necessidade de uma radical mudança — nos seus métodos de trabalho, no quadro dos seus praticantes, ou nas suas próprias estruturas organizativas.

Será útil, por isso, percorrer brevemente o demorado caminho de ajustamento da instituição diplomática às realidades que, ao longo das várias épocas, a têm interpelado, e por essa via distinguir a espuma de persistentes preconceitos e separá-la das posições de quem defende, com maior seriedade, uma sua mais efectiva resposta aos múltiplos problemas deste nosso tempo.

---

[3] *Sir* Robert Peel, Primeiro-ministro em 1848.

Voltemos, pois, ao quadro da National Gallery para nos interrogarmos sobre o que é que afinal mudou desde então — além do traje —, no trabalho e nos comportamentos dos agentes diplomáticos. E o que, nas suas tarefas e responsabilidades, se terá alterado entre os dias das lentas carruagens e as instantaneidades agora proporcionadas pelas diversas CNN do espaço televisivo ou pelos amplos recursos proporcionados pela Net. Para responder a estas questões, comecemos por lançar um primeiro olhar sobre alguns aspectos da diplomacia, que um outro estadista qualificou como «a melhor coisa que a civilização inventou para prevenir a força na relação entre os Estados»[4]. E procuremos dar dela uma primeira definição.

A diplomacia como método de comunicação entre povos

> A comunicação é para a diplomacia como o sangue para o corpo humano.
>
> V. D. TRAN[5]

Antes de mais, poderemos dizer que a diplomacia — a palavra só apareceria bem tarde no tempo — nasceu da necessidade de grupos humanos comunicarem entre si para resolverem conflitos ou tratarem de assuntos de interesse mútuo. O diplomata e autor Harold Nicolson escreveu com ironia, mas decerto com alguma verdade, que para os nossos antepassados da época do Neandertal se terá tornado evidente ser mais útil ouvir um mensageiro em vez de o matar — ou comer[6]. Por isso, desde antiquíssima idade, se estabeleceu a prática de lhes atribuir uma protecção particular, quase sempre de natureza sobrenatural ou religiosa, assim se permitindo intercâmbios, convivências, ou úteis concertações. E se autores como R. Redslop[7] assinalam que a diplomacia «é tão antiga como os povos», a sua lenta evolução ao longo dos tempos mostra-nos a persistência desse primeiro

[4] Duque de Broglie, 1873.
[5] Em *Communication and Diplomats in a Changing World*, Norwood, 1987, p. 8.
[6] Harold Nicolson, *Diplomacy*, Oxford University Press, 1955, p. 17. Londres.
[7] R. Redslop, citado por E. Vilariño Pintos em *Curso de Derecho Diplomático y Consular*, Tecnos, 2003, p. 54. Madrid.

cuidado pragmático de salvaguardar a segurança de enviados estrangeiros, única maneira de garantir uma proveitosa linha de comunicação.

Compreende-se também facilmente que a prática diplomática, pela sua própria natureza, venha acompanhando o progresso da própria humanidade. Uma rápida caminhada pela História revela que em todas as civilizações da Antiguidade, mesmo nas sociedades organizadas de forma rudimentar, se recorreu a intermediários para os seus contactos, concedendo-lhes protecção e privilégios, na compartida consciência de que era vantajoso quebrar isolamentos e conjugar interesses. Os relatos que nos chegaram, ainda bastante antes da nossa era, da Mesopotâmia ou do Egipto, da China ou da Índia, da Grécia e da Roma Antigas, ou, já mais tarde, da Alta Idade Média, dão conta da importância do que hoje chamaríamos diplomacia *ad hoc* ou missões extraordinárias, para o estabelecimento de regras de coexistência entre povos, através da utilização de enviados incumbidos de diversas negociações ou portadores de mensagens orais ou escritas. Mas foi apenas com a Renascença italiana, pelo destacamento dos primeiros Embaixadores residentes — não já caracterizados pela específica transitoriedade dos seus mandatos, mas pela sua permanência no posto —, que a instituição diplomática começou a criar algumas das principais linhas do rosto que ainda hoje ostenta no quadro do relacionamento bilateral. Como tudo o que tem um começo, vale a pena deixá-lo registado: foi Filippo Maria Visconti, Duque de Milão, que ao mandar, de 1425 a 1432, um Enviado residente para a Corte do Rei da Hungria, Segismundo, então Imperador do Sacro Império Romano Germânico, quem inaugurou um modelo de relacionamentos que seria posteriormente adoptado pelos principais países europeus[8]. Nos séculos seguintes, o progresso da sociedade internacional irá favorecer a crescente evolução do instrumento diplomático, chamado a gerir na realidade europeia — entre tantas outras coisas — o crescente desmoronamento dos poderes do Imperador e do Papado, as resistências de França à vontade de hegemonia dos Habsburgos, os efeitos resultantes do conceito do Estado moderno após a Paz de Vestefália, a consolidação da prática multilateral após o Congresso de Viena, ou a deslocação para além

[8] Garrett Mattingly, *Renaissance Diplomacy*, Dover Publications, 1988, p. 65. Nova Iorque.

Atlântico, com a emergência dos EUA, do anterior poderio europeu. Mas seria só bastante tarde, na segunda metade do século XX, perante o novo desenho geopolítico de um mundo formado por numerosos países independentes saídos de duas guerras mundiais e do processo descolonizador que a consciência política da necessidade de definir, actualizar e dar força convencional às regras disciplinadoras da actividade diplomática, até aí regulada sobretudo pelo costume e pela doutrina, conduziria à negociação das regras que hoje a regem e se encontram plasmadas na Convenção de Viena sobre as Relações Diplomáticas de 1961.

Não será nesta, porém, que, a par de normas ordenadoras do estabelecimento de relações diplomáticas entre Estados, dos privilégios, imunidades e deveres dos seus agentes, poderemos colher uma definição de diplomacia. Voltemos, pois, à pergunta inicial: o que é a diplomacia?

Já vimos que, nas suas origens, os primeiros sinais de tipo diplomático consistiam num instrumento de comunicação para o relacionamento entre grupos humanos, através da actividade de pessoas que representavam as respectivas colectividades, e a quem, para tanto, era atribuído um estatuto especial de inviolabilidade, para negociarem através de contactos questões de interesse recíproco. E se a palavra diplomacia surge apenas nos fins do século XVII, e é ainda hoje pouco consensual o seu próprio conceito, poderemos, contudo, assinalar desde logo que o desenvolvimento da sua prática ao longo da História iria formatar três elementos essenciais do seu código genético: a representação, a negociação e a informação.

De modo consistente, conforme se foi afirmando o progresso humano nas suas várias vertentes, e com ele se consolidando um espírito de sociedade internacional com o advento no continente europeu dos modernos Estados-nação, a actividade diplomática viu alargado o seu domínio de exercício e as suas responsabilidades. Já bem longe dos incipientes intercâmbios das primeiras colectividades humanas, os reinos da Europa saída da penosa Guerra dos Trinta Anos vão entretecer um diferente universo de relacionamentos e equilíbrios que espelham afinal uma nova realidade política. E nesta, os Estados soberanos resultantes da Paz de Vestefália, firmada em 1648, compostos por um território e por uma população submetidos a um poder político organizado, passam a formar uma cada vez mais vasta e complexa comunidade de países, e a defender nela — através de um crescente quadro de contactos levados a cabo por intermediários mutuamente reconhecidos (os diplomatas) — os seus interesses nacionais.

Ora, a diplomacia constitui justamente o instrumento pacífico por excelência para levar a cabo as políticas que ordenam as relações externas entre os Estados, num tempo cada vez mais tecido por múltiplas interdependências. Raymond Aron, na sua leitura realista das relações internacionais, sublinha: «Cada Estado vive em relação com outros; enquanto os Estados se mantêm em paz, devem, custe o que custar, viver em comunicação. Salvo recurso à força, procuram convencer-se. No dia em que se combatem, procuram constranger-se. Neste sentido, a diplomacia pode considerar-se como a arte de convencer sem utilizar a força...»[9]. Na mesma linha, salientando a sua natureza de instrumento da sociedade internacional, o espanhol Vilariño Pintos cita Adam Watson, que fala de *diálogo entre Estados* e define o objectivo nuclear da diplomacia como um esforço de «persuasão contínua», já que a principal característica do conceito diplomático consiste num «equilíbrio adequadamente mantido por *ajuste continuado*»[10]. Desenvolvendo melhor esta ideia, para Watson, a tarefa central da diplomacia não é a gestão da ordem, *mas o governo da mudança*, e isto porque o seu aspecto mais relevante assenta no equilíbrio: «constantemente mutável, objecto de pressões que nenhuma rigidez, nenhum dogma, nenhuma instituição, nenhum cânone legal consegue manter indefinidamente, *poderá todavia ser mantido de forma adequada em equilíbrio por ajustamentos continuados*»[11].

Por tudo isto, e numa primeira e breve aproximação[12], poderemos dizer que diplomacia é um instrumento usado pelos Estados para garantirem a defesa dos seus interesses, através de representantes devidamente mandatados e mutuamente reconhecidos.

---

[9] Raymond Aron, «Paix et Guerre entre les Nations», citado por Calvet de Magalhães in *A Diplomacia Pura*, Bizâncio, 2005, p. 25. Lisboa.

[10] E. Vilariño Pintos, *op. cit.*, p. 72.

[11] Adam Watson, *Diplomacy*, Routledge, 1991, p. 223. Londres.

[12] Ver um maior desenvolvimento desta matéria no capítulo II.

A outra mais velha profissão do mundo

> Os teóricos do século XVI defendiam que os primeiros diplomatas haviam sido anjos, que serviram como mensageiros entre céu e terra.
>
> HAROLD NICOLSON[13]

Se a Convenção de Viena de 1961 não nos oferece uma definição de diplomacia diz-nos, porém, como é regulada a actividade das Embaixadas bilaterais e do seu pessoal, fixando-lhes igualmente importantes privilégios e imunidades para garantir um bom desempenho das respectivas funções. Ao fazê-lo, procurou clarificar e sistematizar práticas, muitas delas ancestrais e transmitidas sobretudo por via consuetudinária, reguladoras do trabalho dos agentes diplomáticos, os quais no grau superior da sua hierarquia começariam a receber a partir do século XIII o nome de Embaixadores[14]. Ora, se a diplomacia, por uma inicial insuficiência teorizadora, tem revelado a existência de algumas imprecisões e divergências sobre o seu próprio conceito, a figura do Embaixador e a dos diplomatas em geral vêm, pelo contrário, alimentando ao longo do tempo um vasto património de estudos, manuais, material literário ou cinematográfico, e também de não poucas caricaturas. Valerá assim a pena, ao determo-nos um pouco sobre esta velha ocupação, tentar desde já discernir algumas das linhas permanentes e essenciais de uma actividade a que alguém chamou com humor «a outra mais velha profissão do mundo»[15]. E, também, procurarmos ver se tais traços continuarão a balizar o trabalho diplomático na abordagem dos grandes temas de um mundo como o nosso, marcado pelos reflexos

---

[13] Nicolson, *Diplomacy*.

[14] Não obstante se registem nos últimos anos do século XII, em Milão, referências a Embaixadores, apenas no século seguinte esta designação se difundiria.

[15] Entre nós, Eça de Queiroz, que pertenceu à carreira diplomática como Cônsul, deixou-nos, em *O Mandarim* e em *Os Maias* o desapiedado retrato de dois Embaixadores estrangeiros inventados pela sua capacidade criadora (o russo Camilloff e o finlandês Steinbroken) e, num registo mais sério, uma acerba crítica em *As Farpas* aos diplomatas portugueses de então. Lawrence Durrel aproveitou uma breve experiência diplomática em Belgrado, para traçar um retrato jocoso da vida diplomática em *Sauve qui peut* ou em *Stiff upper lip*. Cf. Christian Graeff. *Pouvoirs* n.º 88, Paris, 1999.

— políticos, económicos, financeiros e culturais — de uma inédita globalização, favorecida por um progresso tecnológico sem precedentes no domínio das comunicações. Mas, ainda antes, será útil assinalar numa primeira e rápida abordagem como surgiram e quem eram estes intermediários — os diplomatas — e como, com o passar dos séculos, se foi fixando o seu trabalho.

Embora conheçamos naturalmente pouco sobre as práticas diplomáticas anteriores aos primeiros registos históricos, já se indicou que mesmo entre os povos primitivos existiam relações inter-tribais conduzidas por mensageiros resguardados por regras de inviolabilidade e pela convicção de que gozavam de protecção sagrada. Os mais antigos documentos escritos, que datam do terceiro milénio a.C., revelam que na região fértil da antiga Suméria, no Golfo Pérsico, entre a Mesopotâmia e a Síria, entidades políticas organizadas em Cidades-templo, protegidas pelos seus deuses tutelares, trocavam enviados para negociar alianças, comerciar bens e mesmo estabelecer tratados para regular a utilização das águas da rica bacia dos rios Tigre e Eufrates. Mais tarde, em 1700 a.C., encontramo-los com idênticos objectivos ao serviço de uma vitoriosa Babilónia («a porta de Deus») e, posteriormente, a partir do século XV a.C., nos intercâmbios entre os Impérios Egípcio e Hitita, ou por volta de 1000 a.C., a negociarem nas terras do Império Persa. Na Grécia Antiga, nos séculos V e IV a.C., Tucídides e Demóstenes deixaram-nos relatos sobre Embaixadores de diferentes cidades gregas de um então fragmentado mundo helénico envolto em lutas internas de hegemonia, e bem assim sobre as imunidades de que gozavam para a realização das suas tarefas. Depois, no seu caminho evolutivo, a instituição diplomática foi assumindo novos contornos numa nem sempre regular linha de continuidade; mas continuadamente, desde a Roma Imperial a Bizâncio, e, mais tarde, de Veneza a Milão ou a Florença, sempre se caracterizaria pela prática de utilizar enviados para missões específicas e transitórias, revestidos de poderes e de privilégios protectores, para o estabelecimento de alianças, declarações de guerra, combinação de matrimónios ou entendimentos de natureza económica. O traço identificador essencial das actividades de tipo diplomático permaneceu igualmente inalterável — ou seja, a qualidade de intermediário acreditado para a comunicação entre duas entidades[16] —, mesmo que o nome tivesse variado ao sabor do tempo e da geografia: *presbeis* e *orator*, com os gregos; *legatus*, com Roma; *núncio* e *procurator* na Idade Média; e, finalmente, *ambaxiator* ou *ambasciator*. Mas só após a criação no século XV dos Enviados Residentes pelas Cidades-Estado da Itália Renascentista se foram delineando melhor as funções e a própria figura do Embaixador, agora a permanecer por longo tempo nas Cortes estrangeiras. A partir daí, paulatinamente e com a experiência adquirida, desenharam-se com mais nitidez as suas competências, apuraram-se métodos e rituais, fortaleceram-se alguns privilégios e imunidades. Nesse processo evolutivo, a diplomacia bilateral foi assumindo o perfil cujos traços principais em larga medida ainda hoje revela, decorrente de uma lenta profissionalização e, sobretudo depois do século XVII, de numerosos trabalhos teóricos sobre o seu exercício.

Para esta evolução, e para o alargamento da actividade e responsabilidades dos diplomatas (este termo apenas irá surgir no século XVIII), contribuíram de modo relevante vários factores ligados ao desenvolvimento da sociedade europeia. E, entre eles, caberá mencionar a dinâmica política introduzida pelas rivalidades endémicas existentes na península italiana nos séculos XIV e XV; o posterior enfraquecimento do domínio da Igreja ocasionado pela fractura europeia introduzida pela Reforma no século XVI; a gradual consolidação dos Estados modernos, sobretudo após os Tratados de Vestefália, em 1648; a necessidade dos soberanos, no século XVII, de se fazerem representar, por se entender não deverem ausentar-se do respectivo território nacional salvo em caso de guerra[17]; e, decisivamente, o próprio embora arrastado progresso das comunicações e do comércio, facilitador da multiplicação de contactos entre os reinos europeus, então a cumprirem um vagaroso caminho de aperfeiçoamento administrativo. Ao mesmo tempo, foram ganhando corpo jurídico antigas imunidades até aí forjadas pelo costume ou pela cortesia (como ensinava Montesquieu, os «Embaixadores são a palavra do Príncipe que os envia, e essa palavra deve ser livre»), e bem assim firmando-se alguns princípios básicos,

---

[16] Não apenas entidades políticas, até à consagração do direito de legação como atributo de soberania no século XVII.

[17] Isabel Cluny, *O Conde de Tarouca*, Livros Horizonte, 2006, p. 42. Lisboa.

como a reciprocidade, que ainda hoje governam o trabalho diplomático[18]. Tratou-se naturalmente de um demorado processo evolutivo, no qual a prática e o labor teórico dos séculos XVII e XVIII deixariam importante marca, tanto na delimitação das funções dos Embaixadores, como no sistema do seu recrutamento e lenta formação, como ainda no sempre melindroso plano das precedências protocolares que, até ao Congresso de Viena de 1815, alimentaria numerosos e sérios incidentes entre alguns Estados europeus mais ciosos das suas prerrogativas.

De espiões honrados a fazedores de paz

> ...elegem sempre os Príncipes para as embaixadas os vassalos de virtudes mais excelentes, por se não arriscarem ao desar de mandarem a reinos estranhos os seus retratos com manchas disformes.
>
> CONDE DE ERICEIRA[19]

Não será difícil entender que, no início, até pela sua novidade, a figura de um Embaixador residente numa Corte estrangeira ocupasse um lugar dominante nas poucas obras que ao tempo procuravam teorizar as actividades de tipo diplomático. Como se referiu, com o desenvolvimento por estas colhido a partir da Renascença italiana, as funções dos Residentes, olhadas com generalizada desconfiança, foram, no entanto, ganhando um traço mais preciso, a que, por seu lado, uma ainda frágil doutrina sobre a maneira de bem fazer diplomacia ia proporcionando alguma orientação teórica. Um dos mais antigos ensaios a ocupar-se do tema foi escrito por um Embaixador veneziano colocado em Roma, Ermolau Barbaro, em 1490, na forma clássica de conselhos a um amigo e colega, sendo apontado como o primeiro trabalho acerca dos Residentes e também como uma das primeiras manifestações da importância que os mesmos começavam

[18] «A alma da ideia diplomática é a reciprocidade.» Abba Eban, *The New Diplomacy*, Random House, 1983, p. 433. N. Iorque.

[19] Conde de Ericeira, *História de Portugal Restaurado*.

a ganhar na sociedade da época. O modo como inicia o seu ensaio — «eu falarei aqui daqueles que são enviados com credenciais para ganhar a amizade dos Príncipes» — não só revela os propósitos do autor, como nos deixa igualmente um sinal sobre o que então se esperava da missão desses novos diplomatas. Todavia, acerca dela, Barbaro abandona já significativamente certas idealizações próprias da época, que os referia — na linha da tradição clássica do «espelho dos príncipes» — como agentes da paz, para antes sublinhar com realismo que *o principal dever de um embaixador é exactamente o mesmo de um qualquer outro servidor de um governo, ou seja, fazer, dizer, aconselhar e conceber tudo aquilo que possa melhor servir para preservar e engrandecer o seu próprio Estado*[20]. Ou, por outras palavras, promover e defender os interesses do seu país ou do Senhor que o enviara. Para tanto, um dos mais autorizados especialistas desse período[21] refere algumas das principais qualidades que então lhes eram exigidas e que parece terem atravessado o tempo, pois continuam actuais: ouvir atentamente o interlocutor para encontrar possíveis pontos de entendimento; estar preparado para fazer concessões consistentes com o mandato recebido e a dignidade de quem representavam; buscar pacientemente acordos, mas com a consciência de que o tempo é elemento precioso na negociação; cultivar a polidez de maneiras, evitando desnecessárias provocações e a tentação de triunfar a todo o custo; e, sobretudo, nunca perder a serenidade.

Aos poucos, foi tomando forma o quadro das tarefas dos Residentes, principalmente repartido entre um dever de informar a sua Corte, quase sempre apoiado por processos já algo elaborados de espionagem[22], e certos encargos de negociação, ultimados na fase da assinatura, por motivos protocolares, por Embaixadores Extraordinários. Quanto à primeira dessas responsabilidades, que iria projectar durante longo tempo não poucas sombras sobre o novo ofício, Callières, ainda em 1716, no seu então muito lido livro *Da maneira de negociar com os Soberanos*, explicava a razão por que os Embaixadores eram chamados «espiões oneráveis», dizendo que tal se devia por «ser a sua principal ocupação descobrir os segredos da

---

[20] Calvet de Magalhães, *A Diplomacia Pura*, Bizâncio, Lisboa, 2005, p. 60.

[21] G. Mattingly, *op. cit.*, p. 35.

[22] Keith Hamilton e Richard Langhorne, *The Practice of Diplomacy*, Routledge, 1995, p. 33. Londres.

Corte onde reside», prevenindo que «*dificilmente* realizará o seu trabalho se não souber como proceder aos necessários pagamentos para recompensar aqueles que para tanto lhe serão úteis».

Essa foi uma época em que, na transmissão de informações, os embaixadores venezianos atingiram uma posição inultrapassável: um deles chegou a enviar 472 relatórios durante um ano, na maioria minuciosos e elegantemente escritos, sobre a situação em Roma[23]. Mas tanto os enviados milaneses como os florentinos mantinham igualmente as suas Cortes bem informadas, cabendo sublinhar que, já por volta de 1500, as regras orientadoras para a elaboração desses textos diplomáticos eram similares em toda a Itália, caracterizando-se os relatórios pelo detalhe e pela agudeza da observação[24], podendo ainda hoje servir de modelo literário para idênticos exercícios.

Não era, porém, isento de dificuldades o trabalho dos Residentes, pois tanto podiam indispor a Corte para onde haviam sido enviados e serem nela olhados com suspeição, ou, pelos seus despachos, eventualmente favoráveis sobre a realidade que observavam, criarem no seu Senhor o receio de terem sido comprados ou pervertidos pelo longo tempo ali vivido. Ao abordar esta última desconfiança, recorrente em épocas posteriores e que ainda hoje por vezes aflora nas Chancelarias (os ingleses cunharam a expressão sugestiva de *gone native* e os americanos, *localitis*), um diplomata e autor contemporâneo de Machiavelli (Guicciardini) aconselha os candidatos a embaixador a considerarem tal risco com grande prudência, dizendo com alguma razão (e actualidade) que tais situações ocorrem, pois o Enviado tem os assuntos da Corte onde reside «constantemente sob os seus olhos, e porque não vê outros com o mesmo detalhe, eles assumem maior relevo do que na realidade possuem»[25].

Mas quem eram afinal esses Embaixadores que passavam agora a residir no país da sua missão?

---

[23] Garrett Mattingly, *idem*, p. 96.

[24] «Seria desejável que todos os Embaixadores seguissem o exemplo dos de Veneza, porque isso seria um dos melhores serviços que poderiam prestar aos seus sucessores e aos seus Príncipes», Wicquefort, citado por Constantin Antoniade, *Les Ambassadeurs de Venise au XVI siécle*, Destin, Madrid, 1984, p. 19.

[25] Citado por G. Berridge, N. Keers-Soper e T. Otte em *Diplomatic Theory from Machiavelli to Kissinger*, Palgrave, 2001, p. 37. N. Iorque.

Se durante a Idade Média a actividade diplomática não era ainda entendida como um atributo de soberania, sendo conduzida não só em nome de soberanos mas também de nobres feudais e de várias instituições, compreender-se-á que os Enviados *ad hoc* desse tempo, cuja tarefa se esgotava numa certa missão específica, reflectissem a diversidade de quem representavam, sendo escolhidos para esse encargo membros de confrarias, mercadores, universitários, gente grada de cidades, ou elementos do clero e da nobreza.

Mesmo mais tarde, nos séculos XVI e XVII, com a lenta consolidação das soberanias europeias, os diplomatas não formavam ainda uma classe profissional assente numa preparação estruturada e com vista à carreira diplomática como depois ela se consolidou, nem a diplomacia se podia considerar um ofício tal como este era entendido na época[26]: exercício de funções públicas remuneradas, geralmente estáveis e permanentes, constituindo um bem patrimonial, da coroa ou de particulares, podendo assim ser transaccionado. Não preenchendo tais características, mas tratando-se antes de uma ocupação reservada a determinados membros da sociedade para o *serviço* de um soberano, os diplomatas desse tempo eram recrutados geralmente em rotação — a não ser nos casos de missões especiais entregues a grandes nomes da nobreza — de entre um grupo de cidadãos respeitados, por vezes membros júniores de famílias aristocráticas, ou provenientes da alta classe média, da Igreja (como, entre nós e a par de outros, o Padre António Vieira), ou, a partir sobretudo do século XVII, da chamada aristocracia de toga, formada por magistrados e homens de letras; era então pouco usual serem mercadores activos e, ao contrário do que sucederia no século XIX, ainda menos comum virem da classe militar; mas todos interessados em regressarem depressa à pátria para aí receberem recompensas do Senhor que serviam ou para desempenharem cargos proveitosos na Administração central[27]. O seu número ia naturalmente crescendo, resultante da

[26] Isabel Cluny: «A diplomacia não sendo um ofício (...) podia obrigar ao desempenho de várias missões, o que, em termos individuais, conduzia à estruturação de uma trajectória profissional, a que hoje chamaríamos carreira que podia ou não terminar no desempenho de cargos na administração central.», *op. cit.*, p. 480.

[27] «De uma maneira geral, tanto Embaixadores como Enviados esperavam ser recompensados: uma vida no título, ou até um título de nobreza, pela primeira vez ou acrescentando

consolidação do poder central dos reinos europeus e de uma maior densidade de relações; a este respeito, um famoso autor holandês do século XVII, Abraham Wicquefort, sintetizava também uma das razões da sua existência ao advertir que os Príncipes não deviam comunicar pessoalmente sem risco para a sua dignidade, mas antes servirem-se de Embaixadores.

Com a expansão das embaixadas permanentes, após o interregno trazido pelas lutas e divisões religiosas resultantes da Reforma, que reduziram durante esse período os contactos diplomáticos, foi-se alargando paralelamente — até pelo recurso repetido aos que iam criando úteis experiências numa ocupação ainda recente — um grupo profissional distinto, já com alguma especialização, repartido sobretudo entre nobres e jurisconsultos (declinava entretanto a utilização do clero), cultor de idênticas tradições e costumes, a que a concessão de prerrogativas especiais pelo país de acolhimento favorecia um também distinto espírito de corpo[28]. Mas a profissionalização da carreira diplomática, a que o chamado método francês teorizado por Richelieu daria um importante contributo e seria reforçado pela consolidação no século XVIII dos Ministérios dos Negócios Estrangeiros, foi lenta e desigual nos diversos países europeus: apesar do prestígio da função não se mostrava fácil o respectivo recrutamento, já que as nomeações nem sempre eram apetecidas, pois consistiam num «honroso exílio» da Corte, ou — devido *às frágeis* organizações administrativas desse tempo — resultavam em momentos de pesados problemas financeiros pessoais para os Embaixadores[29].

---

os que já possuíam, a subida de mais um degrau na carreira da magistratura, ou a obtenção de um cargo importante no aparelho do Estado.» Ana Leal de Faria, *Arquitectos da Paz*, Tribuna, 2008, p. 81. Lisboa.

[28] Acresce que nos séculos XV e princípios de XVI, não era raro que um Embaixador que falecesse no Posto fosse substituído por um membro da sua família. Ver para maior desenvolvimento M. S. Anderson, *The Rise of Modern Diplomacy*. Longman, 1993, p. 81. Londres.

[29] Foram frequentes as queixas dos Enviados portugueses, quer perante o atraso das remessas de dinheiro da Coroa, quer quanto ao seu próprio montante. No período da Restauração, com D. João IV, em que foi necessário um singular esforço diplomático para defender a causa da independência, tais agravos viram-se ampliados pelas dificuldades financeiras do país. O nosso Residente em Estocolmo António de Oliveira e Sousa deixou notícia pungente da sua situação. Ver Pedro Cardim em *Diplomatas e Diplomacia*, Livros Horizonte, 2004, p. 173. Lisboa.

A necessidade de um treino sistemático, em substituição de experiências adquiridas, começou a colocar-se com acuidade no século XVIII, o que é testemunhado pelas várias obras então editadas; mas mesmo durante o século seguinte, mantém-se a tradição aristocrática no recrutamento para as principais Embaixadas e para os lugares de direcção nos Ministérios dos Negócios Estrangeiros, até porque fazer diplomacia continuava a ser, na generalidade dos países, uma ocupação mal paga e por vezes ruinosa, requerendo dos que a praticavam adequados recursos ou fortuna pessoal. Além disso, vários autores ao debruçarem-se sobre o corpo diplomático dos séculos XVIII e XIX salientam na sua constituição os especiais laços de amizade, de sangue, ou de casamento tecidos pela aristocracia europeia, bem como as similitudes de educação e até de aparência, tudo isso criando nos numerosos diplomatas que dela provinham uma «fraternidade cosmopolita» ou uma «internacional aristocrática»[30]. Acerca desta, Chateaubriand, que foi Embaixador francês em Roma e em Londres no primeiro terço do século XIX, deixaria no seu famoso livro *Memórias de Além-Túmulo* um retrato ácido e decerto excessivo: «Espiões aristocratas, com exorbitantes pretensões, que se metem em tudo para se dar uma importância que lhes escopa, não servindo senão para perturbar os governos junto dos quais estão acreditados, e para alimentar de ilusões os seus superiores.»[31]

Lentamente, embora o novo desenho dos contactos políticos da segunda metade de oitocentos e bem assim a consolidação das estruturas burocráticas tornadas necessárias para uma melhor organização dos Estados modernos emergentes, o aparecimento na cena internacional dos novos países do continente americano, a crescente importância dos assuntos económicos e a maior facilidade de contactos decorrente do progresso das comunicações vão impor uma outra cadência de negociações e favorecer uma gradativa profissionalização, em particular nos primeiros graus da carreira diplomática, a qual, sem perder algumas das suas antigas marcas aristocráticas, começa a democratizar o seu acesso, numa tendência que se

[30] Ainda na primeira metade do século XIX, dos 23 Embaixadores britânicos apenas três não pertenciam à aristocracia. K. Hamilton e R. Langhorne, *op. cit.*, p. 103.

[31] Citado por J. P. Clément, *Chateaubriand*, Flammarion, Paris, 1998, p. 291.

reforçará irreversivelmente após a 1.ª Guerra Mundial[32] para fixar enfim as principais linhas do seu presente perfil.

Representar, negociar, informar

Os Embaixadores são os olhos e os ouvidos do Príncipe.

GUICCIARDINI[33]

Também foi naturalmente mudando, ao longo dos tempos, o trabalho reservado aos diplomatas. Mas desde cedo, se esboçaram as linhas mestras de uma actividade cujo ADN depressa revelou, como traves-mestras da sua estrutura, a representação, a comunicação e a negociação.

A correspondência descoberta nas tabletes cerâmicas de Amarna[34] mostra-nos que, já nesse tempo remoto do século XIV a.C., os poderes reinantes do Oriente Fértil mantinham um activo relacionamento sobre assuntos dinásticos, comerciais e estratégicos, assente num intercâmbio de sinal diplomático regulado por regras e procedimentos de representação e protocolo[35].

Bem mais tarde (século V a.C.), na Grécia Antiga, Tucídides refere o envio frequente de Enviados que procuram estabelecer entendimentos e pactos de aliança entre as principais Cidades-Estado gregas. Para bem desempenhar essas tarefas de intermediação, Demóstenes (384–322 a.C.) — ele que afinal as desempenhou ao serviço de Atenas — deixou-nos uma lição ainda hoje actual sobre o trabalho diplomático, ao escrever: um Embaixador é «responsável, em primeiro lugar, pelos seus relatórios; em segundo lugar, pelos seus conselhos; em terceiro lugar, pelas instruções recebidas; depois, pelo tempo empregado; enfim, acima de tudo, pela

---

[32] Para maior desenvolvimento sobre o recrutamento diplomático, ver M. S. Anderson, *op. cit.*, pp. 120 a 128. Quanto à diplomacia portuguesa dos séculos XVI a XIX, ver Ana Leal de Faria, *op. cit.*, p. 181.

[33] Citado por Nicolson.

[34] Antiga capital do Egipto. A correspondência foi descoberta em 1887.

[35] Ver estudos editados por Raymond Cohen e R. Westbrook, em *Amarna Diplomacy*, Jonhs Hopkins University Press, 2000. Baltimore.

forma íntegra ou não como agiu». E prossegue: «do que com efeito se deve ter como responsáveis os embaixadores se não das suas palavras? Pois os embaixadores não dispõem de navios de guerra, nem de territórios, nem de soldados, nem de fortalezas. Mas somente de palavras e de tempo»[36]. Muitos séculos depois, o Duque de Milão chamaria de novo a atenção para a necessidade de bem escolher os seus representantes ao dizer sugestivamente que «se os arcos são julgados bons pelas flechas que disparam, também *o valor dos príncipes é medido pela qualidade dos seus enviados*»[37].

Ao longo da Idade Média, sobretudo na sua segunda metade, os agentes diplomáticos então geralmente designados núncios são chamados a desempenhar diversas tarefas, desde a negociação de casamentos reais a alianças, de celebração de empréstimos à concessão de honrarias ou juramentos, sempre em nome de quem representavam. Para isso, nos seus percursos pelos caminhos ásperos desse tempo, afrontam suspeitas, sérias incomodidades, e não poucos perigos. Mas já nessa altura a actividade diplomática assenta em partilhadas formalidades: como escreve um autor, «o mais simples mensageiro, desde o século XII, antes mesmo que o procedimento escrito se tenha imposto nos tribunais e em todos os actos do governo, deverá ser portador de uma carta que indique os poderes que lhe são dados por quem o envia e, portanto, a confiança a atribuir à sua palavra»[38]. No primeiro manual prático, publicado no século XV, Bernard du Rosier sintetiza o que deles se espera: «prestar homenagem à religião (...) proteger os direitos do reino (...) prestar vassalagem (...) confirmar entendimentos (...) promover a paz (...) resolver disputas antigas e remover causas de futura tensão...»[39]. Mattingly, embora advirta que a prática do século XV não era uniforme, chama a atenção para os principais tipos de embaixadas: de cerimónia («prestar homenagem») e de negociação («confirmar entendimentos»), bem como para as missões usuais: embaixadas ordinárias enviadas apenas a uma Corte para negociar um contencioso

---

[36] Para maior desenvolvimento sobre o texto de Demóstenes, ver Calvet de Magalhães, *op. cit.*, p. 41.

[37] G. R. Berridge e outros, *op. cit.*, p. 35.

[38] Françoise Autrand, citada por Lucien Bély em *L'Art de la Paix en Europe*, Paris, PUF, 2007, p. 15. As obras de Bély são referência para o estudo da diplomacia dos sécs. XVI–XVIII.

[39] Garrett Mattingly, *op. cit.*, p. 30.

ou transmitir uma saudação, e embaixadas circulares, as quais, conforme o nome indica, visitavam várias Cortes no seu regresso.

Vai-se firmando, entretanto, com contornos mais exactos a ideia de representação: como atrás se assinalou, desde cedo os Enviados são portadores de documentos que consignam os seus poderes e instruções; idealiza-se a importância da actividade diplomática: autores do século XVI defendiam ainda que os primeiros diplomatas haviam sido anjos, mensageiros entre deuses e humanos[40]; a negociação começa a ser vista como uma arte; e, cada vez mais, se espera receber dos Residentes uma diversificada informação (a um embaixador de França na Inglaterra de 1539 a 1543, o Marechal de Montmorency recomenda que «a tarefa de um bom embaixador é de escrever e advertir com diligente frequência sobre as coisas que observa e escuta»[41]). A este respeito, Jean Hotman, em 1603, aconselha-os igualmente a «estarem sempre atentos para descobrirem se algo se está arquitectando contra o serviço do seu Senhor ou dos seus aliados»[42].

Num outro plano, Anderson[43] assinala um aspecto nem sempre recordado das suas actividades: numa época sem jornais, em que o livro impresso era ainda raro ou dispendioso, os diplomatas assumiram por vezes um papel importante na disseminação da cultura, através da descrição das suas viagens e estadias, da tradução de manuscritos, da aquisição de objectos, obras de arte ou de animais, ou mesmo, como ocorreu com o Embaixador de França em Lisboa, em 1600, do envio de plantas procedentes do Império português que iriam ajudar a indústria têxtil francesa, ou, ainda antes, com o francês Augier de Busbecq, prestigiado humanista e famoso Enviado Residente do Império em Constantinopla, no século XVI, que transmitiu manuscritos gregos raros e introduziu na Europa as acácias, os lilases, e as tulipas[44]. Mais tarde, sobretudo no século XVIII, os embaixadores, acompanhados das suas numerosas comitivas (por vezes excedendo a centena de pessoas), compostas de nobres e de simples servos,

---

[40] Nicolson, *op. cit.*, p. 17.

[41] Citado por L. Bély, *L'Art de la Paix en Europe*, Paris, PUF, 2007, p. 59.

[42] L. Bély, *idem*, p. 145.

[43] M. S. Anderson, *op. cit.*, p. 15.

[44] L. Bély, *idem*, 72. O valor do seu testemunho sobre a corte otomana é igualmente reconhecido.

ao instalarem-se nas capitais europeias para onde haviam sido nomeados, transformavam-se em instrumentos de intercâmbios culturais e de modas, contribuindo para o que um autor[45] chama a «europeização da Europa». Tornam-se assim um modelo social, «pelo luxo da sua mesa, pela polidez das suas maneiras, pela sumptuosidade e brilho das suas festas» e difundem «o gosto em matéria de literatura, música ou pintura[46], mas também de vestuário, móveis, jóias»[47].

Entretanto, os desenvolvimentos da sociedade da Idade Moderna iriam acrescentar às tarefas tradicionais outras profissionalmente mais exigentes, resultantes do pragmatismo de Richelieu na condução da acção externa francesa (1620–1642), bem como da teorização que elaborou sobre o trabalho diplomático, ao prescrever uma política assente na razão de Estado, numa acção continuada de negociação[48] e de informação (o que implicava o aumento de embaixadas permanentes), e no respeito escrupuloso dos tratados. Também nesse tempo, François de Callières, num dos mais influentes livros sobre a prática da diplomacia, sintetizava de forma sugestiva, mas ainda de actualidade, que «as funções de um ministro enviado num país estrangeiro podem resumir-se a duas principais: uma, a de tratar nele os interesses do seu Príncipe; outra, a de descobrir os interesses de outrem»[49].

Do mesmo modo, conforme se foram estendendo, na segunda metade do século XVII, em quantidade e qualidade, os contactos entre os novos Estados de uma Europa mais secularizada, remodelada politicamente pela Paz de Vestefália e por esta diminuídas as antigas obediências a Roma e ao Império, também o trabalho doutrinal foi ganhando uma maior dimensão, reflectindo igualmente a hegemonia da prática diplomática francesa dessa época. Perante a nova realidade política, percebeu-se ser necessário proporcionar uma diferente formação aos Embaixadores e cristalizar em

---

[45] Peter Rietbergen, *Europe, A cultural history*. Routledge, 2006, Londres, p. 279.

[46] D. Luís da Cunha, em Paris, Bruxelas e Haia, recebeu da Corte vários pedidos de encomendas de obras de arte.

[47] L. Bély, *Histoire de la Diplomatie Française*, Perrin, Paris, 2005, p. 393.

[48] No seu testamento político, Richelieu defendia ser «vitalmente importante negociar continuamente, abertamente, por toda a parte, mesmo que nada se ganhe no presente».

[49] *De la Manière de Negocier avec les Souverains*, citado por Calvet de Magalhães, *op. cit.*, p. 82.

textos as experiências adquiridas, o que levou a traçar listas das qualidades e das virtudes consideradas desejáveis para o perfil do bom diplomata. Nos diversos livros então escritos (dois autores, Condillac e Callières, são na altura extensamente lidos), alinham-se numerosas advertências sobre a exigência de um comportamento honesto que evite duplicidades morais, ou recomendam-se, entre muitos outros, predicados como a cortesia, a sensatez, a finura de observação[50]. Já no início do século XIX, um dos mais famosos diplomatas da História, senhor de duvidoso carácter[51], mas de fria inteligência e grandes talentos, Talleyrand deixou vários conselhos que têm persistido no tempo: ao prevenir sobre o excesso de zelo e de pressa no trabalho diplomático, ao aconselhar um frio distanciamento na abordagem dos problemas, ao recordar a vantagem de respeitar os usos e costumes dos países estrangeiros, ou ao defender (com lucidez, mas com o cinismo em que era indisputado mestre)[52] a indispensabilidade da boa-fé para a solidez dos acordos políticos[53].

Também em Portugal, o nosso mais notável Embaixador dos séculos XVII e XVIII, D. Luís da Cunha (1662–1748)[54], não só testemunhou esta consciência europeia da necessidade de uma adequada formação da carreira diplomática, como se bateu pela melhoria profissional dos

---

[50] Calvet, *idem*, p. 166, refere alguns conselhos de Callières sobre o bom negociador.

[51] Um dos seus biógrafos diz dele: «Nenhum ministro foi melhor do que Talleyrand a fazer dinheiro das suas funções, dos seus actos, dos seus êxitos, e mesmo das suas derrotas... Nunca escondeu o seu crescente e violento desejo de transformar a sua posição em proveitos.» Louis Madelin, *Talleyrand*, Roy Publishers, 1948, N. Y., p. 102. Chateaubriand, nas suas *Mémoires d'outre-tombe*, ao traçar dele um retrato cruel em que não esconde a sua forte antipatia, alude ao «milhão» que extorquiu de Portugal. Na mesma linha, Paul Morand, no seu *Journal Inutile*, Gallimard, 2001, Paris, p. 453, descreve-o como «esse pedaço de gelo que só o dinheiro conseguia derreter» (...).

[52] Segundo Chateaubriand: «nunca saberemos se este homem recebeu da natureza uma tal autoridade que lhe deu o poder de refazer ou de destruir a verdade.» J. P. Clément, *op. cit.*, p. 567.

[53] *Idem*, p. 83, e Emanuel de Waresquiel, *Talleyrand, Le Prince Imobile*, Fayard, Paris, 2003, p. 215. Neste se cita (p. 187) a profética visão de Talleyrand, em 1795, sobre a América, a qual, a seus olhos «vai tornar-se um poder colossal, pelo que chegará um momento em que, face à Europa e em comunicação mais fácil devido às novas descobertas, desejará dizer a sua palavra sobre os nossos assuntos e neles meter a sua mão.»

[54] Deixou-nos uma obra admirável não só sobre a sua experiência diplomática (como, entre outros textos, as *Instruções Inéditas a Marco de Azevedo Coutinho*), mas ainda relativamente a problemas da governação portuguesa.

nossos diplomatas e pela vantagem de mudar alguns métodos do respectivo recrutamento, escrevendo com sugestiva ironia sobre as poupanças da Corte, ele que era jurista de raiz: «lembro-me de ouvir a meu pai que o Senhor Rei D. João IV se servia muitas vezes de desembargadores do Paço para as missões estrangeiras e que costumava dizer serem galinha boa e barata»[55]. E isto porque, enviado para delicadas negociações diplomáticas, depressa se dera conta que os textos da jurisprudência «não lhe serviam de muito para entrar nos princípios da política», sendo-lhe «necessário aprender outra língua e fazer outro estudo», ou, dito de outra maneira, e como Calvet sublinha, aprender a linguagem diplomática e proceder ao estudo da política e da técnica da diplomacia[56]. A este respeito, D. Luís insistia sobre a necessidade de outra formação profissional: «há muito reparo que as experiências dos Ministros (Embaixadores) são como as dos médicos, que quando não conhecem a constituição dos enfermos, as mesmas medicinas que curam uns matam outros... que é o que com mais frequência se experimenta no corpo político, pela multiplicidade dos negócios, que se não retratam fielmente, ainda que em alguma coisa se assemelhem, antes sempre diferem em tal ou qual das suas feições; porque são o tempo e as circunstâncias, as que os desfiguram para se não poder fazer sobre eles o mesmo idêntico juízo... Daqui se segue que não basta inculcar (nomear) as pessoas de que V. Senhoria conhecer a capacidade, mas é necessário instruí-las»[57].

Aliás, já antes dele, o também jurista Oliveira e Sousa, Residente em Estocolmo, publicaria em 1656 uma *Instrução Política para Legados*, aparentemente a primeira obra impressa em português que se debruça integralmente sobre a prática do ofício de Embaixador, em que transmite a experiência adquirida e reflecte a leitura de textos da época sobre a diplomacia (palavra que ainda não surgira no léxico internacional), na qual procura «reduzir os maiores negócios e maiores ocasiões a um compêndio», recorrendo a casos concretos, pois — escreve no sugestivo estilo da

---

[55] Isabel Cluny, *D. Luís da Cunha*, Livros Horizonte, 1999, Lisboa, p. 38, num excelente retrato do diplomata e polígrafo.

[56] Calvet de Magalhães, *A Diplomacia na História de Portugal*, Academia Portuguesa de História, 1990, Lisboa, p. 18.

[57] Isabel Cluny, *op. cit.*, p. 41.

época — «deixei a persuasão aos exemplos, porque são os que mais levam pensamentos»[58].

Os experientes diplomatas legavam assim de modo diferente (mais defensivo Oliveira, mais cáustico e politicamente preparado Cunha) o seu testemunho para compreender o exercício da diplomacia do seu tempo[59]. E ela iria não só sofrer um forte impulso ao acompanhar os acontecimentos políticos europeus da segunda metade do século XVII e de todo o século XVIII, como ajustar-se, a partir de Vestefália, mas sobretudo após o Congresso de Viena, a práticas novas de cooperação e de negociação bem distintas do universo bilateral que até aí moldara os relacionamentos diplomáticos entre os Estados e os comportamentos dos seus Embaixadores.

Os rituais diplomáticos: a tirania do cerimonial

> Em 1588, por altura da canonização de um santo espanhol, o Embaixador de Filipe II desejou ter a precedência. Para evitar um incidente com Madrid, um cardeal procurou convencer o Embaixador de França a não estar presente declarando-se doente. Ao que este respondeu: «Fingir-me doente? Mesmo que estivesse a morrer, arrastar-me-ia pelo chão, por todo o lado onde tivesse possibilidade de mostrar ao rei de Espanha que ele é inferior ao rei de França.»
>
> LUCIEN BÉLY[60]

Desde épocas remotas[61], a instituição diplomática apercebeu-se da utilidade dos rituais[62] para disciplinar convivências, ordenar diálogos, ou

---

[58] Ver para mais detalhes o interessante estudo de Pedro Cardim, «O Embaixador Seiscentista segundo António Oliveira e Sousa», *Diplomatas e Diplomacia*, Livros Horizonte, 2004, Lisboa, p. 184.

[59] Outros o fizeram nessa época, como Duarte Ribeiro de Macedo e o Conde de Tarouca.

[60] L. Bély, *L'Art de la Paix en Europe*.

[61] A correspondência de Amarna mostra já frequentes cuidados protocolares.

[62] Os rituais, pela sua simbologia e repetição, criam ou reforçam «um mundo de significados partilhados pelos membros do grupo». C. Jönsson e Martin Hall, *Essence of Diplomacy*, Palgrave, 2005, p. 42. N. Y.

estabelecer vassalagens, pelo que foi adoptando ao longo do tempo um quadro de comportamentos regido por preocupações de cerimonial que se agudizariam sempre que estava em jogo a qualidade de representação dos Embaixadores, Enviados ou Residentes, o seu dever de proteger o prestígio por quem agiam, ou o desejo de vincar a importância da missão específica para a qual haviam sido designados. Cedo por isso surgiram querelas de precedência que levaram o Papa Júlio II a estabelecer, em 1504, uma lista hierárquica dos soberanos europeus, a qual, não obstante se destinasse a uma certa celebração da Santa Sé, passou a ser invocada como ordem orientadora, embora frequentemente contestada. Nela, entendendo-se que aos representantes do Papa caberia sempre a precedência, figuravam por hierarquia decrescente os embaixadores do Imperador do Sacro Império, de França, de Espanha (posição subalterna que Madrid recusava), de Aragão, de Portugal, e de Inglaterra.

Nos séculos XVII e XVIII, as manifestações exteriores de estatuto e de poder, de que o sistema de Corte de Versalhes foi paradigma[63], assumiriam um outro relevo político, pelo que a obediência à etiqueta e ao cerimonial impunha aos Embaixadores um constante cuidado sobre o viver quotidiano: no registo de cortesias ou humilhações recebidas por colegas estrangeiros, na ansiedade com que disputavam honrarias (como a de assistir ao despertar de um soberano ou ser admitido nos seus aposentos privados)[64], na observância do exacto ritual[65] de visitas, lutos reais ou cortejos, nos lugares atribuídos em cerimónias, na primazia sobre a entrada em salões ou em relação à ordem das assinaturas apostas em acordos, enfim, no

[63] Um especialista da época de Luís XIV conta: «A família real, os duques, os pares e toda a multidão de cortesãos rodeiam o rei (...) As cerimónias do levantar e do deitar, com a sua rigorosa hierarquia das "entradas" submetem todos os que contam em Versalhes (...) Um olhar do rei, uma palavra aparentemente sem importância, fazem e desfazem um favoritismo, lançam ou arruínam uma carreira», Jean-Pierre Babelon, *Abcdaire du Château de Versailles*, Flammarion, Paris, 1996, p. 18.

[64] Nicolson refere que tendo Luís XIV pedido uma noite ao Conde de Portland que segurasse o candelabro junto do seu leito, tal facto foi acolhido nas Chancelarias da Europa como altamente significativo. Em *The Evolution of Diplomatic Method*, University of Leicester, 1998, p. 60. Leicester.

[65] O ritual servia assim a diplomacia — verdadeira arte de interpretar sinais — como um modo de transmitir avisos simbólicos.

devido cumprimento das precedências a que se arrogavam[66]. Um autor do século XVIII sintetiza bem a importância destes deveres, que formavam afinal uma obsessão profissional, ao escrever «os Príncipes podem ceder cidades, ou mesmo províncias, mas nem a competência dos melhores negociadores lhe darão a faculdade de desistirem da precedência a que crêem ter direito»[67]; e sobre este mesmo assunto Wicquefort[68] ensinava deverem ser os pormenores cerimoniais uma preocupação essencial de qualquer diplomata[69]. Já Rousseau, que serviu na Legação francesa em Veneza, em 1740, e testemunhou estes cuidados, faz ironia sobre disputas longamente travadas acerca da forma das mesas de negociação[70], do número de portas da sala das reuniões (para evitar desigualdades na entrada e saída)[71], ou do preciso arranjo dos lugares.

Do mesmo modo, a representação dos soberanos causava não poucos embaraços financeiros aos Embaixadores, os quais se viam obrigados a pesadas despesas para defender o prestígio da coroa que os enviara — e o da sua própria função. Num tempo (séculos XVII e XVIII) em que a vida das Cortes europeias se desdobrava num espectáculo permanente, regido por meticulosas encenações e uma rigorosa etiqueta, cabia a Enviados ou a Embaixadores Ordinários ou Extraordinários cumprirem o seu papel nesse teatro de sinais no qual se reflectia o poder e o valimento dos Príncipes.

---

[66] Portugal e a França cortaram relações diplomáticas em 1724 devido a uma querela de protocolo ligada à entrada do Embaixador francês e a uma sua exorbitante pretensão de precedência.

[67] Keith Hamilton e R. Langhorne, *op. cit.*, p. 65.

[68] Referido por M. S. Anderson, *op. cit.*, p. 57. *Idem*, quanto a exemplos de conflitos sobre precedência.

[69] Ver como exemplo esclarecedor o quotidiano de um embaixador do século XVII em Roma, em *Diário de um Embaixador Português em Roma*, Teresa Leonor Vale, Livros Horizonte, 2006. Lisboa.

[70] No nosso tempo, as negociações de paz do Vietnam em Paris começaram por um obstáculo aparentemente protocolar, mas de raiz política: a forma das mesas e o lugar da delegação do Vietcong atrasaram durante semanas o início dos trabalhos substanciais. Igualmente, no Congresso de Viena de 1815, foi necessário adicionar uma porta no salão principal para permitir a entrada e saída simultânea dos representantes das potências signatárias.

[71] Na cimeira de Potsdam, no Verão de 1945, para que Truman, Churchill e Stalin entrassem ao mesmo tempo para evitar qualquer ordem de precedência, houve que abrir novas portas no salão onde decorria a reunião, C. Jönsson e M. Hall, *op. cit.*, p, 57.

As ocasiões eram múltiplas e constantes: entradas de embaixadores e apresentação de credenciais; nascimentos, baptizados, casamentos, aniversários ou falecimentos da realeza (quer do país onde se encontravam, quer da sua pátria); audiências solenes nas Cortes; visitas protocolares a colegas ou recepção de idêntica cortesia; participação em conferências; ou a frequência indispensável dos salões mundanos. Na Embaixada portuguesa em França, Duarte Ribeiro de Macedo dá conta das magnificências do reinado de Luís XIV e descreve, entre outros momentos, a entrada pública do Embaixador português Conde de Soure em Fontainebleau, em que a comitiva era composta por três grandes carruagens e trinta e um membros («a família do Embaixador»[72]), os quais, de diferente condição, iam «ricamente vestidos» ou com «vistosas librés das cores de Portugal»[73]. Macedo, não só diplomata cumpridor como profissional consciente do significado político de manter na mais rica Corte da Europa aparências de grandeza, passou por momentos penosos dada a exiguidade de meios com que Lisboa (a exemplo aliás de algumas outras Cortes para com os seus Enviados) irregularmente o dotava e o obrigou a recorrer a frequentes empréstimos, a subterfúgios para não comparecer em cerimónias que exigiam luxos que não possuía, ou mesmo à venda do seu coche e cavalos[74].

Além de momentos de congratulação ou de lutos (que exigiam nomeadamente mudanças apropriadas nos trajes de todos os elementos das Embaixadas)[75], eram, porém, os cortejos da chegada dos Embaixadores

---

[72] A «família do Embaixador» era composta pelos funcionários de que dispunha o Embaixador durante a sua missão no estrangeiro. Recrutados geralmente quanto aos ofícios menores no próprio país para onde fora nomeado, apenas o Secretário da Embaixada era de nomeação régia e remunerado pelo erário público, sendo todos os outros (secretários pessoais, capelães, lacaios, cozinheiros, etc.) pagos do seu bolso.

[73] Citado por Ana Leal de Faria, *Duarte Ribeiro de Macedo, Um diplomata moderno*, Instituto Diplomático, Lisboa, 2005, p. 199. Já mais tarde, no Congresso de Utreque (em 1712), o representante português, Conde de Tarouca, apresenta-se com uma comitiva (a família do Embaixador) que conta 14 domésticos (entre os quais dois padres e três capelães e três pajens). Isabel Cluny, *O Conde de Tarouca*, p. 216.

[74] Ana Leal de Faria, in *op. cit.*, p. 205. Ana Leal de Faria, no mesmo livro, deixa vivas descrições sobre as agruras financeiras deste respeitado diplomata português, que, exasperado, pedia para regressar por falta de meios, já que «sofria uma grande vergonha e um trabalho que não vale a paciência, porque com ela não se compra pão».

[75] «Praticamente todos os anos, as sucessivas mortes que sofreu a família real francesa obrigavam-no (Duarte de Macedo) a cobrir de negro o coche e a encomendar traje a

que impunham aos diplomatas europeus esforços especiais de encenação e de aparência, tendo ficado célebre a saborosa descrição[76] do fausto exótico que rodeou a chegada dos Embaixadores extraordinários polacos a Paris, em 1645. Ou mais tarde, no Congresso de Utreque, em 1712, em que o Conde de Tarouca, nosso Ministro Plenipotenciário, descreve um *Te Deum* que mandara celebrar, um jantar que ofereceu com pajens e lacaios vestidos de librés «cobertas de galões de ouro» ou as festas que organizou e constituíram «uma espécie de Carnaval de Veneza»[77]. Ou, finalmente, o espectáculo quotidiano que iria, na Viena de 1815, envolver Soberanos e Embaixadores numa das últimas encenações de uma Europa ainda galante.

Carácter, precedências, nacionalidades

Se na sociedade em que se moviam os Embaixadores a etiqueta constituía factor de disciplina, mas sobretudo de reconhecimento de um estatuto, compreende-se que a paralela questão das precedências tenha alimentado até ao Congresso de Viena de 1815 constantes controvérsias. Antes do Regulamento deste ter estabelecido quatro classes distintas para os representantes diplomáticos (Embaixadores e Legados Pontifícios, Ministros Plenipotenciários, Ministros Residentes, Encarregados de Negócios), a sua classificação e hierarquia, bem como geralmente o seu vencimento, estavam ligados ao *carácter*, que lhes era atribuído pela carta credencial de que eram portadores e variava conforme o objectivo político da missão, a importância do soberano ou da República para onde se dirigiam, ou mesmo a origem social do Enviado[78]. Dele resultavam ainda

preceito, para si e para a comitiva (sete pessoas), o que era um dispêndio razoável... Depois, uma vez levantados os crepes, havia que fazer novas librés, obrigando a novos gastos.» Ana Leal de Faria, *op. cit.*, p. 208.

[76] Jean Pierre Rémy, *Trésors et secrets du Quay d'Orsay*, JC Lattès, Paris, 2001, p. 135.

[77] Isabel Cluny, *O Conde de Tarouca*, Livros Horizonte, 2006, *op. cit.*, p. 286.

[78] Como exemplo, a recensão feita por Ana Leal de Faria mostra a utilização pela corte portuguesa no seu relacionamento com Viena, durante o período de 1696 a 1815, de Embaixadores, Enviados, Ministros Plenipotenciários, Enviados Extraordinários e Encarregados de Negócios. *Arquitectos da Paz*, p. 210.

as diferentes designações que nesse tempo recebiam, decorrentes do tipo de missão a desempenhar e do grau de representação concedido, embora todos eles estivessem protegidos pelo Direito das Gentes: Embaixador Plenipotenciário, mero título transitório ligado a uma incumbência muitas vezes de cortesia, como a assinatura de um tratado; Embaixador Extraordinário, encarregado de realizar uma missão geralmente de pequena duração, a quem eram tributadas honras pelo país a que se dirigia; Embaixador Ordinário, também com funções de representação; Enviado, incumbido de uma tarefa específica, mas menos qualificado no plano social; Residente, que, como o nome indica, residia no país para onde fora nomeado, não raro com a esperança de uma promoção ao grau de Embaixador, onde «geria o quotidiano e as relações dos dois países na sua normalidade»[79]. Na ordem hierárquica, os três primeiros, por terem encargos especiais de representação, tinham precedência sobre os dois últimos, nomeados sobretudo para tarefas particulares de negociação e, no caso do Residente, detendo ainda responsabilidades de informação[80]. A utilização nesse período de Embaixadores Extraordinários para missões transitórias reflecte a fase ainda incipiente da profissionalização diplomática, pois, se não raramente estava ligada ao desejo de um Soberano se fazer representar por membros grados da sua aristocracia e dar assim a uma outra Corte prova de consideração especial, ela descobria igualmente o ambiente da época, em que os Residentes eram vistos com desconfiança e como espiões — «espiões oneráveis» — nas Cortes onde estavam acreditados, devido ao trabalho de recolha de informação que deles se pedia e à rede de informadores de que para isso normalmente se rodeavam[81].

As nomeações de Embaixadores na época moderna relacionavam-se assim com as respectivas e diferentes tarefas, as quais tinham como ponto comum o serviço do rei no estrangeiro[82], distinguindo-se nesse tempo a diplomacia de representação, a cargo de elementos da nobreza, a quem cabiam missões temporárias como serviço ao Soberano (de dois a três anos), não necessitando de aptidões especializadas por não implicarem

---

[79] Daniela Frigo, in *Diplomatas e Diplomacia*, Livros Horizonte, Lisboa, 2004, p. 38.
[80] Isabel Cluny, *op. cit.*, p. 43.
[81] Keith Hamilton e R. Langhorne, *op. cit.*, 41–51.
[82] L. Bély, *op. cit.*, p. 558.

negociações difíceis; e a diplomacia de negociação, exercida geralmente por diplomatas com formação jurídica na área do direito civil ou canónico, provenientes do clero ou da magistratura, que procuravam, como recompensa, uma posterior ascensão social[83], mas também por uma elite aristocrática que havia ganho experiência negociadora por sucessivas nomeações[84]. A este respeito, Callières escreve mordaz: «Existem Embaixadas passageiras e de simples ostentação, como para as cerimónias de casamento, de um baptismo, ou de uma saudação por certos acontecimentos ocorridos numa Coroa, em que basta um grande nome; mas quando há assuntos para negociar, é preciso um homem e não uma vedeta, a menos que se lhe junte um hábil colega que saiba o segredo da negociação e o cuidado de a conduzir.»[85]

No caso português, a historiadora Isabel Cluny[86], ao estudar as personalidades encarregues das difíceis tarefas diplomáticas da segunda metade do século XVII e da primeira do século XVIII, conclui terem sido as nomeações marcadas por um pragmatismo conforme à finalidade de uma concreta missão diplomática; e, como atrás se aludiu, esta assentava no *carácter*[87], dele decorrendo os respectivos títulos: Enviados ou Residentes, geralmente não originários da aristocracia, que prosseguiam durante parte da sua vida missões de negociação no estrangeiro, formando uma incipiente carreira diplomática; ou Embaixadores Extraordinários e Ordinários, membros de famílias nobres influentes, para encargos diplomáticos de representação temporária junto de outras Cortes. De acordo com a mesma autora, ao contrário do Residente ou do Enviado, os quais esperavam no seu regresso serem beneficiados com títulos, comendas ou cargos públicos, o diplomata de representação assumia o seu trabalho como um serviço ao soberano, pelo qual podia ou não obter compensações. Contudo, as missões desempenhadas por nomes cimeiros da aristocracia portuguesa constituíam um

---

83 Isabel Cluny, *op. cit.*, p. 44.

84 No caso português, é exemplo — entre outros — o Conde de Tarouca.

85 L. Bély, *op. cit.*, p. 566.

86 Isabel Cluny, *Diplomatas e Diplomacia*, p. 56.

87 *Idem*: «o carácter era o grau de representação, a qualidade e os poderes recebidos. Sem carácter o diplomata não podia aspirar a uma audiência pública.» Nem sempre era aceite pela outra parte: o Papa Urbano VIII recusou o título e o carácter atribuídos ao Embaixador de D. João IV, situação que se manteria até 1668 por pressão de Espanha.

caminho possível para o aumento da sua «influência junto da Corte e dos círculos normalmente detentores de poder»[88].

Por outro lado, preocupações de poupança levavam nesse tempo os soberanos a utilizarem Embaixadores para desempenharem missões em vários países (as chamadas Embaixadas itinerantes), afinal uma reedição, sobretudo no século XVII, do que havia sido uma prática medieval, naquela altura recuada resultante das dificuldades e riscos das deslocações. Também o critério da nacionalidade não era ainda decisivo na escolha dos diplomatas, começando apenas a ser introduzido nos últimos anos do século XIX: no Congresso de Viena de 1815, o Czar Alexandre I trouxe como principais conselheiros dois alemães, um grego (Cappodistria, que seria o primeiro Presidente da Grécia independente), um corso (Pozzo di Borgo, Embaixador russo em Paris), um suíço e um príncipe polaco (pouco mais de uma década depois transitório Chefe do governo de um breve Reino da Polónia independente)[89]; igualmente, famosos diplomatas da Espanha, da Polónia e da Hungria, ou sobretudo originários da Itália[90], serviram vários Senhores, afinal no seguimento de uma tradição que vinha desde Bizâncio e que só a Convenção de 1961 iria alterar.

Os Ministérios dos Negócios Estrangeiros

> O embaixador britânico em Viena queixava-se em 1780 de não ter recebido resposta aos cinquenta despachos que enviara, e, no seu regresso a Londres, notara com «o maior espanto, que tendo-se deslocado por duas vezes à Secretaria de Estado, não encontrara lá vivalma.»
>
> CITADO POR M. S. ANDERSON[91]

A emergência da nova sociedade de Estados soberanos de uma Europa que renovara o velho princípio do equilíbrio de poder, já antes praticado

---

[88] Isabel Cluny, *O Conde de Tarouca*, p. 45.
[89] Príncipe Czartorisky.
[90] O cardeal Mazarino, que sucedeu a Richelieu no governo francês, é o exemplo mais evidente.
[91] M. S. Anderson, *The Rise of Modern Diplomacy*.

pelas Cidades-estado italianas, para fixá-lo como objectivo regulador de relacionamentos entre as potências, e bem assim a orientação diplomática ensinada por Richelieu de promover negociações continuadas, se, por um lado, resultaram no rápido aumento das Embaixadas permanentes, conduziram igualmente à necessidade pragmática de melhorar os canais de trabalho entre os governos, os seus agentes no estrangeiro e os próprios Enviados acolhidos nas diversas Cortes. Tornou-se, por isso, vantajoso autonomizar, no plano da organização administrativa, embora de forma embrionária, um departamento do Estado responsável para dar maior coerência à execução da sua política externa, designadamente através de um mais eficaz processo de contacto com as respectivas Missões no estrangeiro e de um cuidado trabalho de arquivo de documentos diplomáticos.

Decerto que já bastante antes se haviam registado iniciativas tendentes a atribuir, nas Chancelarias governantes, um lugar especial para os assuntos relativos às relações com o exterior: em Bizâncio, a partir dos séculos IX e X, um «Scrinium Barbarorum» coligia informações e documentação relevantes para o relacionamento externo do Império, recrutando igualmente intérpretes para acompanharem as suas Embaixadas[92]; Milão, durante o período de domínio do Duque Giangaleazo Visconti, na primeira metade do século XIV, contava com um Serviço que realizava tarefas de tipo diplomático, como redigir documentos e instruções para os seus Embaixadores ou receber Enviados estrangeiros; a República de Veneza, desde o século XIII até à perda da sua independência às mãos de Napoleão em 1792, guardou os numerosos despachos e relações dos seus representantes nas diversas Cortes, que hoje constituem um acervo histórico e literário de reconhecida importância; o Papa Inocente VIII, em 1487, estabelecera uma Secretaria Apostólica para elaborar a correspondência oficial da Santa Sé, a qual, no século XVI, revelava já uma boa organização e se encarregava das relações com os Estados seculares (embora os Serviços daquela resultantes, a actual Secretaria de Estado, tivessem começado a funcionar apenas em 1644)[93].

Mas caberia à França instituir em 1626, sob o impulso de Richelieu, o primeiro — embora rudimentar — Ministério dos Negócios Estrangeiros

---

[92] K. Hamilton *et al.*, *op. cit.*, p. 19.
[93] M. S. Anderson, *idem*, p. 73.

digno deste nome, ao concentrar e autonomizar numa Secretaria de Estado as questões de política externa, incluindo as da guerra, até aí confundidas, como nas restantes Cortes, com os assuntos da governação doméstica. Este foi um exemplo que outros países depressa seguiram: a Espanha (que alguns autores creditam todavia com o provimento do primeiro Secretário de Estado com funções de execução das escolhas de Filipe II em matérias diplomáticas)[94], em 1714; a Inglaterra, em 1782; a Rússia, em 1720; quanto a Portugal, a sua Secretaria de Estado dos Negócios Estrangeiros e das Guerras seria estabelecida em 1736.

Embora estivéssemos perante departamentos incipientes para o tratamento das relações externas, a sua instalação denotava já a consciência pelos respectivos governos de que se alterara o mapa político da nova Europa e, bem assim, que para afrontar os desafios do sistema internacional desenhado por Vestefália seria indispensável reorganizar e tornar mais eficaz o aparelho de Estado, definindo melhor as diversas competências e responsabilidades no seu seio. E é mais uma vez a França que, no auge do seu prestígio, tomará a dianteira: se, em 1661, uma descrição nos informa de que o primeiro Serviço predecessor do Quai d' Orsay contava apenas com cinco funcionários[95], durante o século XVIII o legado de Richelieu consolida-se já numa estrutura que possui uma Direcção Política dividida em duas Secções geográficas, cada uma gerindo as relações com o grupo de países que nelas se inseriam; o Gabinete do Ministro; Serviços para administração do orçamento; e ainda Departamentos de intérpretes, de aconselhamento legal, de cifra e de arquivo[96].

Este progresso francês acabaria por ser imitado em outras capitais europeias, sendo, todavia, de assinalar o esforço de Pedro, *o Grande*, da Rússia,

---

[94] M. S. Anderson, *ibidem*, p. 73.

[95] Nicolson conta uma ida de todo Ministério a Vincennes onde fora convocado: «Brienne (o Secretário de Estado) ia numa liteira; Brienne-filho, num coche acompanhado por dois funcionários seniores; os dois funcionários mais jovens iam em cavalos, levando com eles tinta e papel se acaso fosse preciso» in *The Evolution of Diplomatic Method*, p. 55.

[96] Nos últimos anos do século XVII, o ministro Croissy recebe, em dias de audiência, cinco a nove Embaixadores, e seu filho e sucessor, Torcy, preocupa-se com a formação dos secretários de embaixada, criando no Louvre, a partir de 1712, uma Academia em que os alunos, remunerados, seguem conferências de direito público e redigem notas diplomáticas. L. Bély, *op. cit.*, pp. 291–295.

em retirar o seu país do atraso em que vivia também neste domínio, ao dotá-lo de um chamado Colégio de Relações Externas, dividido em departamentos de raiz geográfica, composto de numerosos intérpretes, o qual no tempo da Imperatriz Catarina empregava já 261 membros[97]. Mas só na segunda metade do século XIX os Ministérios dos Negócios Estrangeiros começam a desenhar uma melhor organização burocrática e coerência internas, nomeadamente por uma maior, embora ainda frágil, especialização de alguns dos seus serviços, num esforço de ajustamento às novas realidades internacionais decorrentes da prática da política de equilíbrio de poderes, da multiplicação de reuniões de plenipotenciários, do progresso económico, e da emergência dos novos Estados do continente americano.

A este respeito, Anderson, que estudou este período, salienta, todavia, que, entre o Congresso de Viena e a 1.ª Guerra Mundial, o desenvolvimento dos serviços diplomáticos foi lento, sobretudo confinado aos grandes países, não se registando a inflação de títulos dos seus agentes e a extensa elevação de Legações a Embaixadas que ocorreria a partir de 1918 e mais ainda após 1945. E isto porque o número de Estados envolvidos nas relações internacionais no século XIX era bastante reduzido face ao que hoje acontece e as suas relações bem mais simples, pois havia muito menos para se conhecer quanto ao panorama geral sobre que incidiam as opções políticas. Por outro lado, estatísticas económicas completas e fiáveis só começaram a ser disponibilizadas muito lentamente mesmo nos mais desenvolvidos países da Europa, e as questões neste domínio preenchiam um lugar marginal na elaboração das políticas externas. Tão-pouco a opinião pública até ao fim do século merecia consideração decisiva, e as organizações internacionais, embora mais activas a partir de 1860, ainda em 1914 ocupavam pouco as atenções dos diplomatas nos diversos Ministérios[98]. Segundo Anderson, até à Grande Guerra, os Ministérios dos Negócios Estrangeiros estavam longe da dimensão e das estruturas de agora (eram instituições muito pequenas constituídas por grupos homogéneos de elite), «a essência da diplomacia europeia mantinha-se ainda política, como tinha sido para Metternich ou

---

97 K. Hamilton, *op. cit.*, p. 74.

98 M. S. Anderson, *op. cit.*, p. 105.

mesmo para Richelieu...», e o seu «mecanismo podia ser operado satisfatoriamente pelos serviços diplomáticos, os quais eram de dimensão reduzida *e contentes de assim permanecerem*»[99]. Mas as rupturas trazidas pelas duas guerras mundiais, e os inéditos e diversificados problemas que a partir delas foram ocupando um lugar crescente nos relacionamentos entre os Estados, depressa abriram caminhos para oferecer aos actuais Ministérios dos Negócios Estrangeiros o estatuto, o tamanho, e a importância de que hoje generalizadamente gozam tanto no jogo internacional, como nas respectivas hierarquias constitucionais domésticas.

Em Portugal, a organização dos serviços diplomáticos portugueses começa a desenhar-se em 28 de Julho de 1736 com o estabelecimento por alvará da Secretaria de Estado dos Negócios Estrangeiros e Guerras[100] (quando não constituíam assuntos respeitantes à Marinha ou ao Ultramar), a par de outras duas[101], a dos Negócios Interiores do Reino e a da Marinha e Domínios Ultramarinos. À Secretaria de Estado dos Negócios Estrangeiros, que seria autonomizada pelo governo liberal em 1821, ficaram a caber competências que constituem o retrato de como ao tempo se viam as relações externas: a saber, «todas as negociações com qualquer outra Corte; as nomeações dos Ministros que houverem de servir-me nas ditas Cortes; as instruções, avisos, ordens e respostas dos mesmos Ministros; os despachos sobre a sua subsistência, os Tratados de paz, de guerra, casamentos, alianças, comércio, e quaisquer outros que se celebrarem; as cartas para os Reis; Príncipes e quaisquer outras pessoas de fora dos meus Domínios; e as conferências com os Ministros estrangeiros»[102].

Mas se esta definição de competências melhorou a comunicação entre o governo e os seus Enviados, concentrando num Departamento as informações recebidas e a responsabilidade de em consequência as analisar

---

[99] *Ibidem*, p. 106.

[100] Atribui-se a iniciativa ao Cardeal da Motta, então Secretário de Estado e Primeiro-ministro de facto (o cargo não existia).

[101] O Cardeal da Motta defendia não serem mais de três, e isto porque «temos pequeno mapa, parecerá mal tantos Portadores a esfolar um pequeno cordeiro», citado por Pedro Soares Martinez, *História Diplomática de Portugal*, Verbo, Lisboa, 1992, p. 185.

[102] Eduardo Brazão, *A Secretaria de Estado dos Negócios Estrangeiros Criação de D. João V*, Coimbra, 1978, p. 51.

e decidir desejavelmente[103], a nova Secretaria de Estado, pobre de dotações orçamentais apesar do aparato do reino de D. João V, continuou sem resolver os problemas de financiamento das suas Embaixadas no estrangeiro, ou sequer compreender as suas despesas, levando o diplomata Silva Pereira, na linha do que já antes vimos com Duarte Ribeiro de Macedo, a escrever da Corte de Turim que «em Portugal se imagina que os gastos de quem anda por fora são como quem vai à Aldeia Galega»[104]. Porém, a rede das nossas Representações no estrangeiro, ao alargar-se, denota já uma perspectiva mais clara das vantagens de uma diplomacia continuada: assim, se na altura da criação da Secretaria de Estado, em 1736, Portugal possuía apenas seis Missões, no período entre 1790 e 1815 contam-se já 14 postos diplomáticos, designadamente nos EUA e na Rússia[105].

Um novo método diplomático: o multilateralismo

> Cada era revela o seu próprio modelo de interacção entre diplomacia e sociedade internacional.
>
> CHRISTER JÖNSSON E MARTIN HALL[106]

Já se deixou dito que os Tratados que compõem a Paz de Vestefália (1648), e levaram vários anos a serem concluídos, abriram uma diferente era para a diplomacia. Para trás, ficava não só uma guerra religiosa que dilacerara a Europa central durante trinta anos, mas também uma época: a de um espaço submetido durante a Idade Média a uma única jurisdição religiosa com assento em Roma e ao simbólico poder temporal de um Império (o Sacro Império Romano Germânico), com deficiente autoridade para o exercer efectivamente nos seus extensos domínios. Com Vestefália surge, também, a busca de um sistema que possa garantir um mais estável relacionamento entre os reinos europeus, procurando-se garanti-lo

[103] Segundo os especialistas foi, todavia, D. João V quem efectivamente conduziu a política externa portuguesa durante o seu reinado.

[104] Ana Leal de Faria, *Arquitectos da Paz*, p. 93.

[105] Para maior detalhe, ver Ana L. Faria, *idem*, p. 196.

[106] *The Essence of Diplomacy.*

através do princípio do equilíbrio internacional, da precedência dos interesses nacionais sobre considerações éticas, e numa forma nova de enroupar uma velha abordagem das relações internacionais: o realismo político[107]. Também em Münster e Osnabrück, cidades onde se realizaram as negociações, entre — respectivamente — as potências católicas e protestantes, iria emergir, embora de modo embrionário, uma prática diplomática aparentada com os antigos Concílios da Igreja: a negociação por Conferência. Mas não demorou que a posterior rivalidade e tensões dinásticas entre as grandes monarquias europeias, a perturbação continental trazida pela política expansionista de Napoleão, o antagonismo entre a Áustria e a Prússia, e a vontade de afirmação de poder da Rússia, colocassem os resultados do sistema vestefaliano a rude prova e abrissem uma época de ouro para o trabalho de negociação diplomática, que encontrará no Congresso de Viena de 1815 um dos seus momentos emblemáticos, com Talleyrand, Metternich, Castlereagh e o Czar Alexandre I como seus mais famosos participantes[108].

Nele se começará a afinar um método diplomático já ensaiado timidamente nas negociações de Vestefália, o qual, a partir de Viena, abriria de modo irreversível um trilho indispensável para o ordenamento da comunidade das nações: a negociação multilateral[109]. Com ele vai também ganhando inéditos contornos o trabalho dos diplomatas, quer na forma, como no conteúdo, pois novas matérias, algumas de carácter técnico, juntam-se às que até aí haviam constituído a tradicional preocupação prioritária das Embaixadas, como as alianças políticas, a segurança, a informação sobre capacidades militares, os equilíbrios de poder, as intrigas dinásticas. Agora, ao mesmo tempo que o Estado moderno se consolida e as várias facetas do progresso, designadamente no campo das comunicações, favorecem

---

[107] Arnaud Blin, *La Paix de Westphalie*, Editions Complexe, Bruxelas, 2006, p. 7.

[108] O então Conde de Palmela foi o chefe da delegação portuguesa, que travou não só dura batalha diplomática quanto ao estatuto de participação, mas ainda se viu confrontado com as dificuldades de fixar uma adequada estratégia, resultantes em larga medida da distanciação da Corte, ainda instalada no Brasil, ao panorama europeu. Sobre a participação portuguesa, ver síntese de Jorge Borges de Macedo, *História Diplomática Portuguesa*, Tribuna, 2006, Lisboa, p. 424.

[109] Tal como Nicolson, embora de outro modo, *Sir* Ivor Roberts indica a antiguidade grega como precursora deste método ao assinalar o acordo entre as Cidades-estado gregas e o Império persa, entre 392 e 367 a.C., de congressos políticos para estabelecer a paz. Referido em colóquio na Chatham House, 2009.

e ampliam os contactos diplomáticos, os governos compreendem a vantagem de desenvolver uma diferente cooperação internacional através de pactos de associação que imponham regras e obrigações comuns para resolução de assuntos de interesse colectivo. Para isso criam-se Comissões Internacionais (como a da navegação do Reno, em 1815; a do Danúbio, em 1859; a União Telegráfica, em 1865). E, num plano mais político, o directório formado pelas principais potências europeias do tempo irá procurar compor, pelo Concerto Europeu, um sistema de segurança internacional através da multiplicação de Congressos e Conferências. A via está assim aberta para a negociação diplomática adoptar estilos de actuação e normas processuais diferentes das que vinham até aí regendo o trabalho das relações bilaterais — e ganhar, com uns e outras, um outro rosto.

Este novo método, que se baseia no reconhecimento por vários países de uma comunidade de interesses, irá entretanto receber, já no início do século XX, um importante impulso com a criação da Sociedade das Nações (SDN), nascida do idealismo do Presidente Wilson que, perante as devastações da Grande Guerra, pretendeu estabelecer uma diplomacia «moral», garante de paz, assente no poder dos EUA, e afastada, tanto dos secretismos das alianças rivais que haviam marcado o passado recente da Europa, como das escondidas combinações que as negociaram[110]. Não obstante o seu posterior fracasso político devido à não ratificação pelo Congresso americano, ou por várias resistências dos dirigentes de então[111], ou ainda por não ter assumido um efectivo carácter universal (pela ausência dos EUA, a tardia admissão da Alemanha bem como da Rússia soviética), a SDN deixaria uma semente útil — pelos hábitos de negociação colectiva criados e por algumas das estruturas permanentes que estabeleceu[112] —, para a decisiva

[110] Nicolson, que participou nas reuniões da Conferência de Paz de Paris, escreveu que o Presidente Wilson se deixou hipnotizar pela força da sua própria oratória, o que o terá levado a olhar-se não como estadista mundial, mas como «um profeta designado a trazer luz a um mundo sombrio». Nicolson, *idem*, *The Evolution...*, p. 85.

[111] Lord Robert Cecil, que a ajudou a elaborar, registou nas suas memórias as desconfianças que a SDN suscitava na Foreign Office, afirmando que «Era oficialmente tolerada. Nunca amada.» Citado por Abba Eban, *op. cit.*, p. 252.

[112] «Nos corredores do Palácio (Genève), o Secretário-Geral, *Sir* Eric Drummond, pastoreava o seu rebanho de dirigentes, convocando este ou aquele para reuniões privadas a fim de olear a maquinaria.» Citado por Abba Eban, *ibidem*.

consagração do instrumento multilateral após a última guerra. A inédita amplitude desta, a hecatombe causada pela ambições nazis e a consciência da necessidade de impedir novos desastres suicidários e devastações levariam — por impulso dos EUA, potência triunfante — ao estabelecimento da ONU, à qual, pela sua vocação universalista, se foram acrescentando, em diversos campos do relacionamento, do financeiro ao cultural, do agrícola ao nuclear, as várias Agências que hoje fazem parte do seu extenso Sistema, ou ainda as numerosas conferências internacionais temáticas dos nossos dias[113].

Mas será com o estabelecimento da Comunidade Europeia, pelo Tratado de Roma, em 1957, que o multilateralismo vai encontrar a sua mais notável manifestação e a prova bem concreta da sua eficácia como método[114], ao avançar, para uma Europa ainda destroçada, um projecto inédito de relacionamento entre Estados, assente no império do direito e numa partilha voluntária de competências e de soberanias.

Linhas de continuidade e de mudança

> Se uma diplomacia emerge aparentemente diferente daquela de um passado recente, será arriscado chamá-la «nova» ou «moderna», pois é provavelmente uma reincarnação de um padrão anterior.
>
> SMITH SIMPSON[115]

Pelo que atrás se disse, é tempo de adiantar uma conclusão: a diplomacia soube ao longo dos tempos acomodar-se às novas realidades políticas e sociais — e responder aos problemas e desafios delas decorrentes. A sua

[113] No princípio do século estavam recenseadas 241 Organizações Internacionais Intergovernamentais.

[114] Apesar do cepticismo com que foi de início acolhido por diplomatas prestigiados, como Paul Cambon, que escreveu «uma conferência que junte mais do que quatro ou cinco pessoas pouco de valor poderá conseguir.» Citado por *Sir* Ivor Roberts, no colóquio da Chatham House, Londres, atrás referido.

[115] *Essence of Diplomacy*.

História é, afinal, o registo de uma persistente capacidade de ajustamento, bem ilustrada pela forma como se adaptou às inovações tecnológicas que foram paulatinamente substituindo os antigos embaraços de contacto que isolavam Embaixadores, ou os levavam a esperar longas semanas, senão meses, por respostas aos seus relatórios e pedidos de instruções. Por outro lado, os comportamentos ritualizados (e aparentemente anacrónicos) dos diplomatas, resultantes de antigos usos quase sempre assentes em raízes de útil pragmatismo para o sucesso do seu trabalho, foram adoptados pelos novos países e regimes que, ao longo do século XX, alteraram o mapa político da comunidade internacional onde a Europa deixara de ser o indisputado centro. Assim aconteceu com os EUA, após não poucas desconfianças face a uma diplomacia europeia que consideravam demasiado presa às pompas e formalismos do Congresso de Viena; ou com os primeiros governos soviéticos, os quais, considerando que a designação de embaixador continha ressonâncias aristocráticas, mudaram o nome dos seus enviados para «polpred» (representante plenipotenciário) até descobrirem que isso os prejudicava em termos de precedências e contactos[116]; ou, finalmente, com os numerosos Estados resultantes do processo descolonizador, que logo adoptaram a Convenção de Viena de 1961 — e as respectivas prerrogativas.

Desmentindo os que, perante o progresso das comunicações, vêm ao longo dos tempos antecipando a morte ou inutilidade da diplomacia clássica, esta tem, pelo contrário, sabido aproveitar bem o potencial dos novos meios técnicos ao seu alcance e, deste modo, vincado o erro dessas profecias e os excessos dos seus autores. Afirma-se que Palmerston, ministro inglês, ao receber o primeiro telegrama, terá sentenciado o fim das Embaixadas, por se ter tornado possível a ligação directa entre os governos; já nos nossos dias, um reputado professor de Assuntos Internacionais de Harvard e antigo membro da Administração americana, Brezinski, considerou a diplomacia anacrónica e dispensável na sua forma tradicional; um outro docente de Washington, George Modelski, vai mais longe ao escrever que ela «constitui um prejuízo para a sociedade mundial», pois estando na sua natureza «manter os dirigentes políticos afastados entre si», «não se pode

[116] Abba Eban, *op. cit.*, p. 331.

esperar que os diplomatas se tornem um meio de facilitar os contactos»[117]. Outros nomes ilustres, como De Gaulle e Kissinger[118], não esconderam as suas reticências face a uma classe herdeira de regras de comportamento e de ética profissional que por vezes se chocam com os voluntarismos nem sempre avisados dos que detêm o mando. Esta é afinal uma recorrente tensão entre diplomatas e poder político, e, a propósito dela, um prestigiado Embaixador português do princípio da segunda metade do século passado advertia que «um bom Embaixador é aquele que é capaz de dizer a verdade junto do país onde está acreditado sem o ofender, e de dizer a verdade junto do seu próprio governo correndo o risco de o ofender»[119].

As generalizadas posições críticas contra a diplomacia, embora geralmente se autodestruam pelo seu excesso, merecem ser referidas, pois revelam muitas vezes um evidente desconhecimento dos deveres do trabalho diplomático ou a persistência de velhos preconceitos sobre a actividade dos diplomatas, de quem não raro se guarda apenas a imagem caricatural das suas obrigações protocolares[120]. No entanto, é a própria realidade quotidiana que as anula, ao mostrar as constantes expectativas e permanentes solicitações a que hoje a instituição diplomática herdada da época clássica tem de fazer face para resolver, ou tantas vezes, atenuar problemas: em conferências internacionais; no menos mediático, mas quotidiano labor bilateral das Embaixadas; na preparação política de cimeiras; e no posterior desatar de alguns nós destas tantas vezes decorrentes. A este respeito, e perante a crescente multiplicação de encontros ao mais alto nível, não só diplomatas como vários especialistas[121] têm apontado alguns riscos

[117] Em Calvet de Magalhães, in *op. cit.*, p. 129.

[118] Para Kissinger, a burocratização da política externa tende a favorecer uma mentalidade preocupada por problemas técnicos, «prisioneira dos acontecimentos, cega às oportunidades». Em G. R. Berridge e outros, *Diplomatic Theory from...*, p. 189. Lloyd George, PM britânico, durante a Conferência de Paris de 1919, nunca escondeu a sua aversão aos diplomatas que procuravam atenuar o seu temperamento «mercurial».

[119] Esteves Fernandes, citado pelo Embaixador Marcello Duarte Mathias na revista *Textos e Pretextos*, n.º 13, Lisboa, p. 123.

[120] Contra este preconceito, um diplomata francês escreveu um livro com o sugestivo título *Mais que font donc ces diplomates entre deux cocktails*, Albert Chambon, Éditions A. Pédone, Paris, 1983.

[121] Ver entre outros Paul G. Lauren, Gordon Craig e Alexander L, George, *Force and Statecraft*, Oxford University Press, 2007, p. 56. N. Iorque.

que eles encerram: pela imprecisão ou pouca solidez de certos compromissos, prejudicados por apertos de tempo, ou por se encontrarem em jogo reputações pessoais de dirigentes preocupados em projectarem para a credulidade pública sucessos apenas aparentes. Já requererá, todavia, outra atenção a atitude dos que, não pondo em dúvida a importância do método diplomático, defendem a supressão das Embaixadas permanentes para se voltar ao sistema dos Enviados temporários de antes do século XV, ou advogam a reorganização da rede diplomática. Para tanto, argumentam que as Embaixadas são desnecessárias em países amigos ou aliados e demasiado arriscadas em lugares hostis; outros referem que, em vez de custosos edifícios e pessoal, bastará um funcionário com um computador portátil e uma linha aberta para receber instruções do seu Ministério; outros ainda propugnam, no que se refere à União Europeia, e tendo em conta o seu objectivo de integração política, a futura fusão das Missões Diplomáticas sob a bandeira da Europa ou sugerem, de modo aparentemente mais realista, que em alguns Estados as diversas Embaixadas dos países da UE possam partilhar o mesmo tecto para optimizar recursos[122]. Mas conforme notava com a autoridade da sua experiência o Embaixador Calvet de Magalhães[123], embora se aceite a crítica a uma demasiada proliferação das Embaixadas, estas correspondem em norma a uma necessidade imperiosa em virtude dos específicos e diversificados interesses nacionais, tanto históricos, como políticos, ou económicos, que obrigam a intervenções constantes para a sua defesa, mesmo no seio do espaço integrado europeu, onde de resto as relações externas mantêm essencialmente o figurino intergovernamental. O problema coloca-se antes às autoridades de cada país, a quem cabe adequar a sua rede de missões diplomáticas aos objectivos estratégicos traçados para a acção externa do Estado e aos meios financeiros e humanos que para tal podem dispor.

O que atrás se deixa referido reflecte afinal algumas interrogações suscitadas pela amplitude da extensa inovação tecnológica no domínio das comunicações e a sua projecção nos vários níveis por que se processa

---

[122] Não tem obtido sucesso esta ideia, a qual, no início de 2010, foi novamente aludida pela Chanceler alemã e pelo Presidente francês.

[123] Calvet, *op. cit.*, p. 140.

a vida das nossas sociedades. Neste contexto, um prestígioso *think tank* americano, ao promover um amplo debate sobre «A diplomacia na idade da informação», deixou registado ter a generalidade das intervenções insistido na importância insubstituível do factor humano, nomeadamente através da presença física, para um eficaz trabalho diplomático de proximidade e para um melhor aproveitamento das potencialidades que lhe são oferecidas pelo progresso tecnológico, quer no plano da colheita e triagem de informação, quer no âmbito de uma útil relação interactiva com as opiniões públicas[124].

Muito aliás se espera hoje dos serviços diplomáticos, e isto porque, como nota alguém que foi Embaixador e Ministro dos Negócios Estrangeiros, o diplomata actual acaba por ser «erudito, arqueólogo ou gramático quando decifra o enigma das motivações políticas. Improvisa-se geógrafo para desenhar mapas e decidir da sorte de populações inteiras. Torna-se, por vezes, profeta quando não se acomoda às injustiças feitas a uma nação»[125]. Antes dele, Lord Trevelyan, após uma longa e prestigiada carreira, resumia com lucidez britânica, já em 1973, as qualidades que iriam distinguir o diplomata dos nossos dias: «Tem de olhar-se a si próprio como um economista, um caixeiro-viajante, um agente publicitário para o seu país; guardar consigo a arma da cultura para fins políticos; promover trocas científicas e técnicas; e administrar a ajuda ao desenvolvimento. Não poderá inteiramente subtrair-se às técnicas e inconveniências pessoais que acompanham a batalha pela informação. Terá de preocupar-se com as relações não só de governos, mos também de políticos, cientistas, músicos, dançarinos, actores, escritores, futebolistas, sindicalistas, ... Mas continuará a ter como tarefa política básica negociar com governos e manter o seu informado acerca do que, no país em que se encontre acreditado, possa afectar os interesses da sua pátria»[126]. E outro que deixou marca perene de como fazer boa diplomacia, deixou escrito numa síntese ainda hoje perfeitamente válida: «Não conheço profissão mais singular do que a do diplomata. Nenhuma em que existam menos regras precisas e mais

---

124 CSIS, *Diplomacy in the Information Age*. Washington D. C.

125 Dominique de Villepin, em *Histoire de la Diplomatie Française*, Perrin, 2005, Paris, p. 9.

126 Memórias citadas em John Dickie, *Inside the Foreign Office*, Chapmans Publishers, 1992, Londres, p. 13.

tradições; nenhuma em que seja necessária tanta perseverança para o êxito e em que o sucesso dependa tanto do acaso das circunstâncias. Nenhuma outra em que seja tão requerida uma disciplina rigorosa e que exija, de quem a exerce, um carácter íntegro e um espírito independente.»[127]

Após este brevíssimo olhar por alguns aspectos da evolução da instituição diplomática, poderemos tentar responder à pergunta inicial: o que mudou e o que persiste na prática diplomática entre o tempo dos austeros Embaixadores pintados por Hans Holbein e os nossos dias.

Apontem-se desde logo algumas das mudanças mais óbvias: alteraram-se, antes de tudo, as relações internacionais, na Europa e fora dela, com o seu diferente mapa de Estados independentes e de distribuição de poder, em que desapareceram Impérios, se deslocaram equilíbrios e emergiram novas forças; mudou o sentimento de distância e de tempo face a uma inédita globalização, que envolve numa rede abrangente homens, ideias, mercadorias e capitais; foi igualmente abrindo brechas a ordem vestefaliana, a favor de conceitos de jurisdição universal ou de projectos supranacionais, como a União Europeia; alargaram-se de modo amplo, para lá das tradicionais prioridades políticas e de segurança, as matérias sob a responsabilidade das Missões, obrigando ao concurso de funcionários especializados, abrindo assim caminho para a influência de outros departamentos do Estado na formulação e execução da política externa; mudou também o aparato exterior, o cerimonial, a constituição das Embaixadas, a inevitável, e por vezes, arriscada autonomia de decisão, que as dificuldades de comunicações proporcionavam aos Embaixadores até meados do século XIX; modificou-se o estilo do relacionamento com as autoridades dos países receptores (com acentuada perda do monopólio de relacionamento por parte dos Ministérios de Negócios Estrangeiros); e é também já outra a preparação profissional, bem como a base de recrutamento, os meios e as condições de trabalho do pessoal diplomático, agora posto perante as vantagens e obrigações decorrentes de um acelerado progresso tecnológico no domínio da comunicação; diversificaram-se alguns métodos de negociação, nomeadamente com o advento e posterior sucesso do multilateralismo; com o passar do tempo, foi-se afirmando igualmente a chamada

[127] Jules Cambon, *Le Diplomate*, Hachette, Paris, 1926, p. 9.

diplomacia pessoal, ao multiplicarem-se as cimeiras, as linhas de telefone directas, e os frequentes encontros formais ou informais a vários níveis, tanto no plano bilateral como no multilateral, com a consequente diminuição de protagonismo dos Embaixadores no plano decisório; por seu turno, o mundo globalizado consolidou e aumentou a tendência para a intervenção na cena internacional de novos autores internacionais, impondo, ao mesmo tempo, aos diplomatas, uma inevitável mediatização, um dever acrescido de esclarecimento dos vários públicos sobre as políticas, posições e potencialidades do seu país, ou exigindo-lhes uma nova e diferente capacidade para saber ouvir e interpretar: os *media*, as ONG, as multinacionais, as comunidades religiosas, as fundações, os *think tanks*, as chamadas redes sociais da Net, rápidas mobilizadoras de descontentamentos, militâncias ou dissidências.

Se muito mudou na forma de fazer diplomacia, importa sublinhar porém que a sua essência permanece inalterada como instrumento para obter ou manter a paz e melhorar a cooperação entre Estados e Povos; mantêm-se outrossim as linhas fundamentais de comportamento para bem a executar e que já os autores de setecentos repetiam: a honestidade, a não duplicidade, a credibilidade, a cortesia, o bom senso, o respeito pelo interlocutor[128]; persistem também velhas prerrogativas e imunidades indispensáveis para a sua boa e independente prática; enfim, conserva-se e tem-se reforçado o núcleo fundamental das funções das Embaixadas e dos agentes que as formam: a representação, a negociação, a informação.

A este respeito, ao criticar a destrinça que após a 1.ª Grande Guerra se começava a fazer entre velha e nova diplomacia, um dos mais respeitados diplomatas desse tempo escreveu: «Diplomacia nova, diplomacia antiga são palavras que não correspondem a nada de real. O que tende a modificar-se é o exterior, os adornos da diplomacia. O fundo continuará o mesmo. Porque a natureza humana não muda, as nações não terão senão uma forma de resolver entre elas os seus diferendos, e a palavra de um

---

128 Nicolson, no seu livro *Diplomacy*, alinha as seguintes: verdade, rigor, calma, paciência, moderação, modéstia e lealdade. Dando por adquiridas a inteligência, conhecimento, discernimento, prudência, hospitalidade, simpatia, iniciativa, coragem e tacto.

homem honesto será sempre o melhor instrumento de que um governo poderá servir-se para fazer vingar os seus pontos de vista.»[129]

Decerto que o tempo entretanto decorrido, bem como a revolução tecnológica e as inéditas interdependências que hoje caracterizam a sociedade globalizada do nosso mundo e eram então impossíveis de prever, deixam a descoberto algum excesso destas palavras. Mas caberá afirmar, e insistir sem hesitações, que — no essencial — tem razão o seu autor, pois, para lá das extensas mudanças efectivamente registadas na forma, nos conteúdos, e nas suas práticas, a diplomacia conserva, através da acção dos seus agentes e a par de uma perene capacidade de adaptação, o carácter indelével que afinal a fez nascer para servir de instrumento indispensável («instituição mestra»[130]) para a cooperação, convivência, harmonia e progresso dos Povos e dos Estados.

---

129 Jules Cambon, *op. cit.*, p. 120.
130 Martin Wight, *Power Politics*, Leicester University Press, 2007, Leicester, p. 113.

CAPÍTULO II
DIPLOMACIA: CONCEITO

Diplomacy is the master institution of international relations.

MARTIN WIGHT[1]

Diplomacia: já se disse que a sua prática é antiquíssima — «tão antiga como os povos» —, mas a palavra que hoje a designa (proveniente do grego — diploma — que significava documento dobrado)[2] chegou-nos tarde, em obras de compilação de documentos relacionados com as relações internacionais, primeiro, em 1693, no *Codex Juris Gentium Diplomaticus*, de Leibnitz, e depois, em 1726, no *Corpus Universel Diplomatique du Droit des Gens*, de Jean Dumont. Também em meados do século XVIII começou a usar-se em Viena a expressão Corpo Diplomático para designar o conjunto do pessoal das respectivas Missões, aparecendo a expressão em Londres, em 1787, como a lista de individualidades inglesas em serviço no estrangeiro. Em 1796, Edmond Burke empregava a palavra diplomacia para designar o conjunto de Chefes de Missão em Paris, no seguimento do costume que, desde 1791, utilizava a palavra em França para designar a actividade dos que se ocupavam em tarefas de intermediação entre

[1] *Diplomatic Theory from Machiavelli to Kissinger.*

[2] Durante as épocas romana e bizantina, a palavra diploma configurava uma autorização, tipo passaporte, para transitar nas vias imperiais. Posteriormente, passou a designar os documentos solenes emitidos pelas chancelarias, particularmente os acordos entre soberanos, e serem chamados diplomatas os que se encarregavam de os elaborar. Nicolson, *Diplomacy*, p. 26.

poderes políticos[3]. É, pois, um termo que se consolida apenas no fim do século XVIII (Callières, no seu famoso livro de 1716, ainda não o emprega), e passa a indicar o conjunto de actividades e práticas relativas às negociações entre Estados, por intermédio de representantes mutuamente reconhecidos. Assiste-se assim ao nascimento da palavra, mas não a uma função que afinal vinha de longe, mas agora vê adquiridos, para os seus agentes, novos comportamentos regidos por regras mais consolidadas. Com efeito, com o século XVIII vai efectuar-se uma reflexão mais sistemática sobre as tarefas, os métodos de trabalho e o estatuto dos Embaixadores, em que foram influentes Vatell, Callières e Wicquefort. Repete-se: a função já existia antes, a palavra surgiria somente nesse século, e a partir daí o conjunto da actividade diplomática começou a ser visto como uma instituição com normas específicas, gerida por modelos similares nas diferentes Cortes europeias, afinando a sua natureza de instrumento regulador da nova sociedade internacional que lentamente tomava forma.

Não tem sido, porém, consensual a definição de diplomacia. A palavra é ainda hoje utilizada com diversos significados, quer relativos à actividade externa, quer mesmo ligados à vida quotidiana. Fala-se de diplomacia portuguesa ou brasileira, querendo com isso significar as respectivas políticas externas; diz-se diplomacia clássica e diplomacia nova, vincando deste modo época distintas; escreve-se diplomacia do petróleo ou do euro, para aludir a políticas elaboradas para a respectiva gestão; na actual tipologia diplomática ganham terreno termos como diplomacia pública, diplomacia preventiva e humanitária, sinónimos de diferentes campos da acção diplomática; em paralelo, fala-se do ingresso na diplomacia, isto é, nos quadros dos Ministérios dos Negócios Estrangeiros; ou, frequentemente, lê-se sobre as qualidades *diplomáticas* de um qualquer cidadão dono de temperamento conciliador e cortês. Nem mesmo o recurso aos dicionários ajuda a sair destas confusões lexicológicas. Assim, o respeitado *Dicionário de Morais* define-a de vários modos: como «ciência do direito e das conveniências internacionais; ramo da Administração que tem por objecto as relações internacionais; a carreira diplomática; habilidade com que se trata algum negócio; ou delicadeza de trato, cerimónia»; no seu Dicionário,

---

[3] Nicolson, *op. cit.*, p. 28.

Buarque de Holanda diz-nos ser a «ciência das relações exteriores ou negócios estrangeiros dos Estados, ciência ou arte das negociações, corpo diplomático junto de um Estado, circunspecção e gravidade nas maneiras, delicadeza e finura, astúcia e habilidade com que se trata quaisquer negócios»; o novíssimo dicionário da nossa Academia das Ciências ensina tratar-se de «ciência e arte de representar os interesses de um Estado no estrangeiro ou de dirigir e promover o direito e as relações internacionais; ramo da política referente às relações entre Estados; conjunto dos representantes de um Estado junto de outro; discrição ou tacto usados na resolução de um problema nas relações entre pessoas.» Por sua vez, o *Dicionário de Oxford* define-a como «gestão das relações internacionais por negociação; o método pelo qual estas relações são ajustadas e conduzidas por embaixadores e enviados; o trabalho ou a arte do diplomata.»

Tão-pouco é consensual a definição de diplomacia entre os autores que se dedicam ao seu estudo. Há os que a identificam e a consideram sinónimo de política externa, nomeadamente a escola americana, no seguimento de Hans Morgenthau e Morton Kaplan[4]. Para Kaplan, diplomacia é «a formulação de uma estratégia visando a concretização de interesses nacionais no campo internacional, e bem assim a sua execução por diplomatas»; para Morgenthau, diplomacia é «a formulação e execução da política externa». Outros, já na linha da escola europeia tradicional, consideram-na antes um *instrumento ou técnica* de política externa, numa definição que desde logo afasta a recorrente confusão com a própria política externa e é mais ampla do que aquela que a caracterizava apenas como a arte da negociação, conceito redutor que vem de longe (nomeadamente desde Callières, o qual ainda não empregava a palavra embaixador, substituindo-a pela de negociador) e subsistiu durante séculos. Ainda outros, mais recentemente, aproximando-se da realidade internacional, afirmam ser «a condução pacífica das relações entre entidades políticas, seus dirigentes e agentes acreditados»[5]; ou «a palavra dada aos canais oficiais de comunicação utilizados pelos membros de um sistema de Estados»[6]; ou ainda, como Kissinger,

4 Calvet, *op. cit.*, pp. 79 e 80.
5 K. Hamilton *et al.*, *op. cit.*, p. 1.
6 G. R. Berridge *et al.*, *Diplomatic Theory from Machiovelli...*, N. Iorque, p. 1.

para quem a negociação é o instrumento principal da diplomacia, que a define como a «a arte de restringir o exercício do poder e de conservá-lo» e, bem assim, de promover as relações entre Estados «por acordo e não pela força»[7].

Este carácter pacífico da diplomacia, oposto ao uso da força, é uma visão generalizadamente aceite, mas igualmente não consensual. Para alguns, como Raymond Cohen, que vem estudando as origens da prática diplomática, tratar-se-ia de um conceito marcadamente ocidental não existente em outras tradições, alegando ainda que a indefinição da linha entre diplomacia e violência tem vindo a colher um desenvolvimento recente. Para tanto, recorda a actividade diplomática da Guerra Fria entre as duas grandes potências de então, assente de modo decisivo numa mútua capacidade nuclear dissuasora, bem como a actual utilização da chamada «diplomacia coerciva», escorada em ameaças ou força limitada com o fim de persuadir adversários a cumprirem determinadas exigências[8]. Na mesma linha, e não será surpresa tendo em conta a sua prática como estadista, Kissinger — apesar de na sua definição ter dado preferência aos acordos e não à força — defende que diplomacia e estratégia militar devem apoiar-se mutuamente, conforme ocorreu nos bombardeamentos americanos de Hanói como sinal para advertir a liderança vietnamita do custo que incorria em não iniciar as negociações de paz em Paris. Neste quadro, caberá, porém, salientar que, sendo a busca da coexistência e da cooperação pacífica entre os povos a raiz da actividade diplomática, a linha final de fronteira para uma sua definição acaba numa situação de *guerra efectiva* se esta ultrapassar os limites de um simples intuito coercivo de uma fase da negociação, para antes propor-se, como finalidade, o aniquilamento das capacidades do adversário. Entramos neste caso numa situação que ilustra com clareza ter a diplomacia falhado e triunfado a guerra, embora naturalmente se abra uma nova fase para o seu exercício, por via directa ou indirectamente por terceiros, tanto para se obter uma trégua ou a paz, como para gerir uma e outra.

---

7 *Idem*, p. 194.

8 Calvet não considera esta prática como diplomacia devido à sua natureza violenta, preferindo chamar-lhe política coerciva assente em pressões militares.

Entretanto, antes de chegarmos a uma definição, será útil desde logo abordar uma doutrina frequentemente enunciada e já atrás aludida: considerá-la sinónimo de política externa. Embora sejam cada vez menos claras as margens que na prática as distinguem, pode-se dizer que política externa é toda a actividade do Estado no domínio exterior, com o objectivo de defender os seus interesses permanentes e essenciais no relacionamento perante outros Estados ou Organizações Internacionais; por seu turno, a diplomacia é antes o principal instrumento para a execução da política externa de um Estado, o que se realiza através de negociações e contactos efectuados por agentes a quem foi atribuído um poder de representação. Nicolson sintetiza bem as semelhanças e diferenças entre política externa e diplomacia, reconhecendo, todavia, o seu carácter interactivo, ao escrever: «uma e outra dizem respeito ao ajustamento dos interesses nacionais aos internacionais. A política externa está baseada na necessidade de auto-defesa, das vantagens económicas e estratégicas e da situação de opinião pública, influenciada por diversos factores, como preconceitos e simpatias (ideológicas ou humanas), a ambição para o futuro, ou o orgulho do passado. Já a diplomacia, *não é* um fim, mas um meio; não é um objectivo, mas um método... para a conciliação e o intercâmbio de interesses, a fim de impedir que surjam conflitos entre Estados»[9]. Ou, mais sinteticamente, como escreve Cahier, «a política externa consiste na escolha dos objectivos e das grandes linhas de acção que um Estado adopta ao relacionar-se com outros, ao passo que a diplomacia consiste na execução dessas directrizes»[10]. Até porque, convirá ainda sublinhar, a política externa pode ser prosseguida por instrumentos e técnicas de natureza pacífica (diplomacia) ou violentas (guerra), sendo que, naturalmente, nem todos os meios pacíficos para executar uma política externa configuram uma prática diplomática, assim como nem todos os contactos internacionais pertencem ao domínio da diplomacia: não o são a propaganda, a espionagem, a penetração ideológica, as pressões económicas, a acção das ONG, das multinacionais, ou o desporto.

---

[9] Vilariño Pinto, em E. V. Pintos, *op. cit.*, p. 69.
[10] Philippe Cahier citado por E. V. Pintos, *idem*, p. 74.

Cabe igualmente recordar que a fixação do conceito pela teoria ao longo da História mostra algumas vezes as diferenças decorrentes da própria sociedade em que esse trabalho doutrinal foi realizado, normalmente descrevendo os elementos essenciais da actividade diplomática e dos seus agentes numa determinada época. Ainda no século XIX, os autores, assumindo o legado de Vestefália e o desenho político dele decorrente, continuavam a definir a diplomacia identificando sobretudo as funções diplomáticas principais, descrevendo-a como a arte da negociação; após a 1.ª Guerra Mundial, a doutrina — longe de se afastar do modelo vestefaliano — dá-lhe particular ênfase, ao destacar o relacionamento oficial entre os Estados, podendo assinalar-se pela sua representatividade a definição de *Sir* Ernest Satow: «a diplomacia é a aplicação da inteligência e do tacto na condução das relações oficiais entre os governos de Estados independentes»[11]. Em caminho idêntico, Nicolson escreve que «diplomacia é essencialmente o sistema organizado de negociações entre Estados soberanos»[12]. Mais recentemente, e numa linha evolutiva que se acomoda já a uma realidade que congrega vários tipos de entidades políticas com capacidade diplomática (Estados, Organizações Internacionais, Para-Estados), Keith Hamilton e R. Langhorne olham-na como «a condução pacífica de relações entre entidades políticas, os seus dirigentes e agentes acreditados», e Philippe Cahier define-a como «a maneira de conduzir os assuntos externos de um sujeito de direito internacional, utilizando meios pacíficos e principalmente a negociação»[13]. Em 1980, o Tribunal Internacional de Justiça, no seu acórdão sobre o ataque perpetrado um ano antes contra a Embaixada dos EUA em Teerão, resiste a oferecer-nos um conceito, preferindo insistir sobre a sua natureza de método de *comunicação conciliador* ao deixar escrito que a diplomacia «é um instrumento essencial para a eficaz cooperação na comunidade internacional, que permite aos Estados, não obstante as diferenças dos seus sistemas constitucionais e sociais, atingir uma compreensão mútua e resolver as suas divergências por meios pacíficos». O que, afinal, Raymond Cohen formula de modo sugestivo ao

---

[11] *Satow's Guide to Diplomatic Practice*, 5.ª edição, Longman, Londres, 1979, p. 3.

[12] Citado por G. Berridge *et al.*, em *Diplomatic Theory...*, p. 156.

[13] Referido por E. V. Pintos, *op. cit.*, p. 74.

afirmar que «a diplomacia é a sala das máquinas (*engine room*) das relações internacionais»[14].

Na actual doutrina portuguesa, Calvet de Magalhães, antes de avançar uma definição, destaca também a sua qualidade de instrumento e bem assim dois elementos essenciais da prática diplomática: a existência de representantes de Estados por estes devidamente reconhecidos e a sua inviolabilidade. Para Calvet, que se atém com rigor ao conceito de «diplomacia pura», esta é um instrumento de política externa para o estabelecimento e desenvolvimento de contactos pacíficos entre os governos de diferentes Estados, pelo emprego de intermediários (os agentes diplomáticos), mutuamente reconhecidos pelas partes[15]. Porém, este conceito de diplomacia, embora bastante completo e vincando o carácter pacífico que o autor reputava essencial, exclui — é Calvet que o salienta — os Ministros dos Negócios Estrangeiros (mesmo que pertençam à carreira diplomática) ou os próprios diplomatas que, colocados nos Serviços centrais, exerçam funções de conselheiros políticos do Ministro ou do governo. E isto a seu ver, porque eles já não actuam como instrumento para o cumprimento de uma determinada política externa (elemento essencial da sua definição), mas como seus formuladores ou homens políticos. Para Calvet, quando um diplomata influi na formação de uma determinada política externa actua como expositor ou criador dela, como um cidadão a quem é reconhecido o direito de exprimir opiniões políticas, mas não como diplomata, intermediário reconhecido para tratar assuntos entre Estados[16].

Ora, este conceito, de que se compreende a preocupação de rigor terminológico no estudo de uma *diplomacia pura*, choca-se, todavia, com a realidade dos nossos dias. Basta recordar a crescente interacção, permitida pelos actuais avanços técnicos na área das comunicações, entre os funcionários diplomáticos (nos seus ministérios ou no estrangeiro) com o respectivo poder político para a elaboração e, eventualmente, correcção de certas posições; bem como a crescente presença na cena diplomática de membros dos governos dos vários Estados, ao intervirem em negociações bilaterais

---

[14] Citado por C. Jönsson e M. Hall in *Essence of Diplomacy*, p. 1.

[15] Calvet, *op. cit.*, p. 92.

[16] Calvet, *op. cit.*, p. 93.

ou multilaterais, ou ao realizarem frequentes contactos pessoais da maior importância para o relacionamento dos seus países. Como então definir estas suas acções que Calvet aparta do campo da diplomacia por não configurarem o elemento instrumental para si indispensável? Relativamente a governantes, mesmo diplomatas (dá o exemplo de Pombal, Metternich ou Bismarck), prefere designar a sua acção pelo termo genérico de contactos para qualificar «todo o tipo de comunicação ou diálogo entre dois poderes políticos diferenciados»[17]. Decerto que se respeita a sua coerência teórica em distinguir dois momentos — o da elaboração e o da decisão —, mas não se vê a utilidade de fixar um outro nome para o recorrente e cada vez mais amplo trabalho de governantes e de diplomatas com os irrecusáveis objectivos diplomáticos de promoverem a cooperação entre Estados, afinal um dos seus elementos decisivos[18]. Até porque, ao fazê-lo, não estão a formular a política externa do Estado que representam, mas antes a aplicá-la ou a interpretá-la, ao ponderarem em cada caso concreto o seu campo de manobra negocial, agindo afinal como instrumentos formalmente reconhecidos do Estado, dentro dos parâmetros balizadores de políticas programáticas previamente definidas e sufragadas no respectivo plano nacional, de acordo com as respectivas normas constitucionais. Estão assim a fazer diplomacia, não obstante não serem *agentes diplomáticos* tal como os define a Convenção de Viena.

Por esta razão, afigura-se mais conforme com a prática do nosso tempo falar de diplomacia como um instrumento dos Estados e de sujeitos reconhecidos pelo direito internacional (como as Organizações Internacionais) para, através de representantes mutuamente aceites e de forma predominantemente pacífica, cooperarem no quadro da legalidade internacional para defesa e harmonização dos respectivos interesses.

---

[17] Calvet, *idem*, p. 84.

[18] A este respeito, o Embaixador Santa Clara Gomes, num livro de homenagem a Calvet, coloca justamente a seguinte pergunta: «quando Kissinger, Secretário de Estado, recebia Dobrynin, Embaixador soviético, se este último fazia diplomacia, o primeiro que fazia?» José Calvet de Magalhães, *Humanismo Tranquilo*, Principia, 2003, Cascais, p. 82.

CAPÍTULO III
MOMENTOS DA EVOLUÇÃO DA DIPLOMACIA

1. Os primeiros tempos

> Não detenhas o mensageiro que te mandei. Ele deve perceber qual é a tua atitude e depois regressar.
>
> REI ASSÍRIO PARA O FARAÓ (SÉCULO XIV A.C.)[1]

Uma sucinta abordagem de alguns momentos do caminho evolutivo da diplomacia ao longo da História ajudará a compreender melhor como se foram cristalizando as linhas essenciais que afinal a caracterizam e a distinguem de outras instituições gizadas pelo homem.

Recordemos uma primeira constatação: o recurso a intermediários para estabelecer contactos entre grupos humanos chega-nos de tempos imemoriais (assim, aliás, o refere o preâmbulo da própria Convenção de Viena de 1961), quando aqueles perceberam, designadamente pela influência da agricultura na sua crescente sedentarização, ser mais proveitoso um possível entendimento com gente estranha à tribo do que lutas mortíferas para a demarcação de áreas de caça ou de terrenos de cultivo.

Não tardou também a ser compreendido que, para alcançar um acordo, era necessário proteger, através de um estatuto de inviolabilidade, a pessoa do enviado. Pode-se dizer que esta imunidade constituiu a pedra mestra que tornou possível a instituição diplomática e surgiu como seu primeiro

[1] Citado em *Amarna Diplomacy*, Raymond Cohen e outros.

princípio generalizadamente aceite, cuja importância poderemos bem medir se tivermos em conta que, nesses tempos, os estranhos eram considerados perigosos e impuros. É uma protecção que encontramos já entre os povos primitivos da Austrália, nos intercâmbios levados a cabo desde o século XXV a.C. pelos vários poderes do Oriente Próximo, ou ainda na China e Índia antigas, e bem assim, de forma entretanto mais sofisticada, na civilização helénica, nesta claramente expressa nos poemas homéricos que nos informam gozarem os emissários gregos da protecção do próprio Zeus.

Estudos sobre os povos primitivos revelam, como antes se disse, a existência de enviados entre diversas tribos para a resolução de questões que as envolviam. Ragnar Numelin, ao investigar os comportamentos dos povos desse tempo recuado da Austrália e Ásia, conclui que entre eles existiam relações inter-tribais assentes na utilização de enviados e mensageiros: «desde que comunidades humanas existiram lado a lado sem viver em estado de inimizade permanente — e às vezes mesmo então — foram surgindo certas formas rudimentares de usos diplomáticos. Foi necessário aos líderes das sociedades primitivas (reis, chefes ou conselhos de anciãos) manter alguma espécie de relações mútuas, inicialmente através de mensageiros ocasionais e, mais tarde, de enviados ou outros representantes análogos»[2]; e isto, porque, sublinha, «quer as causas das relações inter-tribais provenham de considerações utilitárias ou de ideias de magia ou religião, parece certo que até os selvagens tinham necessidade de manter relações pacíficas entre si, uma necessidade habitualmente mais forte do que aquelas tendências retardadoras que levam ao isolamento e a uma atitude hostil em relação a tribos ou povos estrangeiros»[3]. Na mesma linha, Edmund Walsh acrescenta que «a parte da representação e das negociações é tão velha como as relações sociais e começou no momento em que as famílias, os clãs, as tribos e os povos entraram em contacto, visando a regulamentação dos costumes e dos controlos matrimoniais, a caça, o comércio, a navegação, as comunicações, os desentendimentos e as guerras»[4]. Neste relacionamento inter-tribal, os enviados eram escolhidos entre

[2] Citado por G. Nascimento e Silva, *Diplomacia/Protocolo*, Record Editora, Rio de Janeiro, 1969, p. 65.

[3] Citado por Calvet, *op. cit.*, p. 32.

[4] G. Nascimento e Silva, *idem*, p. 66.

os mais importantes homens e mulheres[5] da tribo (estas para missões particularmente importantes); a inviolabilidade do mensageiro estava ligada à convicção de que gozavam de um poder sobrenatural, mágico, que seria perigoso violar; e a apresentação das suas mensagens obedecia a determinados cerimoniais[6].

Por seu turno, ainda entre as tradições não europeias, a correspondência de Tell-al-Amarna, uma capital do antigo Egipto, do segundo milénio a.C., mostra um elaborado código de protocolo e de regras consuetudinárias entre o faraó egípcio e os soberanos do então Crescente Fértil, tirando partido de uma língua franca e estranha à maior parte dos reinos envolvidos — Akkadio — verdadeiro instrumento neutral de intermediação entre diferentes culturas e poderes desiguais, grandes e pequenos (a língua egípcia não aparece nesse tempo, século XIV a.C., como meio de comunicação diplomática)[7], base de um relacionamento que se caracterizava por uma notável tolerância face às diferenças culturais e civilizacionais dos povos envolvidos. Nisto, a Idade de Amarna era policultural, no sentido em que diferentes culturas coexistiam em termos de relativa igualdade, num acentuado contraste com a natureza mais fechada de posteriores sistemas imperiais (Roma e Bizâncio), dela nos tendo ficado extensa documentação que refere trocas de enviados entre o Egipto e os reinos vizinhos. Compreende-se assim a sua importância para o desenvolvimento dos alvores da prática diplomática: foi na época de Amarna que «os horizontes da diplomacia se alargaram por todo o antigo Próximo Oriente e adquiriram o conceito de um grupo de poderes iguais, um "clube", em que a respectiva participação proporcionava responsabilidades, mas também privilégios»[8]. O importante acervo desta correspondência, descoberta em 1887, revela-nos já nesse tempo recuado «o culminar de uma tradição, desenvolvida ao longo de séculos, pela qual Estados

---

5 Particularmente significativo se tivermos em conta que só no século XVII Luís XIV acreditou uma mulher como Embaixador na Polónia, situação excepcional e contrária aos ensinamentos de Wicquefort, pois apenas no século XX o governo soviético seria o primeiro a nomear uma Embaixadora.

6 R. Numelin, citado por Calvet, *op. cit.*, p. 33.

7 Raymond Cohen e outros, *op. cit.*, p. 10.

8 Raymond Cohen e..., *idem*, p. 11.

podiam comunicar através de uma língua comum, prosseguir os seus interesses e resolver as respectivas diferenças de acordo com padrões também comuns e convenções, trocar informação, e aceitar ou opor-se a atitudes dos seus vizinhos sem necessidade de se envolverem em guerra»[9]. Talvez por tudo isto, um autor, A. Moret, escreve, com evidente excesso, ter-se durante muito tempo acreditado «que a diplomacia era uma invenção dos subtis políticos do Renascimento; mas esta ilusão desaparece quando se examina a correspondência trocada entre os faraós e os reis da Babilónia, da Assíria, de Mitani e de Khatti»[10].

Com efeito, «tratados de aliança, ofensivos ou defensivos, convénios comerciais, casamentos políticos, são documentos encontrados nos arquivos de Amarna ou de Boghaz-Keui, que nos revelam os segredos do concerto internacional nos séculos XV e XIV antes da nossa era»[11]. Numelin, na sua obra *The Beginings of Diplomacy*, chama a atenção para os contactos nessa época realizados pelas entidades políticas da região do Nilo, nomeadamente para a troca regular de correspondência entre reis e para as regras estabelecidas para a recepção dos enviados e a elaboração dos respectivos salvo-condutos. Data, aliás, do terceiro milénio a.C. o mais antigo tratado conhecido, com provisões de paz entre duas Cidades-templo da região mesopotâmica; também o famoso Código de Hamurabi (1700 a.C.) sugere igualmente em algumas das suas normas a existência de relações pacíficas entre povos vizinhos.

Outrossim, os hebreus deixaram-nos extensa notícia sobre a utilização de intermediários, nos livros do Antigo Testamento, numa época que vai do século XIII ao século III a.C., para gerir as suas relações e negociações com outros povos, designadamente com os Assírios: uma das referências (século VII a.C.) parece configurar o que hoje se chamaria diplomacia coerciva, já que se trata de uma clara ameaça militar, em que um enviado assírio intima a submissão do rei da Judeia ao seu rei[12].

---

[9] R. Cohen, e…, *idem*, p. 3.

[10] G. Nascimento e Silva, *op. cit.*, p. 71.

[11] G. Nascimento e Silva, *idem*, p. 72.

[12] Calvet, *op. cit.*, p. 35, que sublinha distinguir o texto judaico entre pressão militar e negociação, esta qualificada pelo enviado assírio de «palavras ocas» e inferior à força das armas.

Do outro lado do mundo, desde o segundo milénio a C. chega-nos a notícia de intercâmbios de tipo diplomático entre a China, a Coreia, a Índia, o Tibete. Tanto a China como a Índia desenvolveram quadros complexos de comunicação e relacionamento, a que não foi estranha a fragmentação de poder no interior dos seus imensos territórios (a China ocupada nas lutas intestinas do período dos Reinos Combatentes, entre o v e o III séculos a.C., e a Índia, na época dita dos Impérios, de 321 a 535 a.C.). Alguns autores chamam a atenção para o elevado formalismo e rigidez protocolar da prática diplomática chinesa, e bem assim para a sofisticação da diplomacia indiana desse tempo antigo, quanto a esta ilustrada no século v a.C. nos livros sagrados dos Vedas e nos dez livros de Cautilia («Arthashastra») sobre política externa (em que advoga um sistema imperial), bem como nas «Leis de Manu», do século III a.C., as quais contêm diversas referências ao uso de intermediários, a alianças, e à utilidade dos contactos para evitar a guerra. As Leis de Manu revelam com clareza a consciência da utilidade dos intermediários[13], bem como elaboradas orientações sobre o respeito pelos acordos, as condições para o acolhimento de enviados, e até a descrição das qualidades desejáveis para a execução da diplomacia (lealdade, honestidade, habilidade, boa memória, paciência, generosidade, intrepidez e eloquência); porém, apesar destes ensinamentos, a prática diplomática indiana desse tempo estava contaminada por uma estreita associação à espionagem para recolha de informações militares na busca de um poder hegemónico[14].

Ao lançarmos este brevíssimo olhar às idades recuadas em que práticas de tipo diplomático começaram a tomar corpo, por necessidade ou por simples ambição, poderemos já divisar, entre outras feições desse barro inicial, algumas das linhas que irão influenciar o desenvolvimento futuro da diplomacia: a vantagem da coexistência face ao isolamento, o estímulo das trocas comerciais, a busca de alianças defensivas ou ofensivas, o efeito negativo para os relacionamentos de situações hegemónicas, a percepção da utilidade reguladora de normas protocolares, a exigência de certas

[13] «A paz e o seu contrário dependem dos Embaixadores, pois são estes últimos que criam e separam os aliados. É no seu poder que se encontram os negócios que provocam entre os reis a paz ou a guerra.» Em Calvet, *op. cit.*, p. 34.

[14] G. Nascimento e Silva, *op. cit.*, p. 74

regras de imunidade e reciprocidade. Junte-se a tudo isto o seu carácter de indispensabilidade para uma convivência entre povos, o que levou Adam Watson a sublinhar ser «surpreendente que a actividade diplomática destas diferentes civilizações tenha mostrado que a mesma necessidade de diálogo produziu regras e instituições similares»[15].

2. A Grécia Antiga

> Os gregos atribuíam grande importância aos meios diplomáticos da persuasão... o que daria origem a um dos mais desenvolvidos períodos da diplomacia antes da nossa era.
>
> ADAM WATSON[16]

No Ocidente, é na Grécia Antiga que encontramos não só um já estruturado sistema de tipo diplomático, como extensa documentação, nomeadamente recolhida de fontes literárias, que nos informa sobre o seu real desenho. Por volta de 800 a.C., o que conhecemos resulta sobretudo das descrições de Homero, na *Ilíada*, em particular quanto às imunidades dos Enviados, conforme é exemplo o seu relato da embaixada de Ulisses a Tróia; num período posterior (séculos V e IV a.C.), Tucídides e Demóstenes representam também importante fonte de informação, agora de recorte histórico, designadamente sobre a forma da escolha dos embaixadores[17], a constituição das embaixadas, e o modo de desempenho das suas funções. E por eles vemos que nesses tempos remotos era já generalizado o envio de representantes entre as Cidades-estado gregas ou entre estas e reinos rivais, como a Pérsia, bem como reconhecido o princípio da inviolabilidade desses enviados.

Este desenvolvimento da prática diplomática helénica tem desde logo a ver com a organização política e com a geografia que encorajava a fragmentação do poder: de um lado, a existência da *Polis*, protegida pelos

---

15 Adam Watson, *Diplomacy*, Routledge, 1991, p. 92.

16 Adam Watson, *idem*.

17 Usar-se-á a expressão de Embaixadores e não de *presbeis* por comodidade, pois só no século XIII aquela se difundiria na linguagem corrente.

deuses, entendida como unidade assente na aglomeração urbana e no território adjacente, que podia abranger não só o campo como outras cidades menores próximas, por ela se distinguindo o cidadão grego, integrado na Cidade por um laço de tipo religioso, dos estrangeiros (*barbaroi* — não falantes de grego), a quem olhavam com superioridade; de outro, a separação das ilhas («a caprichosa contiguidade marítima») e a difícil topografia terrestre impunham a necessidade de comunicar entre entidades autónomas, próximas, mas de desigual poder relativo.

A Grécia estava então dividida em numerosas Cidades, variáveis em tamanho (cerca de mil, entre grandes Cidades-estado e pequenas urbes), diferentes em capacidades e organização política — nenhuma possuía uma durável capacidade hegemónica —, e ligadas pela proximidade geográfica, pela cultura, pela língua e religião comuns. Entre elas, Atenas (potência comercial e marítima do mar Egeu) e Esparta (cidade dominante na área peninsular) lideravam, no século v a.C., as adversárias Ligas de Delos e do Peloponeso, alianças que congregavam dois blocos em busca de hegemonia; nos instáveis equilíbrios de poder gregos, duas outras importantes Cidades-estado, Corinto e Tebas, esta última pátria de antigos mitos e lendas, procuravam defender — respectivamente — a sua posição marítima e na península. Isto se assinala, pois, para o desenvolvimento da prática diplomática do território que então se chamava Hellas[18], concorreu o que passou à história referido como «o mal grego», ou seja, a constante hostilidade entre as Cidades, exigindo frequentes envios de embaixadas e enviados para a tentativa de resolução de diferendos ou para o estabelecimento de alianças (os gregos eram visceralmente ligados ao ideal de que cada Cidade-estado deveria dirigir os seus assuntos, e ressentiam qualquer interferência ou hegemonia por parte de outra *polis* ou poder estrangeiro)[19]. Este ambiente de ásperas rivalidades conduziu forçosamente a modelos de comunicação diplomática e a processos de regulação de interesses, embora nenhuma estrutura administrativa tivesse enquadrado este trabalho. Por isso, os gregos (em cuja mitologia Hermes surgia como um nem sempre escrupuloso mensageiro divino) elaboraram desde uma

[18] Ainda hoje é a designação oficial da Grécia na União Europeia.

[19] Adam Watson, *The Evolution of International Society*, Routledge, 1992, Londres, p. 49.

fase bastante antiga um sistema de relacionamento de sinal diplomático, que ficou patente na sua língua em vários vocábulos desde então usados: reconciliação, combinação, arbitragem, convenção, tratado comercial. Da história ficou também o registo que as cidades gregas, principalmente Atenas e Esparta, nas suas frequentes disputas para obtenção de um poder hegemónico, fizeram constante uso de enviados para resolverem questões de comum interesse, declararem guerra, ou para, dirigidos a outras cidades, negociarem alianças.

Como eram, então, escolhidos esses Enviados, que poderes lhes eram atribuídos, como executavam os respectivos mandatos? Sabe-se por Tucídides (século v a.C.), sobretudo pela sua famosa obra *História da Guerra do Peloponeso*, que os embaixadores eram pessoas de elevada condição social (o termo grego pelo qual eram distinguidos — *presbeis* — significava pessoa notável), geralmente de idade madura, escolhidos com cuidado, designados pelo povo em Atenas (por vezes o Senado escolhia parte ou a totalidade da embaixada ou *presbeia*) e, em Esparta, pelos magistrados (*éforos*) que presidiam à Assembleia.

Sabemos também que as embaixadas, sempre breves e *ad hoc*, para uma missão específica e com poderes para uma única negociação, eram compostas geralmente por três elementos em Esparta e de três a dez elementos em Atenas. Porque os enviados, mais habitualmente em Atenas, eram antes ouvidos pelo Senado e deles se exigia que defendessem oralmente junto da outra Cidade os argumentos das suas missões, impunha-se que tivessem boas qualidades oratórias, pelo que se procurava nomear os seus mais prestigiados oradores; daqui que a designação de *Oratores* lhes venha depois a ser aplicada quando a Grécia ficou sob o domínio de Roma, tendo sido acolhida posteriormente pelos romanos para designar os seus enviados.

Nos poemas de Homero existem duas descrições detalhadas de uma missão diplomática, nomeadamente a referência na *Ilíada* a uma embaixada a Tróia para recuperar Helena sem guerra. Do que nos conta, ajudando a compreender a diplomacia do tempo, podemos inferir que à volta de 800 a.C. eram recebidas embaixadas estrangeiras, compostas pelo menos por dois embaixadores, a quem era atribuída imunidade. Na *Ilíada*, Homero descreve também a missão a Aquiles, dando úteis informações sobre os costumes do tempo e do método diplomático: uso de mensageiros, a forma das instruções, a categoria de *presbeis* que não abrangia todos os enviados. Mais tarde, já num registo histórico e não apenas literário, Tucídides deixou-nos também elementos de informação sobre a prática diplomática grega da sua época: as missões, sempre transitórias e breves, eram longa e publicamente discutidas antes da sua partida, bem como os argumentos a usar, em geral oralmente, pelos enviados, a quem eram dadas instruções que era raro poderem exceder; no seu regresso, debatia-se a forma como haviam desempenhado a sua tarefa, por vezes com críticas severas e até sanções, devendo ser prestadas contas das despesas incorridas e proibido receber presentes. No caso de sucesso recebiam uma grinalda de oliveira e uma placa comemorativa.

Demóstenes (384–322 a.C.), que foi por duas vezes enviado de Atenas, legou-nos, por seu turno, uma distinção que acabaria por caracterizar bem a função dos embaixadores de então. Assim, ao referir-se a uma ordem do dia da Assembleia ateniense para discutir assuntos relativos a arautos e embaixadores, traça uma linha divisória para os distinguir: os arautos eram mensageiros de guerra; os embaixadores mensageiros para a paz. Outras diferenças que nos ensinou: os arautos exerciam cargos permanentes e hereditários, os embaixadores cargos transitórios; os embaixadores podiam negociar, os arautos apenas transmitir as mensagens de que eram portadores. Este mesmo autor dá-nos conta de uma prejudicial falta de unidade e de coesão das embaixadas gregas, cujo número de membros correspondia muitas vezes aos diversos pontos de vista e argumentos da cidade que os enviava (na defesa oral de uma questão chegava a haver dez discursos diferentes, conforme as tendências da opinião doméstica), o que naturalmente era aproveitado pelos adversários com quem tinham de negociar. Daqui que as missões gregas se caracterizassem não só pela diversidade de posições, mas também por constantes conflitos e animosidades no seu seio, que corroíam a eficácia do seu trabalho diplomático: um exemplo que ficou para a História diz respeito ao próprio Demóstenes, enviado por Atenas à Macedónia, em 346 a.C., que recusou sentar-se à mesma mesa dos outros membros da sua delegação de quem deixou escrita uma crítica cerrada.

Se é certo que a reduzida unidade e a falta de coerência, devidas em larga medida à prévia discussão pública das respectivas e muitas vezes antagónicas posições, prejudicavam os resultados do sistema diplomático grego, a frequente prática de envio de embaixadores e a elaboração de acordos mostram, entretanto, uma já elevada sofisticação. Assim, no século V a.C., os gregos contavam com um aparelho de significativo impacto no incipiente relacionamento internacional da sua área geográfica: para isso haviam criado as Ligas, como a de Delos (liderada por Atenas) ou a do Peloponeso (dirigida por Esparta), compostas por várias cidades (a primeira chegou a reunir duzentos membros), que consistiam em organizações com um duplo carácter religioso e político, ao estabelecerem princípios que cobriam matérias como a declaração de guerra, a conclusão da paz, a ratificação de tratados, a arbitragem, ou a disciplina de situações de neutralidade, de trégua (como durante os Jogos Olímpicos), da troca de emissários, do direito de asilo, da extradição, assim como várias práticas marítimas (Atenas, por ter sido uma importante potência marítima, aproveitava a sua capacidade de defesa naval do Mar Egeu para cobrar impostos aos seus aliados e embarcar numa política de ambições imperialistas). Nicolson[20] sublinha que os gregos, apesar das suas recorrentes rivalidades, haviam ultrapassado cedo uma consciência tribal para adoptarem uma concepção ligada à existência de interesses comuns, de que o processo de arbitragem referido por Homero[21], já nos tempos recuados do século VIII a.C., constituiria manifesto testemunho. Na mesma linha, considera significativo o papel dos Conselhos das Ligas para o estabelecimento de um sentimento sobre a utilidade de um processo regulador de objectivos comuns e de vontades colectivas. E isto, porque as reuniões periódicas daqueles Conselhos, organizadas por um secretariado permanente, embora com a finalidade de proteger os santuários e regular as peregrinações, introduziram uma importante inovação diplomática ao instituírem regras, sanções e obrigações militares para os seus membros. O mesmo autor conta-nos que as diversas Cidades-estado participantes assumiam o compromisso de não atacar ou prejudicar nenhum dos seus parceiros, em tempo de paz ou de conflito, implicando a violação desta cláusula de solidariedade tornar-se

[20] Nicolson, *op. cit.*, p. 40.

[21] A este respeito, Nicolson nota com admiração que, 2260 anos antes do Presidente Wilson, um político espartano possa ter avançado e aconselhado, em período de aguda tensão, o método de arbitragem. Nicolson, *ibidem*.

automaticamente inimigo de todos os outros membros, bem como passíveis de uma guerra de punição. Nicolson, que sobre este assunto vimos seguindo, nota ainda a razão do fracasso daquelas instituições[22], que alguns vêem como longínquas antepassadas das presentes Organizações Internacionais: de um lado, tal como ocorreria na primeira metade do século XX com a Sociedade das Nações, a falta de universalidade das Ligas, pois várias importantes cidades se haviam delas excluído; de outro, a sua incapacidade de impor sanções efectivas aos membros mais poderosos.

Apesar da sua rica civilização, e agora num oposto registo negativo, os gregos davam prioridade absoluta à segurança e aos interesses da sua *Polis*, olhando os nativos das outras cidades helénicas como possíveis inimigos e os estrangeiros como bárbaros e potenciais escravos. Todavia, reconheciam a existência de certos princípios divinos que governavam a condução das questões entre as várias entidades políticas, conforme ilustra a sua convicção de que os tratados estavam sob protecção dos deuses, não devendo ser quebrados sem um motivo legítimo, nem deixarem de ser cumpridos os compromissos com eventuais aliados.

Num outro plano de relacionamento diplomático entre as Cidades-estado, cabe recordar que uma das mais úteis instituições criadas pela Grécia Antiga diz respeito à designação do primeiro antepassado dos actuais cônsules — o *Proxenoi* —, cidadão natural da cidade em que residia e que aí defendia os interesses da outra cidade cuja comunidade imigrada o designava: Píndaro foi *proxenoi* de Atenas em Tebas; Demóstenes em Atenas, também de Tebas; Alcibíades de Esparta, em Atenas; este era assim um posto de evidente honraria, atribuído a personalidades de prestígio, tendo Atenas chegado a conceder cidadania e, se necessário, asilo político, em caso de conflito, ao seu *proxenoi*[23]. Quanto às tarefas de que estavam incumbidos, os *proxenoi* tinham como competência auxiliar em assuntos comerciais e culturais a comunidade que os nomeara, resgatar prisioneiros de guerra, proteger peregrinos, administrar os bens de defuntos para entrega aos herdeiros, facilitar o comércio proveniente da cidade

---

[22] *Ibidem*. Alguns autores sugerem que Nicolson, que acompanhou a criação e o fracasso da SDN, procura aproveitar este exemplo para fazer pedagogia política.

[23] K. Hamilton *et al.*, *op. cit.*, p. 10.

representada e conceder hospitalidade às missões e respectivos embaixadores; embora pudessem servir de mediadores em questões litigiosas, não possuíam poderes contratuais ou para negociar, mas muitas vezes lideravam facções políticas favoráveis à cidade de que eram *proxenoi*, sem nunca porém abandonarem a lealdade para com a *polis* de origem. O perfil das competências que lhes eram atribuídas explica que a sua actividade fosse sobretudo apreciada em períodos de paz para fomentar boas relações, já que em tempo de conflito não detinham qualquer mandato para o intermediarem[24].

É altura de fazer uma final constatação: apesar do seu indiscutível contributo nesse tempo recuado, importa notar a fragilidade das práticas diplomáticas gregas. E isto porque a rivalidade das cidades — a tal doença grega que já atrás se referiu e que vários qualificaram como «o amor pela discórdia» — superava até, no dizer de alguns autores, o seu próprio instinto de sobrevivência e prejudicava opções estratégicas racionais; por outro lado, os gregos atribuíam uma grande importância ao estratagema e à habilidade negocial, com prejuízo do estabelecimento de um clima de confiança (sobretudo os espartanos e os cretenses eram conhecidos pela sua pouca fiabilidade); os relatos que nos chegaram mostram ainda que os seus embaixadores eram também pouco discretos e sensatos, aparentemente mais interessados na afirmação pessoal do que em defender o que, muitos séculos mais tarde, se chamaria a razão de Estado; enfim, a técnica diplomática seguida enleava-se em complexidades processuais e raramente concedia aos enviados a necessária margem de manobra negocial, antes os obrigando a retornar à sua Cidade para obter instruções adicionais da Assembleia que os nomeara e cuja volatilidade de opinião era frequente, muitas vezes desautorizando-os de forma irresponsável.

[24] G. Nascimento e Silva, *op. cit.*, p. 77.

3. Roma

A Europa surgiu quando caiu o Império Romano.

MARC BLOCH[25]

A longa hegemonia de Roma sobre grande parte do que hoje constitui a Europa, a margem africana do Mediterrâneo, longínquas paragens como a Mesopotâmia e a Arménia, contribuiu para criar neste vasto espaço uma civilização que iria posteriormente marcar o desenvolvimento do mundo ocidental. Todo esse imenso território submetido pela força conquistadora romana formava então uma comunidade de províncias obedientes a Roma, e não uma sociedade internacional de nações independentes, não existindo no seu seio — sobretudo com o advento do Império — relações de igualdade entre o centro e as diferentes entidades políticas de uma periferia de fronteiras imprecisas.

Para trás ficava, assim, a prática herdada dos gregos da celebração de tratados numa base igualitária, traduzida ainda no séc. V a.C. pelo estabelecimento da Liga Latina, envolvendo Roma e as cidades do Lácio; ou, mais tarde, em 306 a.C., por um outro tratado, agora com Cartago, ainda bebendo de um certo espírito de reciprocidade e de cooperação. Mas logo que Roma tomou consciência do seu efectivo poder militar e da sua superioridade, o princípio da igualdade é abandonado e instaurada a *pax romana*, que soube impor com sucesso vassalagens e submissões aos diversos povos que defrontou. E isto porque o Império romano, como sistema hierárquico, tinha pouca consideração pelo conceito de reciprocidade, alma da ideia diplomática, preferindo alcançar os seus objectivos pela força[26].

Se esta hegemonia romana foi decisivo fermento para a posterior evolução da Europa, não proporcionou, porém — ao contrário do que ocorreu noutros domínios da organização da sociedade e do saber, nomeadamente no plano da elaboração do direito —, um legado significativo para o desenvolvimento da instituição diplomática, já que Roma pouco a utilizou para defesa da sua supremacia. As questões com os vizinhos

[25] Bloch, *Annales – 1935*.
[26] Abba Eban, *op. cit.*, p. 336.

eram resolvidas localmente, em geral pelas autoridades militares da área, não existindo uma clara distinção quanto ao método de comunicar com entidades relativamente autónomas do interior do Império ou que lhe eram efectivamente estrangeiras.

Nascimento e Silva sublinha os motivos para esta lacuna: «Roma no seu apogeu foi a negação da diplomacia. Imbuída da convicção de que o seu destino era dominar o mundo, impondo-lhe a *pax romana*, partia do princípio de que todas as demais nações deviam ser subjugadas, se necessário pela força, ou até eliminadas, conforme sucedeu com Cartago. As divergências eram resolvidas de preferência pelas armas e Roma não era propensa a enviar embaixadas, mas sim a recebê-las, geralmente de submissão ou vassalagem»[27]. Na mesma linha, Nicolson escreveu que os Romanos «não eram dotados de qualquer aptidão especial para a arte da negociação e durante os muitos séculos da sua supremacia os seus métodos *foram os do legionário e do construtor de estradas de preferência aos do diplomata»*; mas este autor ressalva judiciosamente que «a contribuição romana para a diplomacia deverá procurar-se não na área da negociação, mas sim na do direito internacional (...) na concepção de ordem e disciplina (...) na consciência colectiva de humanidade»[28]. Outros autores preferem sublinhar a ambiguidade que Roma exibia quanto ao que lhe era interno ou externo devido à imprecisão dos limites do Império[29], bem como as projecções destas incertezas na própria competência das suas Instituições, nomeadamente entre o Senado e o Imperador. Ao fazê-lo, assinalam a existência de uma extensa variedade de relações entre o centro e o seu colossal território: «poderia haver áreas de tribos insubmissas, ou de reinos vassalos, ou províncias que não estavam sob jurisdição imperial, mas do Senado; e, na periferia, reinos e tribos sob diferente vassalagem a Roma, ou mesmo detentores da cidadania romana»[30].

---

[27] G. Nascimento e Silva, *op. cit.*, p. 78.
[28] Nicolson, *op. cit.*, pp. 23 e 42.
[29] «Seria bastante difícil para um viajante, nos II e III séculos, saber se estava a entrar ou a sair do Império Romano...» K. Hamilton *et al.*, *op. cit.*, p. 13. O conceito de fronteira era fluído, embora os romanos tenham adoptado um termo — o *limes* —, zona pouco habitada e fortificada para lá da qual começava um território desconhecido.
[30] *Ibidem*, p. 13.

Mas se é geralmente reconhecido o reduzido significado inovador da sua prática diplomática[31], um importante legado iria durante séculos influenciar a vida internacional: o seu gosto pelo direito (como diz um autor «onde o grego pensava em termos filosóficos, políticos ou morais, o romano pensa em termos jurídicos.»[32]). Cabe por isso salientar o seu constante esforço de adoptar noções, conceitos e fórmulas, desde o *jus civile* ao *jus gentium*, para ordenar a multiforme realidade que confrontava no interior das suas fronteiras e nas relações com outros povos, nomeadamente no campo das transacções à distância, do que resultará o forte impacto do direito romano na cultura diplomática ocidental, bem ilustrado pela sua persistência na história da Europa, designadamente até à época moderna, em que os tratados durante longo tempo foram elaborados segundo o modelo dos contratos romanos[33].

Como escreve um autor, «o direito romano fornecia um método, princípios e mesmo, com o *jus gentium*, a base sobre a qual iam ser construídas as regras para as relações entre os Estados. Roma não tratando de igual para igual as outras nações — gentes —, o *jus gentium* não relevava do direito público, mas do privado. Mas o direito romano, na sua flexibilidade, ao longo do tempo, *fê-lo evoluir para a esfera pública*... colocando as negociações diplomáticas sob a sua poderosa protecção, das suas leis e adágios (*pacto sunt servanda*; "as embaixadas são invioláveis") ... Como os advogados e os juízes, os diplomatas aprenderam dos jurisconsultos romanos a arte de expor os seus casos, claramente articulados em argumentos pró e contra.»[34]

---

[31] Como inovações poderemos referir o colégio dos *fetiales*, uma instituição permanente de carácter religioso para relacionamento com outros povos, de funções protocolares para declaração de guerra ou de paz (Nguyen Q. Dinh escreve — *Direito Internacional Público* — que a inviolabilidade dos legados na Idade Média é filha da inviolabilidade dos sacerdotes feciais); o cerimonial, durante a República, para recepção de enviados estrangeiros, com certas imunidades estendidas à comitiva, num local — o *graecostasis*; a designação dos embaixadores como *Legati* ou *oratores*; um tribunal de *Recuperatores*, mais tipo comissão mista do que instância arbitral, para apreciar queixas. De notar, porém, que Roma não possuía um organismo central formulador da sua política externa e que as suas embaixadas, tal como na Grécia, eram *ad hoc* e de breve duração.

[32] Jean Touchard, *Histoire des Idées Politiques*, Paris, PUF, 2006, p. 64.

[33] Abba Eban, *op. cit.*, p. 336.

[34] Françoise Autrand e Philippe Contamine, em AAVV, *Histoire de la Diplomatie Française*, p. 92.

Encontraremos igual legado no domínio dos procedimentos rituais, pelo Colégio dos Fetiales, instituição de carácter protocolar e não negocial, defensora da boa-fé (*prisca fides*) nos entendimentos com os adversários. Calvet descreve[35] ainda alguns aspectos da prática romana da diplomacia, nomeadamente a designação de enviados (*legatus*, *nuntius* ou *orator*); a desigual recepção de embaixadas estrangeiras, conforme pertenciam a povos amigos ou simplesmente vassalos; o respeito pelo princípio da inviolabilidade dos embaixadores, considerado património dos povos civilizados; a constituição das suas embaixadas, as quais, seguindo o exemplo grego, eram em geral colectivas.

Poder-se-á ainda recordar que os princípios do *jus civile* e do *jus gentium* (como direito comum à humanidade) farão até ao século XVII parte da formação do bom diplomata, pois irão sobreviver à queda do Império do Ocidente para serem preservados e até desenvolvidos pelo Império Bizantino, retomados pelos povos bárbaros invasores, e permear os usos e a doutrina da Europa medieval, influenciando duravelmente regras e comportamentos diplomáticos.

4. A diplomacia bizantina

Após a queda de Roma, no século V, abre-se um período de endémica instabilidade e decadência nos territórios que haviam sido seus vastos domínios, agora subtraídos à antiga autoridade central pela força triunfante das hordas bárbaras. Mas graças à visão de Teodósio, e depois de Constantino, o Império Romano do Oriente, com capital em Constantinopla (a velha Bizâncio dos gregos), iria antepor — desde a fundação da cidade em 330 como a «nova Roma» — às sombras das indisciplinas que sempre acompanham o derrube de um poder longamente indisputado, o brilhantismo da civilização bizantina, cristã e oriental, assente durante onze séculos no legado romano e na herança grega.

Na sua longa existência, os dirigentes do novo Império rodearam-se da crença de que cabia a Bizâncio continuar o Império Romano, dominar

[35] Calvet, *op. cit.*, p. 44.

o mundo civilizado (*oikoumene*) e espalhar a verdadeira fé e civilização entre os gentios[36]; nele, Igreja e Estado estavam estreitamente associados numa teocracia (de acordo com a ideologia bizantina o Imperador era o escolhido de Deus) em que a colaboração entre o Imperador e os Patriarcas (por aquele nomeados) era sinal da unidade religiosa, constituindo uma «imitação na terra do reino dos céus»[37] e Constantinopla o seu indisputável centro. Os imperadores bizantinos, *basileus*, autocratas rodeados de um verdadeiro culto, que se pretendiam únicos vice-reis de Deus na terra, embora fossem depositários do legado greco-helénico (o que acentuou o carácter oriental da sua civilização, nomeadamente através da utilização do grego clássico como língua escrita, e da aceitação da fé ortodoxa), vão procurar assumir a antiga autoridade política e o prestígio cultural do Império de Roma, pretendendo-se superiores a todos os outros. Porém, desde cedo, embora isso não diminuísse as suas ambições imperiais, perceberam ser forçoso adoptar uma estratégia defensiva — militar e diplomática — face a um Islão expansionista (que tentou uma primeira conquista no início do século VIII), e às pressões dos povos vindos do leste, como os persas e os turcos, ou das estepes russas; em paralelo, as diferenças linguísticas e culturais com Roma, as próprias práticas e doutrinas teológicas, e uma constante rivalidade com os Papas para o domínio universal da Igreja, foram introduzindo factores de afastamento e querelas (como o movimento iconoclasta) que, no plano religioso, conduzirão a um cisma final em 1054, reforçando um crescente caminho de enfraquecimento. Porque se até ao seu saque pela IV Cruzada (início do século XIII), Constantinopla, colocada na intersecção das rotas de trânsito terrestre e marítimo entre o Ocidente e o Oriente, acumulava riquezas com os rendimentos do comércio daquelas derivado, das possessões de um extenso Império que dominava os Balcãs e chegava até à Síria e ao Cáucaso, e da agricultura, vê abrir-se, sobretudo a partir de 1204, um irreversível caminho de declínio com crescentes perdas de território, a quebra da produção agrícola, a concorrência dos mercadores venezianos e genoveses traduzida em privilégios ruinosos para o tesouro imperial, e a desagregação da autoridade interna, enfraquecida

---

36 Adam Watson, *op. cit.*, p. 107.
37 Peter Rietbergen, *op. cit.*, p. 114.

por constantes guerras civis, pendências religiosas, e pela coabitação difícil entre Imperadores e Patriarcas.

Bastião oriental do cristianismo face ao Islão, centro de aperfeiçoamento do direito romano, pólo de relações com povos germânicos e eslavos, deve-se à civilização bizantina, cujo auge se pode situar no século XI e o seu termo em 1453, com a conquista otomana de Constantinopla (que marca o fim da Idade Média), um contributo importante para a evolução da rudimentar sociedade internacional do seu tempo. E isto porque a sua prática diplomática deixaria um particular traço no desenvolvimento da diplomacia, não obstante ter ficado ligada a comportamentos labirínticos, pouco transparentes e nem sempre honestos[38]. No seu esforço de sobrevivência, Bizâncio formulou políticas e utilizou sem grandes escrúpulos uma vasta natureza de instrumentos para atingir os seus resultados: corrompendo pelo dinheiro ou por títulos honoríficos, espionando ou montando aparatosas cerimónias para impressionar enviados e adversários. Perante as diversificadas ameaças externas que se perfilavam nas suas fronteiras, os bizantinos depressa entenderam que os seus recursos não permitiriam sustentar com sucesso continuados empreendimentos militares, pelo que recorreram a uma diplomacia paciente para cumprir as suas estratégias, em que muitas vezes os fins justificavam os meios: corrompiam-se inimigos, semeava-se a discórdia nos vizinhos para os debilitar, enganavam-se embaixadas estrangeiras, ofereciam-se relíquias para obter apoios, ou investia-se em alianças matrimoniais.

Paralelamente, era uma diplomacia preocupada em ganhar tempo face aos seus adversários, assente numa eficaz actividade de informação, constituída pelos seus enviados *ad hoc* e complementada por mercadores, missionários ou militares, pela qual se procurava antecipar a efectiva natureza das ameaças dos inimigos nómadas ou se tentava dividi-los através de intrigas ou subornos. Um autor sublinha que «a expansão das suas técnicas, a sua imensa variedade e a persistência em utilizá-las fez de Bizâncio um precursor importante da diplomacia da Idade Moderna, mais do que os seus predecessores, acrescendo ainda que a relação estreita entre Bizâncio e Veneza favoreceu um significativo canal de transmissão para o mundo

---

[38] Sobre as duvidosas práticas da pompa bizantina, ver K. Hamilton, *op. cit.*, p. 17.

ocidental»[39]. Outros vêm nos Enviados pontificais que Roma nomeava para Constantinopla os «Apocrisiários», sobretudo nos séculos V e VI, possíveis antepassados dos futuros embaixadores residentes e seguramente os iniciadores da diplomacia vaticana.

Não obstante a sofisticação da sua prática diplomática, bem como a frequência com que era utilizada, poderá porém sublinhar-se que foi frágil a sua estrutura institucional, embora chegasse — e foram os primeiros a fazê-lo — a ter um departamento chefiado por um funcionário (o *logoteta*) encarregado de a supervisionar, promover a formação de futuros enviados, coligir informações, ou acolher e apresentar formalmente os embaixadores estrangeiros na Corte, numa longínqua antevisão de alguns serviços dos ministérios dos negócios estrangeiros actuais. Também como sinal do seu desenvolvimento se pode entender a importância atribuída a assuntos de cerimonial (um dos seus imperadores chegou a elaborar um tratado de protocolo), bem como a existência de um corpo de intérpretes na Corte para apoiarem as embaixadas, as quais eram portadoras de instruções escritas; porém, nenhum indício se colhe de eventuais iniciativas para o estabelecimento de embaixadores residentes idênticos aos que já nos finais do Império seriam criados na Itália. Para Hamilton[40], as práticas bizantinas são visivelmente impressionantes se as compararmos com os bem menos sofisticados sistemas diplomáticos que surgiram no norte e oeste europeu pós-romanos, nada de semelhante tendo surgido na Europa até ao século XIV. Em Bizâncio, reforça-se o princípio da inviolabilidade dos enviados; reconhecem-se privilégios aos Embaixadores recebidos, como a isenção de impostos para as mercadorias que consigo transportavam (e serviam para pagar estadias muitas vezes longas); dá-se forma mais definida aos documentos de credenciais, que vão servir de primeiro modelo às Cortes europeias; e os relatórios dos seus Enviados irão influenciar as posteriores e celebradas *relazioni* venezianas. Todavia, num registo contrário, Harold Nicolson lança sobre a diplomacia bizantina um olhar muito cáustico, ao salientar a falta de princípios morais e o excessivo lugar dado à astúcia, à fraude, à habilidade negocial sem escrúpulos, à pouca fiabilidade de

[39] K. Hamilton *et al.*, *idem*, p. 14.
[40] K. Hamilton *et al.*, *idem*, p. 19.

procedimentos. O que o leva a dizer terem sido os bizantinos que ensinaram diplomacia aos venezianos, e que Veneza, ao transmitir tal modelo para as cidades italianas, para a França e Espanha, e, posteriormente, para toda a Europa, «infectou o método diplomático durante séculos»[41]. Para Nicolson, era um intrincado e pouco razoável figurino, pois ignorava os objectivos práticos da verdadeira negociação ao introduzir uma «abominável filigrana de artifício» no que deveria ser sempre uma maquinaria simples[42]. Também para outros, a diplomacia de Bizâncio assentava em arrogância e duplicidade, subsidiando dissidentes estrangeiros e conflitos entre rivais, na convicção de que cumpria uma tarefa divina de proselitismo cultural e religioso; mas apesar disso vários autores preferem ser menos severos e antes assinalar os sucessos da diplomacia bizantina durante um milénio, tanto na defesa do Império de invasões e da sua destruição, como na sua capacidade de atrair para a órbita da rica civilização greco-romana povos vários e distantes[43].

5. A diplomacia na Idade Média

> Não é seguro ter constantemente Embaixadores a chegar e a partir, pois eles discutem coisas malévolas. Mas é necessário enviá-los e recebê-los…
>
> PHILIPPE DE COMMYNES[44]

Não obstante o brilhantismo e pompas da civilização bizantina na margem oriental da Cristandade, os primeiros séculos da Idade Média ainda hoje gozam de uma imagem sombria no imaginário colectivo do Ocidente.

Não era naturalmente favorável para a comunicação entre povos — e para a evolução da diplomacia — o panorama político e social resultante da queda de Roma e das vitórias militares dos vários invasores bárbaros sobre o que fora o Império do Ocidente. Ao caos deixado pelo vazio de

---

41 Nicolson, *The Evolution of Diplomatic Method*, p. 27.
42 Citado por G. Nascimento e Silva, *op. cit.*, p. 84.
43 Adam Watson, *op. cit.*, p. 111.
44 Citado por M. S. Anderson.

poder e pela desagregação das instituições de uma hegemonia vencida, somavam-se outros factores negativos: inexistência de reinos verdadeiramente soberanos; profunda regressão económica; administrações primitivas; fragilidade da autoridade central de reis e príncipes; comunicações extremamente difíceis; generalizada imprecisão de fronteiras.

A Alta Idade Média, do V ao século XII, regista todavia a utilização pelos reinos que a partir do século VIII começaram a emergir como monarquias distintas, nomeadamente após o desmembramento do Império Carolíngio (843), de alguns dos usos diplomáticos do império romano para os contactos com o Imperador em Constantinopla, ou com o Papa, em Roma; paralelamente, o desenvolvimento do poder temporal do papado no território italiano[45] irá influenciar lentamente a evolução da diplomacia, desde o século VI, pela organização de um sistema de representação da Igreja, os núncios, embora nestes nem sempre seja possível distinguir as missões com finalidade religiosa daquelas que prosseguiam objectivos políticos, como no caso do «Apocrisiário» em Constantinopla, em que as suas funções eram sobretudo, mas não exclusivamente, de natureza espiritual.

Não obstante as condições adversas, a actividade diplomática, com mais incidência a partir do século XI devido ao crescente desenvolvimento da economia e de um ressurgimento urbano (ambos ilustrados pela importância das cidades da Liga Hanseática), vai-se dinamizando, quer por encontros entre soberanos (no século XI observa-se um significativo aumento do que hoje chamaríamos cimeiras), quer por enviados *ad hoc*, quer ainda por um incipiente esforço teórico de sistematização de matérias diplomáticas, como ocorreu em Bizâncio. Ao mesmo tempo, se as difíceis relações entre o Imperador bizantino e Roma, até à queda de Constantinopla, vão proporcionar frequentes contactos através de emissários papais, a Santa Sé, sobretudo a partir do século X, utilizará com frequência enviados para tratar de assuntos eclesiásticos, nomeadamente nos Concílios, ou com o fim de promover mediações políticas para resolver as numerosas pendências entre príncipes católicos.

---

[45] O nascimento dos Estados Pontifícios, que duraram até à unificação italiana no século XIX, assenta num documento apócrifo (a doação de Constantino), elaborado por próximos do Papa, em 750–760.

Este é um período em que alguns autores distinguem duas fases no desenvolvimento da diplomacia medieval. A primeira, na Alta Idade Média, coincide com uma «sociedade internacional» ainda bastante incipiente e, no seu início, verifica-se um reduzido número de encontros entre soberanos; em parte por isso, regista-se com certa frequência o uso de intermediários — os *núncios* — representantes de príncipes, nobres, cidades ou até confrarias, os quais serviam muitas vezes para preparar encontros dos seus representados ou comunicar mensagens, geralmente limitados por precisos poderes e instruções (como dizia um autor da antiga Veneza, «um núncio é aquele que substitui uma carta; é como um papagaio, é a voz do Senhor que o envia e de quem recita as palavras»[46]). O núncio substituía para efeitos práticos e legais quem representava, mas geralmente não possuía poderes para concluir um acordo nos seus primeiros contactos (o que levava a serem chamados «*cartas* vivas»), a não ser — sobretudo no arranjo de matrimónios dinásticos — que a sua tarefa se limitasse a confirmar termos anteriormente negociados; era-lhe todavia atribuída imunidade, já não por ser suposto, como em tempos antigos, possuir uma protecção sobrenatural, mas pela sua particular natureza de representante de quem o enviava, recebendo também por isso especiais marcas de cortesia, inseridas num cerimonial ajustado à dignidade e poder da entidade representada. Por outro lado, tendo em conta a extrema precariedade das viagens medievais, bem como o muito vago conceito de nacionalidade então existente, os núncios podiam ser utilizados por vários soberanos para transmitir diversas mensagens. Eram igualmente variadas as suas funções: além de combinar matrimónios, podiam preparar alianças ou tréguas, declarar guerra ou exprimir protestos, obter pagamentos em dívida, pedir empréstimos, e receber ou fazer juramentos em substituição dos respectivos Senhores. Este carácter representativo, bem como a natureza extremamente variada, mas limitada, dos seus poderes, constituem a sua principal marca e explicam terem sido um instrumento diplomático extensamente usado na Alta Idade Média[47].

---

[46] K. Hamilton *et al.*, *op. cit.*, p. 22.

[47] K. Hamilton *et al.*, *ibidem*, ao abordarem este assunto, exemplificam: o senhor da Moldávia aproveitou a presença de um núncio de Veneza para enviar uma mensagem ao Papa e para pedir um médico.

Perante a crescente complexidade das relações, já na Baixa Idade Média (a partir do século XII), uma outra figura surgiria ao lado dos núncios, a quem foi também dado significativo uso para diversas negociações — o *procurator* — encarregado de tratar de questões pessoais de quem o mandatava, em particular para celebrar contratos ou acertar casamentos reais[48]. Ao contrário dos núncios e legados, mais tarde chamados *embaixadores* (*ambaxiotores*), não lhes é reconhecida a representação simbólica do seu mandatário, actuando assim em seu próprio nome e responsabilidade, e já não como representantes diplomáticos em sentido estrito, pois a sua natureza é essencialmente legal. Mas, atendendo à imprecisão da terminologia medieval, nem sempre é clara a distinção entre as funções dos procuradores e as dos *núncios*[49], até porque por vezes acumulavam as duas designações ou cumpriam finalidades coincidentes: sobretudo, relativamente à transmissão de mensagens, colecta de dívidas, conclusão de tréguas ou celebração de contratos de casamento dinásticos. A este respeito, Calvet assinala, como ponto mais relevante para a teoria diplomática, que uns e outros cumprem, num tempo de difícil organização administrativa e de penosas comunicações, a tarefa de intermediários com diferentes capacidades de negociação entre detentores de um poder político[50]. Uma outra figura, a dos *arautos*, com funções quase diplomáticas, merece ser assinalada no tardo medievo: numa sociedade feudal envolvida em constantes lutas regidas por normas de cavalaria, aos arautos cabia intimar fortalezas sitiadas, transmitir avisos solenes, combinar tréguas, ou praticar resgates de prisioneiros[51].

Apesar dos vários constrangimentos que caracterizaram as duas fases da Idade Média ocidental, a diplomacia prosseguiu o seu caminho de aperfeiçoamento, apresentando já no primeiro quartel do século XIV significativos desenvolvimentos. E, tal como a sociedade de que dimanava, a instituição diplomática era dinâmica e não estática, adaptando-se ao novo

[48] Em 1282, os representantes de D. Dinis, enviados por este para concertarem o casamento com Isabel de Aragão, recebem justamente o nome de procuradores.

[49] Além destas, Mattingly alinha as seguintes designações para os enviados do tempo: *oratores*, *deputatus*, *consiliarius*, *legatus*.

[50] Calvet, *op. cit.*, p. 51.

[51] Garret Mattingly, *op. cit.*, p. 28.

ambiente político-económico, revelando influências de antigos costumes germânicos, de Bizâncio e até do Islão, mas, sobretudo, da tradição clássica mediterrânica preservada pelo clero católico[52]. Para esse progresso de um continente, cujo nome nascera da lenda e durante muito tempo foi mera designação geográfica, iriam concorrer decisivamente as universidades, cujo labor marcaria a diferença e o dinamismo cultural do seu espaço face a outros, pois é nelas, nas disputas por elas entretecidas e na mobilidade de professores e alunos, que se desenha um processo pelo qual se foram constituindo os vários saberes e constituindo aquilo a que chamamos ciência[53], com inevitável reflexo na diplomacia do tempo.

A par de, no século XIII, os poderes seculares terem colhido da Igreja de Roma ensinamentos sobre como estabelecer o aparelho diplomático («o Papado foi o primeiro poder ocidental a fazer uso sistemático da diplomacia» levando os canonistas a «desenvolver um quadro de regras sobre o estatuto, comportamento e privilégios dos agentes diplomáticos papais»)[54], a marca distintiva do Ocidente assentava também no sentimento de unidade católica que informava toda a sociedade. Porque, embora a cristandade registasse conflitos internos graves, disputas doutrinais e até cismas religiosos, existia essa consciência colectiva de diferenciação que passaria à história com a designação de *res publica christiana*; e é a percepção desta qualidade — de nós face aos outros — que vai influenciar o mundo político ainda debilmente estruturado desse tempo, não obstante ser complexa, não configurar uma efectiva expressão política, «ser diversamente sentida (...) e ajustável às circunstâncias», bem como assumir vários aspectos, conforme as regiões e mesmo os diferentes sectores da sociedade: clérigos, mercadores, nobreza, povo, conforme os lugares ou os indivíduos[55]. Mas, como escreve Mattingly, ela foi um elemento básico do pensamento e da actividade da Baixa Idade Média, «condição fundamental de todo o pensamento político medieval e actividade», não obstante nunca ter assumido uma projecção política nas instituições da sociedade de então. A diplomacia europeia do tempo funda-se assim «sobre o ideal de uma cristandade

[52] Garrett Mattingly, *idem*, p. 15.
[53] Eduardo Lourenço (entrevista), «Portugal 2020», *Fenda*, 1999, p. 135.
[54] G. Mattingly, *idem*, p. 20.
[55] *Op. cit.*, p. 16.

unida (...) os cristãos partilham uma hierarquia de valores sobre a qual constroem os seus discursos e as suas opiniões políticas. A cristandade recupera também a herança cultural antiga e valoriza-a através do humanismo que oferece os instrumentos intelectuais, uma cultura jurídica à volta do direito romano, uma retórica comum, uma língua universal, o latim»[56]. Era afinal uma unidade colectiva de facto, sob a bandeira do cristianismo, apesar das recorrentes discórdias entre príncipes ou cidades, manifestando-se, nomeadamente, pela forma como eram tratados os estranhos — judeus e gregos ortodoxos —, muitas vezes identificados como heréticos, pagãos e inimigos naturais. Porém, a influência da Igreja nesse período é determinante, pois são sobretudo os seus membros os transmissores da cultura, utilizando o latim, comum aos letrados do tempo e instrumento do poder temporal e espiritual do Papado. Com eles, através da vasta rede de bispados e paróquias e das suas actividades de proximidade ao povo, mas também dos príncipes e senhores feudais, viajava o prestígio dos sucessos da Antiga Roma, da língua ao direito («no que chamamos o direito internacional do século XV, o direito romano foi o elemento mais importante, o tear no qual o traje legal da grande sociedade estava sendo constantemente tecido»[57]), da engenharia ao génio organizador. A este respeito, Lucien Febvre, ao contestar o alegado fracasso cultural da civilização romana, recorda: «Quem traçou os mapas do nosso mundo? Quem, senão Roma, pela rede das suas vias pavimentadas, pela sementeira das suas cidades estratégicas e mercantis, pela uniformidade da sua cultura material, pelo pulular das escolas latinas? Quem, senão Roma, preparou, pela organização das suas províncias, a cama temporal ao cristianismo preparando assim as suas dioceses?»[58]

Ora, é nesta comunidade de raiz cristã, defensora da fé católica, mas herdeira da memória de um passado cultural romano, que encontramos, particularmente no último século medieval, um conjunto de regras

[56] L. Bély, *L'Art de la Paix*, *op. cit.*, p. 21.

[57] G. Mattingly, *idem*, p. 21. E Mattingly prossegue: «isto ocorria porque o direito romano agradava aos dirigentes ocidentais, não só pela ferramenta que oferecia ao poder absoluto, mas também como sistema generalizado e racional, adaptado às necessidades de uma sociedade civil, à autoridade secular e aos interesses pecuniários».

[58] Lucien Febvre, *A Europa. Génese de uma Civilização*, Teorema, 2001, Lisboa, p. 76.

reguladoras de concepções diplomáticas, como certas imunidades e comportamentos dos agentes, ou a validade dos acordos. Era um corpo jurídico assente na tradição do direito romano, no direito canónico e no costume[59]. E, tal como muito do direito desse tempo, as normas sobre os enviados não constavam de uma codificação sistematizada, nem de tratados ou estatutos, mas de princípios geralmente trabalhados por comentários académicos, de velhos costumes que o tempo cristalizara, ou ainda da persistência das leis canónicas e do trabalho doutrinal da Igreja, apesar do declínio da autoridade papal face à crescente autonomização dos príncipes.

Estávamos, todavia, ainda bem longe de uma sociedade internacional formada por Estados soberanos e formalmente iguais, pois o sentimento comum desse tempo assentava na ideia de um universo vertical, ordenado hierarquicamente, unido pela fé e por um direito comum, mas politicamente diverso, do qual o Papa e o Imperador do Sacro Império Romano Germânico eram as cabeças simbólicas. Por outro lado, é ainda Bély que o salienta «o domínio político não se aplica verdadeiramente a um espaço preciso: antes permanece uma hierarquia de homenagens, de laços de fidelidade entre homens e entre linhagens, um conjunto rigoroso de dominações particulares (...) o reino tem "limites", a "fronteira" designa sobretudo uma zona ampla (...) o seu traçado não é rectilíneo ou coerente, pois as definições territoriais tinham em conta as realidades feudais»[60].

Esse foi também um tempo de rivalidades entre Papas e Imperadores, pelo que aqueles, para protegerem os seus interesses, utilizaram sistematicamente a diplomacia e desenvolveram um corpo de regras sobre o estatuto, conduta e privilégios dos seus enviados (legados e núncios), cujos traços gerais, e daí a sua importância para a evolução do método diplomático, iriam ser adaptados para o uso das relações seculares entre príncipes.

No plano da prática, adverte-nos, porém, Mattingly[61], o direito de embaixada (*jus legationis*) não era visto então como atributo simbólico de soberania, mas antes um método de comunicação formal entre membros de uma sociedade hierarquizada, e o seu exercício poderia ser aceite ou

---

[59] G. Mattingly, *idem*, p. 19.
[60] L. Bély, *op. cit.*, p. 12.
[61] G. Mattingly, *idem*, p. 24.

recusado conforme a natureza das relações das partes interessadas ou da questão em causa. Na autorizada lição deste autor, ainda nos séculos XIII e XIV, cidades negociavam com cidades à revelia dos seus soberanos; estes recebiam ou enviavam embaixadores para tratar de assuntos dos seus próprios súbditos residentes em províncias mais afastadas; príncipes, nobres feudais, províncias, cidades, corporações, universidades estabeleciam contactos por intermédio de representantes a quem chamavam *legati*, pelo que um dos mais prestigiados canonistas, Durandus, podia definir um *legatus*, termo na altura comummente usado para os agentes com tarefas diplomáticas, como «qualquer pessoa enviada por outra». Lentamente, porém, esta prática foi-se modificando, ao acompanhar o fortalecimento de alguns reinos e, após 1300, assiste-se a uma maior disciplina na troca de enviados e a um mais restritivo reconhecimento da capacidade de os designar — e de os receber.

A definição precisa de um corpo de princípios diplomáticos deveria, contudo, esperar até mais tarde, até à consolidação do conceito do Estado moderno, com a Paz de Vestefália. Porém, a literatura do tempo deixa-nos já entrever alguns aspectos reguladores da diplomacia da época. Assim ocorre com o primeiro texto escrito na Europa sobre a sua prática (Bernard du Rosier, *Breve Tratado sobre Embaixadores*, de 1436) que traça dela um útil retrato, através dos comportamentos que aconselha e das bases legais e políticas em que deveria assentar. Nomeadamente, deixou-nos uma preciosa indicação sobre a terminologia: «*Legatus* e *ambaxiator* são duas palavras para designar o mesmo ofício. Antigamente, todos os agentes diplomáticos eram chamados *legati*, mas agora essa designação deve-se aplicar apenas aos cardeais legados da Santa *Sé. Funcionários menores*, antes também chamados *legati*, são agora chamados núncios e procuradores, conforme as suas funções, mas aqueles a quem os maiores príncipes seculares, o governo de algumas cidades (...) encarregam de assuntos mais importantes, são chamados embaixadores.»[62]

Quando surge afinal a palavra Embaixador? Tem-se entendido que o termo *embaixador* começou a ser utilizado mais correntemente na Itália no século XIII, embora existam documentos de Milão em que aparece já

[62] G. Mattingly, *op. cit.*, p. 25.

referido no fim do século XII, tal como em Paris, mas aí com a forma de *ambasseur* ou *ambaxateur.* Também nos arquivos de Veneza e de Génova se encontra em documentos do século XIII a menção a *embaixadores*, palavra que nas línguas vernáculas toma a forma de *ambaxiator* ou *ambactiator.* Em Portugal, o termo surge pela primeira vez num documento de D. Fernando, em 1382, e, mais tarde, em Fernão Lopes, no século XV. Quanto à etimologia da palavra, que iria aos poucos substituir as antigas denominações de *orator*, núncio, legado ou procurador, Calvet aceita ter origem celta ou germânica (*ambactus*), significando servidor ou membro da comitiva de um Senhor[63]. E, para isso, cita Littré, que escreve ser difícil decidir entre o celta e o alemão, tanto mais que possuíam formas muito vizinhas que vieram a confundir-se no baixo latim.

Se a designação começa a disseminar-se na Europa (registe-se, todavia, que ainda em meados do século XVII encontramos o termo *legati*), sendo reflexo da frequente utilização de intermediários, de novo é na Itália que, a partir do século XIV, se vão tecer linhas inéditas no desenvolvimento da diplomacia. E isto porque as rivalidades de poder entre um Papado revestido de ambições temporais e o Imperador, bem como as debilitadoras dissensões internas da Igreja que resultaram a certa altura na existência simultânea de três Papas arremessando-se excomunhões mútuas (1378–1417), iriam afinal abrir uma via para a importância na Península de várias Cidades-estado, verdadeiros poderes temporais independentes e soberanos, numa primeira prefiguração dos Estados da época moderna. O espaço europeu vivia então um tempo de rupturas e confrontações, conforme na altura Commynes sintetiza nas suas *Memórias*: «Deus deu ao reino da França como adversários os Ingleses, e aos Ingleses os Escoceses; ao reino de Espanha, Portugal; (...) aos Príncipes de Itália, Deus lhes deu como seu oposto as cidades da comunidade, que são Veneza, Florença, Génova, Bolonha, Siena, Pisa, Luca e outras, e cada uma está de guarda para que o seu parceiro não se engrandeça.»[64]

[63] Calvet, *op. cit.*, p. 54. Wicquefort diz provir do espanhol «embiar».

[64] Citado in L. Bély, *op. cit.*, p. 91.

6. A invenção das Embaixadas permanentes

> As Cidades-Estado italianas encontravam-se subtraídas ao sistema feudal; ligadas por inúmeros interesses comuns, bem como divididas por ferozes rivalidades; constantemente envolvidas numa competição pelo poder e preocupadas com combinações e alianças que o pudessem garantir.
>
> NICOLSON[65]

Os principais autores não divergem perante a constatação de que as Embaixadas bilaterais permanentes tiveram por raízes o espaço e o tempo da Renascença italiana, nascidas entre Roma, as terras toscanas, o fértil vale do rio Pó, e Veneza, e isso, deve-se a que elas reflectem, sobretudo entre 1300 e 1450, o desenvolvimento nesse território do conceito de Estado renascentista, o qual irá albergar novas instituições, gerir novos comportamentos de cidadãos e dirigentes, e conduzir também a uma diferente idade da diplomacia.

Decerto que não foi súbita esta mudança. Bastante antes, ainda no século XI, o panorama político da Itália começava a revelar alguns dos sinais que balizariam o caminho da sua evolução interna. Para isso contribuiriam, desde logo, as já assinaladas tensões entre Papas e Imperadores na rivalidade pelo domínio temporal, cujo rasto se projectou nas lutas entre Guelfos e Gibelinos. Mas, como consequência destas, igualmente o vazio de poder provocado pelo duplo enfraquecimento, tanto de Roma (com a transferência transitória para Avinhão da autoridade papal) como do Império (cada vez mais órfão de lealdades feudais), vai formatar um espaço italiano subtraído à ordem medieval hierarquizada e, por isso, campo de ambições, egoísmos e conflitos das comunas e cidades do norte e do centro da península[66].

Porém, nessa nova Itália, também novos problemas surgiam: numa quase reedição do mal grego, repetia-se a constante rivalidade entre as cidades e as tentativas, pelas mais poderosas, de expandir território

[65] Nicolson, *Diplomacy*.
[66] G. Mattingly, *op. cit.*, p. 47.

e garantir uma situação de hegemonia. Tudo isto se procurava normalmente pela força das armas, que foi endémica no norte e centro de Itália — Florença contra Siena; Perugia contra Arezzo; Verona contra Pádua. Desde o século XIV, o mapa do poder italiano mudava com frequência: Florença ganhou Arezzo e Pisa; Milão absorveu Brescia e Cremona; Veneza anexou Verona e Pádua[67].

Mas a guerra era debilitadora e mostrou-se fatal para algumas cidades, pelo que se impunha um outro instrumento para defesa dos seus interesses. A condução das lutas armadas, geralmente mobilizando mercenários nem sempre fiáveis (a dinastia milanesa dos Sforza, que posteriormente derrubará os poderosos Visconti, nasceu afinal da traição de um deles), despertou os dirigentes para uma diferente gestão política e para o valor da diplomacia na defesa das suas ambições. Como diz Mattingly na sua obra fundamental para o estudo da diplomacia na Renascença (*Renaissance Diplomacy*), a elite das Cidades-Estado italianas começava também a compreender que muitas vezes a palavra era melhor, mais eficaz, mais fiável e mais barata do que a confrontação conduzida por *condotieri* e que a prática diplomática não só providenciava informações por vezes decisivas para a defesa dos respectivos interesses (por uma útil antecipação da atitude e das necessidades do adversário), como podia ser um bom auxiliar ou mesmo um mais vantajoso substituto das acções dos mercenários.

O desenvolvimento da diplomacia na Renascença italiana, continua a dizer Mattingly que neste capítulo vimos seguindo, tem a ver igualmente com «a relação positiva existente nas cidades italianas entre *energia social* e *espaço organizado*»[68], ou dito por outras palavras, a sua dimensão facilitava as comunicações, a cobrança de impostos e, sobretudo, o próprio exercício de autoridade. Era uma situação que comparava favoravelmente com o resto da Europa feudal, onde o poder interno das nações se encontrava fragmentado em várias lealdades e obediências; mas também porque entre as cidades italianas eram afinal bem menores as distâncias, igual a língua e cultura, mais fácil a organização administrativa, mais fácil também a concentração das populações e a mobilização rápida de recursos

---

[67] G. Mattinply, *op. cit.*, p. 50.
[68] G. Mattingly, *ibidem*.

humanos e económicos. A tudo isto, acrescia uma favorável ausência de pressões exteriores sérias: de 1378 a 1492, as cidades de Itália, embora não possuíssem as capacidades e recursos de algumas das já poderosas monarquias europeias, como a francesa ou a espanhola, foram poupadas às ambições desses reinos, gozando do isolamento proporcionado pela Guerra dos Cem Anos que devastava uma parte importante do Continente. Assim, perante o resto de uma Europa a sair vagarosamente da Idade Média, a Itália do século XV era um país dividido em várias realidades políticas autónomas, praticando um dinâmico jogo de frágeis equilíbrios. Muitas também eram as «capitais» de Itália: «não só Roma, centro da cristandade, a rica Florença dos Medici, dos banqueiros e dos mercadores, e Veneza, grande potência marítima e colonial, mas ainda Milão, Nápoles, Mântua, Ferrara, Urbino, Perugia, para citar apenas os centros mais importantes. Cada uma destas cidades possuía tradições culturais e sistemas políticos diversos, todas eram caracterizadas por um espírito de emulação e de orgulho cívico. As suas classes dominantes (a Cúria Papal em Roma e a oligarquia aristocrática em Veneza), bem como as Cortes dos príncipes detentores do poder (os Sforza em Milão, os Gonzaga em Mântua, os Este em Ferrada, os Montefeltro em Urbino) competiam no favorecimento das artes e no mecenato»[69].

Liberta de ameaças significativas externas, a península italiana tornou-se assim terreno fértil para rivalidades entre as suas cidades, numa constante instabilidade que conduziria algumas a uma política de concentração de poder, favorecendo o desenvolvimento de pequenos Estados centralizados[70] e eficientemente administrados, base de nascentes e ricas dinastias, cujos arquivos nos mostram hoje documentação valiosa sobre os primeiros passos da emergente diplomacia permanente, então instrumento novo para gerir conflitos ou estabelecer entendimentos. Por eles se vê que, entre 1375 e 1390, Mântua e Milão estavam já representados por agentes residentes, os quais, tal como os seus sucessores um século depois, negociaram alianças matrimoniais e enviaram informações sobre o quotidiano das respectivas cidades.

---

[69] A. Paoluci in *Rinascimento, Capolavori dei Musei Italiani*, Skira, Roma, 2001, p. 21.

[70] No fim do século XV, Veneza, Milão e Nápoles contavam 200 mil habitantes, Roma à volta de 130 mil, e Florença cerca de 100 mil.

Todavia, apesar de reconhecidos como representantes dos seus Senhores, não possuíam ainda o estatuto diplomático que mais tarde seria atribuído aos embaixadores, constituindo apenas transitórios agentes de ligação entre duas Cortes desejosas de afirmar a sua riqueza e o seu poder.

Neste período, quatro Cidades-estado distinguem-se pela importância dos seus contactos diplomáticos: Milão, Veneza, Florença e, naturalmente, Roma. Neste novo contexto, a estratégia expansionista e a política agressiva de Milão realizada pelo Duque Giangaleazzo Visconti (1378–1402) inaugurara um tempo em que a dinastia dos Visconti adquiriu um temível poder automático e uma importante posição económica na Itália. Para esta vontade hegemónica, que alarmava as outras cidades, contribuía a posição geográfica de Milão, a fertilidade dos seus terrenos, a própria população da cidade e a facilidade de comunicações dentro do seu território. Além disso, ao contrário de Veneza e Florença, o Duque de Milão não tinha de prestar contas, nem era controlado pelas «oligarquias governantes», podendo manter uma acção diplomática sustentada, assente num rico erário, e elaborar com atenção as linhas de uma política externa individual que visava para lá do momento imediato e se mostraria bem mais eficaz e menos dispendiosa do que as guerras com que antes se tornara temido. Para tanto, formou uma incipiente chancelaria, a qual, embora falha de coerência, mostra já algumas funções dos modernos Ministérios dos Negócios Estrangeiros: elaboração de projectos de documentos, instruções a embaixadores, recolha de informações e relatórios; ao mesmo tempo, recebia frequentemente e enviava embaixadores *ad hoc*, tendo organizado uma espécie de corpo de diplomatas veteranos, alguns deles com treino jurídico. A esta actividade acrescia a utilização de representantes em Génova, Mântua, Roma, Nápoles, Pisa, Ferrada, Perugia, Siena, e, embora alguns pareçam ter colhido já um certo estatuto diplomático, não se registou todavia reciprocidade (à excepção de Génova e Mântua), talvez — segundo Mattingly — pela desconfiança que suscitavam, até porque o objectivo desses agentes era menos o de recolha de informações e mais o de assegurarem uma vassalagem das Cortes em que residiam para com a autocrática Milão. Isto explicará que, não obstante os autores se disputarem sobre o nome do primeiro Embaixador residente nas cidades italianas, a maioria inclina-se para a designação de Zacarias Bembo como Residente de Veneza em Roma (1435), logo seguido pelo enviado de Milão a Florença, Nicodemus dei Pontramoli, em 1446. Por sua vez, ainda antes de 1452, Florença conta igualmente com representantes residentes em Génova e Bolonha; Veneza em Nápoles; Siena em Nápoles e Veneza[71].

Com efeito, embora Filippo Visconti tenha aproveitado a estrutura diplomática herdada de seu pai, o continuado temor das restantes cidades perante as suas iniciativas automáticas não levou à nomeação de Residentes milaneses no território italiano até ao termo do seu reinado (1443), antes se registando o envio de embaixadas *ad hoc* de Milão a Cortes estrangeiras como Aragão, Borgonha, Alemanha, ou mesmo, ao Grão-Turco[72]. Todavia, o facto mais assinalável foi ter mantido na Corte de Segismundo, então Imperador do Sacro Império Romano, «de astúcia desarmante que tinha a paixão da diplomacia»[73], um Embaixador residente em regime de reciprocidade. Este parece ser o primeiro caso de acreditação mútua (1425–1432)[74]: os embaixadores milaneses eram portadores de credenciais, gozavam de honras diplomáticas, eram regularmente substituídos (foram nomeados nove em sete anos). Não sabemos muito dos embaixadores imperiais na corte milanesa, salvo que o enviado era usado como canal de comunicação, referido como Embaixador, e com lugar correspondente nas cerimónias. Quanto aos milaneses, tratava-se de facto de uma Embaixada permanente e não de uma sucessão de Enviados como até aí (devido ao teor das instruções que lhes eram dadas e à garantia dada a Segismundo da continuidade da Embaixada); era afinal o resultado de uma aliança: aos Embaixadores competia a coordenação diplomática e a preparação para conflitos contra o tradicional inimigo comum — Veneza.

---

[71] Mattingly, *op. cit.*, p. 69, assinala que Bembo é o único embaixador residente junto do Papado nos anos 30 do século XV, e salienta que o relativo atraso no envio de Residentes por parte de Florença e Veneza entre si e outras cidades se deverá ao carácter mais formal das nomeações por parte daquelas Repúblicas, ao contrário do que ocorria com a Corte de Milão, dependente apenas da vontade do seu Senhor.

[72] G. Mattingly, *idem*, p. 65.

[73] A diplomacia, sua paixão, obrigava-o a viajar bastante; durante os vinte e sete anos do seu reinado, três quartos foram passados fora das suas fronteiras. Francis Rapp, *Le Saint Empire Romain Germanique*, Tallandier, 2000, Paris, p. 287.

[74] M. S. Anderson refere, por seu lado, que terá sido o enviado do Duque de Sabóia a Roma, em 1460, o primeiro a ser explicitamente descrito como embaixador permanente. *op. cit.*, p. 6.

A evolução política iria, entretanto, fortalecer o progresso da evolução da diplomacia bilateral permanente. Em meados do século XV, a Itália continuava dominada por cinco principais Cidades-Estado — Veneza, Milão, Florença, Nápoles e Roma —, mas nenhuma delas possuía força suficiente para impor uma hegemonia ou a unidade da península. Esta situação levou a uma sucessão de crises, lutas e alterações de alianças no espaço italiano; igualmente dela decorreria, quebradas as iniciais reticências, o incremento da figura dos Embaixadores residentes, representando sobretudo, numa primeira fase, cidades aliadas, estando-lhes reservado um constante trabalho de conjugação de esforços e de obtenção de informações para garantirem vantagens na batalha com os seus adversários. A esgotante instabilidade peninsular; as lutas de sucessão na corte milanesa (1452–54) que iriam dividir a Itália em dois grupos rivais e viriam provocar um inédito alinhamento de Florença com Milão; o temor de Roma perante a queda de Constantinopla acabariam por favorecer os esforços pacificadores do Papa Nicolau V e resultar na Paz de Lodi de 1454. Esta abrangeu primeiro Florença, Veneza e Milão, para englobar logo depois Roma e Nápoles, e as cidades do respectivo arco de alianças ou mesmo neutrais, na «Liga Muito Sagrada», assinada em Veneza e aberta a todos os outros pequenos Estados que compunham a península italiana, juntos finalmente num tratado que implicava deveres mútuos de não agressão, de cooperação, e defesa, assentes em consultas e negociações para garantia de uma eficaz e respeitada estabilidade. Para Mattingly, a Liga — instrumento de equilíbrio, de manutenção do *statu quo*, e de prevenção contra o inimigo exterior instalado na muito próxima Constantinopla — foi crucial para o desenvolvimento do sistema de embaixadores residentes, «pois no caso de uma emergência tal rede de residentes teria um valor incalculável para espalhar o alarme e coordenar contra medidas»[75]. Não se estranhará, assim, que, por volta de 1460, todas as maiores Cidades-estado da península italiana trocassem entre si Residentes que produziam uma apreciável informação e geriam as relações entre as suas Cortes; e isto porque, no final do século XV, esta «era uma situação que requeria uma constante atenção, uma necessidade de ser constantemente informado sobre as capacidades

[75] Mattingly, *op. cit.*, p. 76.

militares e intenções dos poderes rivais, uma determinação de estar preparado para aproveitar oportunidades a fim de obter ganhos e contrariar jogadas oportunistas de outros»[76].

Durante este período, porém, o direito de enviar Embaixadores, ou de os receber, fossem Enviados especiais ou Residentes, era ainda vago, não constituindo, como antes já se indicou, um atributo de soberania, mas antes uma conveniência política ou uma simples tradição, o que permaneceria até meados do século XVII. Por outro lado, a rede de Residentes não substituiu antigos métodos de contacto diplomático *ad hoc*, pois na Itália as distâncias eram relativamente curtas, pelo que continuaram a ser utilizados Enviados especiais paralelos, nomeadamente para certas comemorações, cerimónias, anúncios e saudações. Mas todos os agentes, especiais ou residentes, possuíam já estatuto diplomático e eram chamados Embaixadores, com idênticos privilégios e imunidades.

Neste novo estilo de diplomacia, uma nova figura iria surgir: o Secretário residente. Já antes, na diplomacia medieval, os Embaixadores eram acompanhados frequentemente por um secretário, acreditado separadamente ou mencionado nas credenciais e por eles pago. Mais tarde, a partir de 1460, Veneza atribuía oficialmente a certos Embaixadores um Secretário, assim como Florença, o qual, na ausência ou incapacidade do seu chefe, podia pragmaticamente continuar a tarefa por ele desempenhada. Posteriormente, Veneza consolidou esta prática, que se revelaria de extrema importância para a consolidação das Embaixadas permanentes (cuja continuidade não ficava assim dependente da pessoa do Residente), instituindo-a como norma, cabendo ao Secretário a responsabilidade de assegurar a transição entre Embaixadores, como hoje ocorre com os Encarregados de Negócios *ad interim*. A sua tarefa, além de constituir a útil memória do que antes bilateralmente se havia passado, consistia em assistir o Embaixador, em particular no plano jurídico, conferindo-lhe o costume francês um lugar proeminente nas suas Embaixadas. Mas se coube a Veneza uma inicial maior dignificação das competências atribuídas ao cargo de Secretário, já no fim do século XV as principais Cidades-estado italianas lhes conferiam semelhantes responsabilidades. O caminho estava aberto para

[76] M. Mallet, em M. S. Anderson, *op. cit.* p. 6.

o reforço da actividade diplomática: mais tarde, a partir do século XVII, a função de Secretário ganha maior solidez institucional, concorrendo para que a Embaixada se estruture burocraticamente em termos mais estáveis[77], e não apenas como missão temporária ou dependente do trabalho precário de Embaixadores que se iam sucedendo.

Conforme foi aumentando a importância do trabalho dos Embaixadores residentes — nomeadamente quanto ao dever de informação — foi-se também alargando a constituição das Embaixadas. E se, à excepção do Secretário residente, os restantes membros de uma Embaixada eram pagos pelo Embaixador que pessoalmente os escolhia, já no fim do século XV Florença assumia a designação de outros colaboradores à custa do erário público, no que se pode considerar o primeiro passo para a nomeação dos futuros Adidos técnicos. Ao mesmo tempo, melhora a prática diplomática: os Residentes informam, mas são igualmente informados do que se passa nas suas Cortes; como nota Anderson[78], quando o Embaixador milanês em Veneza se queixa de não receber há uma semana notícias do seu governo, isso é sinal de que se está a entrar numa nova era em que comunicação e instruções se têm por naturais, conforme exemplificado pela exigência de Viena, nos inícios do século XVI, de receber relatórios dos seus Enviados cada dois ou três dias da semana. Em paralelo à quantidade de informação cresce o apetite das Cortes estrangeiras de saberem o que contém a correspondência dos diplomatas nelas acreditados e, com ele, o cuidado de a proteger através das primeiras cifras (os Arquivos de Viena guardam duzentas chaves de cifra do ducado de Milão do período entre 1450 e 1496) ou, mais tarde, o estabelecimento dos famosos *Cabinets noirs* com o intuito de as quebrar.

Neste período de consolidação da nova diplomacia, poder-se-á referir uma aparente contradição: Roma, poder temporal e espiritual, embora constituísse reconhecidamente a mais importante concentração de diplomatas enviados pelas Cortes estrangeiras, só relativamente tarde, em 1450, nomearia o seu primeiro Núncio residente no estrangeiro, na Corte de Espanha (no papado de Leão X; em 1513–1523, seria também

---

77 Daniela Frigo, *Diplomatas e Diplomacia*, p. 35.

78 M. S. Anderson, *op. cit.*, p. 20.

designado o Núncio em Lisboa). Todavia, segundo Mattingly, a partir de 1460, Roma irá firmar-se como a principal escola de diplomacia, posto de escuta de Itália e centro da alta intriga política. Nela «eram sentidos os primeiros tremores de qualquer tensão italiana; nela, qualquer confidência nos corredores poderia ter mais consequências do que uma batalha na Calábria ou no Piemonte»[79]. Para Roma, eram enviados os mais prestigiados diplomatas estrangeiros ou aqueles que desejavam aprender a profissão, assim se criando um *esprit de corps* que o correr do tempo foi apurando até hoje nas várias capitais; assim ocorreu, porque junto à Cúria romana se podiam encontrar sinais de um corpo diplomático organizado (apadrinhado pelas regras do cerimonial pontifício), tornando-se deste modo um centro difusor da prática da diplomacia italiana para além das fronteiras da península.

Se as condições especiais da Renascença em Itália favoreceram o surgimento de uma nova forma de fazer diplomacia, a actividade diplomática conduzida pelas suas Cidades-estado foi, todavia, prejudicada por ter alimentado, na defesa dos respectivos interesses, um clima de suspeição, de pouca habilidade nos compromissos assumidos, de constantes estratagemas. E isto porque, embora num registo mais atenuado pelo efeito dissuasor da Liga, a segunda metade do século continuou a assistir a um clima de tensão, de novos conflitos e de ambições cruzadas, que iria, até à invasão francesa de 1494 (trazida afinal por uma aliança com Milão), ocupar de novo os embaixadores na tarefa anterior a Lodi: vigiar as alianças de outrem, alertar para movimentações políticas equívocas e forjar entendimentos de duvidosa seriedade, ingredientes maiores no tradicional antagonismo entre as principais cidades. Por isso, alguns autores prestigiados, como Nicolson, criticam com veemência a diplomacia desse tempo italiano, pois a constante luta pelo poder, reflectida em frequentes confrontos, quebras de alianças, espionagem e intriga, acabaria por afectar a sua prática, contaminando-a com uma frequente falta de escrúpulos, lesiva para a credibilidade dos seus agentes, para a honestidade dos seus propósitos e para a sua própria imagem futura como instituição.

---

[79] G. Mattingly, *op. cit.*, p. 91.

A diplomacia de Veneza

No quadro dinâmico das Cidades-estado italianas da Renascença, e das suas projecções na evolução da prática diplomática, a República de Veneza ocupa um lugar que merece ser destacado. As suas origens são conhecidas: populações vindas da costa nordeste italiana, fugindo à invasão dos bárbaros, estabeleceram-se em algumas ilhas da laguna adriática e fundam, no século VI, a cidade de Veneza; e desse inicial e pobre povoamento de pescadores e marinheiros surgiria séculos depois uma cidade triunfante, potência marítima e comercial, instalada no cruzamento de rotas entre o oriente e o ocidente, rainha do Adriático e depois do Mediterrâneo. Do século VI ao século XI, Veneza — que antes pertencera aos gregos — foi província da Itália bizantina e é de Bizâncio que colhe as primeiras instituições e a prática da diplomacia em que se irá distinguir; bem mais tarde, a desagregação do Império do Oriente, em 1453, permitirá consolidar o poderio pacientemente construído pela República Veneziana, a qual se torna poderoso centro de poder italiano e vai, durante os séculos XV e XVI, a par de Roma, ultrapassar as outras capitais europeias em intensa actividade diplomática[80].

Esse era um período em que os grandes Estados feudais da Europa ainda não se assumiam como Estados unitários, fortemente estruturados. Por seu turno, o Sacro Império revelava-se um espaço invertebrado, a braços com a anarquia; na Itália, o poder temporal do Papa esgotava-se em disputas com o Imperador, e frequentes lutas pelo poder minavam a península italiana. O reino de Nápoles, que após a queda do Império chegara a pertencer a Bizâncio, estava fragilizado pelas oscilações de poder entre normandos, franceses, angevinos e aragoneses. Ora, Veneza não conheceu, nesse tempo, as lutas de facções, nem as revoluções que enfraqueceram a República rival de Génova e conduziriam Florença ao domínio dos Medici. A sua constituição, assente no modelo clássico do governo aristocrático, em que o poder ficava concentrado nas mãos de uma oligarquia pouco numerosa e fechada, persistiu sem grandes crises e com poucas mudanças durante um milénio. Assim, numa época em que a ideia de

---

[80] Constantin Antoniade, *op. cit.*, p. 3.

Estado era vaga e reinava a anarquia nas administrações europeias, Veneza conseguiu estabelecer o esboço de um moderno Estado, baseado em instituições estáveis e sólidas. Através destas, conforme sublinha Mattingly[81], Veneza distingue-se dos outros quatro mais importantes poderes italianos: designadamente, da falta de legitimidade dos despotismos de Milão, de Florença e de Nápoles, bem como das tiranias feudais e familiares dos Estados Pontifícios.

Tributária primeiro do Império do Oriente, cidade livre em seguida, e tratando como igual a partir de 1082 com o seu antigo suserano, Bizâncio, Veneza aproveita a sua estabilidade política e a lealdade dos seus cidadãos para dominar as costas da Dalmácia e o Adriático e fundar a sua riqueza nos mares do Levante, onde faz trocas e possui feitorias[82]. Não é, pois, no seu limitado espaço territorial, apesar de ter procurado alargá-lo, que poderá consolidar o seu poder, mas numa intensa actividade marítima e comercial que vai paralelamente facilitar intercâmbios e concorrer para a necessidade de um activo exercício diplomático.

Isso explicará a sua primazia neste domínio pois, se as Cidades-estado italianas prosseguiram uma viva, embora diversa, diplomacia, Veneza foi, porém, a primeira que formulou regras precisas para a sua representação, afinal empurrada para isso pela dimensão das suas relações externas e de um poderio naval e comercial que a levava longe da sua imediata vizinhança. Não se estranhará, assim, que no plano da diplomacia, as crónicas venezianas registem desde o século VI a existência de *Delegati* em Constantinopla, num duplo carácter político e comercial, bem como, mais tarde, após a IV Cruzada, um representante com o título de *Bailio* com certas tarefas diplomáticas, mas sobretudo com funções consulares, que ali se manteria mesmo depois da conquista turca até ao fim da Sereníssima. É, porém, no século XVI que a diplomacia veneziana atinge o seu melhor momento, do qual são testemunhas os numerosos despachos dos seus Embaixadores em diversas Cortes, verdadeiros e sugestivos retratos políticos da sociedade internacional desse tempo.

---

81 Mattingly, *op. cit.*, p. 81.

82 C. Antoniade, *op. cit.*, p. 6.

Foi também Veneza que primeiro preservou e sistematizou os seus arquivos diplomáticos, que cobrem nove séculos — de 883 até à sua queda às mãos de Napoleão, em 1797 — e oferecem detalhadas informações não só sobre a organização da diplomacia veneziana, como sobre a realidade europeia, através dos milhares de despachos ordinários (*dispacci*, informações sucintas) e relatórios de fim de missão (*relazioni*, verdadeiras e sugestivas monografias) escritos pelos seus Embaixadores sobre as Cortes onde residiam[83]. Conforme sublinha um autor, «a importância de Veneza consiste na criação de um sistema de conservação de informações de base, as quais não se encontram ligadas a episódios ou a acontecimentos, mas antes têm como objecto um quadro e uma descrição mais vasta dos Estados europeus em todos os seus aspectos; as dinastias ou as classes do governo, as cortes ou as facções ou as famílias importantes, os recursos, a população, os dados geográficos e estratégicos, até à análise da política estrangeira dos outros países europeus, isto é, informações sobre o "sistema de Estados"»[84].

Pertenceria também a Veneza a primeira iniciativa de manter informados os seus Enviados sobre os principais factos políticos da pátria, no que foi um método precursor da actual circulação de informação entre as Embaixadas do mesmo país. Conhecemos igualmente, desde 1288, as regras de nomeação de Embaixadores, e a forma como se deveriam conduzir, hoje guardadas nos seus arquivos, o que nos permite uma indicação clara do que lhes era exigido e tornava tal cargo, até ao século XVI, pouco apetecível (explicando afinal a obrigatoriedade posterior de aceitar a nomeação) devido aos severos constrangimentos pessoais e pecuniários que lhes eram impostos[85]. Neste âmbito, uma norma de 1481 é bem reveladora do conceito veneziano da instituição diplomática e da sua disciplina, ao proibir os seus Enviados de discutir assuntos políticos com qualquer diplomata ou simples cidadão estrangeiro.

---

[83] Constantin Antoniade, *idem*, VIII, refere que um dos Embaixadores informa Veneza hora a hora da saúde do Papa Alexandre VI Bórgia e que, num manuscrito da biblioteca de Siena, se colhe que «o Senado de Veneza pretende saber, todos os oito dias, pelas cartas dos seus Enviados, o estado do mundo e dos que o governam», *ibidem*, p. 12.

[84] Daniela Frigo, *op. cit.*, p. 46. Sobre Portugal (1566–1600), ver *Fontes Documentais de Veneza*, Julieta Marques de Oliveira, I.N., Lisboa, 1997.

[85] Nicolson, *The Evolution*..., p. 29.

Não obstante o indiscutível contributo positivo de Veneza para o desenvolvimento da prática diplomática, Nicolson[86] — embora refira que, ainda em 1740, Lorde Chesterfield aconselhava o seu filho a frequentar no estrangeiro os Embaixadores Venezianos por estes serem no Corpo Diplomático os mais polidos e mais bem informados — censura a diplomacia veneziana por ter sido fortemente influenciada por Bizâncio e ter transmitido aos seus compatriotas italianos «os defeitos orientais» da duplicidade e da suspeição.

7. A diplomacia na nova Europa dos Tratados de Vestefália

> Desde que haviam começado as negociações de paz, o caminho de Osnabrück a Münster, por Telgt, via passar em grande número o pessoal e os correios a cavalo transportando nos dois sentidos uma confusão de papéis que engrossavam os arquivos: petições, memorandos, cartas de banal intriga, convites para festividades e relatórios de espionagem sobre os movimentos das tropas que continuavam indiferentes ao negócio pacífico... Não espantará assim que o caminho entre as cidades da paz se encontrasse num estado análogo ao desenrolar das negociações e à condição do Império.
>
> GÜNTER GASS[87]

Nos séculos XV e XVI, as navegações portuguesas e espanholas irão deslocar as rotas do comércio do Mediterrâneo e do Adriático que haviam feito a riqueza das Repúblicas marítimas italianas.

A partir do fim do século XVI assiste-se à projecção do poder europeu sobre o resto do mundo, com Portugal, Espanha, e mais tarde a Holanda, a Inglaterra e a França, a desenvolverem um projecto de conquista e penetração cultural e comercial. As descobertas e as posteriores colonizações modificarão o mapa do espaço de influência do Ocidente, que assim se

---

[86] *Ibidem*, p. 27.

[87] *Une Rencontre en Westephalie.*

alarga nos diversos domínios por onde se desdobra o processo colonizador e a sua dimensão de relacionamentos, agora abraçando continentes e estendendo-se por terras da América, de África, da Índia e do Extremo Oriente. Também as confrontações do final da Idade Média e as tensas rivalidades que opuseram a Igreja ao Império durante o Renascimento, o conflito doutrinal de que resultariam a Reforma e a Contra-Reforma, e bem assim as guerras religiosas dos séculos XVI e da primeira metade de XVII, iriam provocar profundas alterações na ordem política europeia. Com o advento de Estados mais bem organizados administrativamente e cada vez mais conscientes da vantagem de estabelecerem relações continuadas, o trabalho dos Embaixadores Residentes a partir dos anos seiscentos vai tomando novas formas. Sobre eles, escreve Mattingly: «Eram homens sobre quem se contava para influenciar a favor do seu país as políticas, ou porventura simplesmente as atitudes, dos governos para onde haviam sido enviados; minimizar tensões, obter concessões, conseguir cooperações (ou, quando tal fosse favorável, a sua mera aparência), e, se o pior fosse inevitável, antecipar os primeiros sinais de que as coisas estavam a ficar fora de controlo, e que outras pressões seriam por isso requeridas... Os Embaixadores residentes que obtinham sucesso eram mais do que meras peças do tabuleiro diplomático. Eram jogadores; não apenas executantes, mas até certo ponto formuladores da alta política.»[88]

Neste contexto, a época vestefaliana vai substituir a ideia medieval da unidade cristã (*res publica christiana*) pela consolidação de entidades políticas soberanas com administração centralizada, resultantes do gradual apagamento da autoridade do clero e da nobreza feudal. Nesta ordem nova, albergando já uma Europa protestante, em que uma parte considerável da população não reconhece a suserania espiritual do Papa, ganha campo a doutrina da independência dos poderes políticos em relação a Roma e ao Império, e, através dela, numerosos e diversificados Estados emergentes vêem reconhecida a sua autonomia. Era, afinal, a confirmação de um processo lento, mas seguro do reforço do poder dos Príncipes europeus, tanto internamente, como nas relações entre si, o Papado e o Imperador.

---

[88] G. Mattingly, *op. cit.*, p. 219.

O sistema europeu que surge no século XVII representa assim o colapso do conceito medieval de uma ordem hierarquizada assente nas tradições do Império Romano e da Igreja Católica, em que, no plano político e em teoria, os diversos principados feudais da Alemanha e os Estados do norte da Itália se encontravam sob a jurisdição do Imperador do Sacro Império. Essa era afinal uma realidade assente na ficção de um governo europeu, pois o Imperador nunca conseguira um completo controlo dos seus territórios: por dificuldades de comunicações e transportes, mas também pelo fraccionamento desse enorme espaço num mosaico de ducados, condados, cidades livres e bispados. Aliás, na periferia, França, Inglaterra e, num primeiro período, a Espanha, embora pertencessem à mesma Igreja, não aceitavam a autoridade do Império. Só no século XVI, quando Carlos V obteve a coroa espanhola e reinou de 1519 a 1556, foi possível ao então poderoso Imperador Habsburgo pretender transformar o vastíssimo reino que herdara num sistema político; porém, nem ele, nem tão-pouco os seus sucessores do começo do século XVII conseguiriam impor a autoridade imperial no imenso território composto pelo que hoje é a Península Ibérica, Alemanha, Áustria, Itália do norte, República Checa, Eslováquia, Hungria, Leste da França, Bélgica e Holanda. E isto porque a franca oposição francesa conduzida por Richelieu e o enfraquecimento do Papado iriam concorrer para o derrube das ambições espanholas de unidade europeia, num momento em que a Reforma dera aos Príncipes em rebelião com o Império, defensor da fé católica, uma mais ampla liberdade, ao mesmo tempo desfazendo antigos constrangimentos de lealdade religiosa. A noção medieval assente em valores morais de âmbito universal iria ser substituída por conceitos como a razão de Estado e o princípio de equilíbrio entre os Estados, deles decorrendo um novo sistema internacional em que os soberanos não terão outros que lhes sejam superiores, mas antes, ao seu lado, monarcas «iguais que os observam, os julgam, os desafiam, os inquietam e que, pela proximidade, combatem a sua tendência a encerrarem-se nos seus próprios critérios»[89].

Esta nova sociedade, composta já por um diferente sistema internacional, verá formalizado o seu reconhecimento pela Paz de Vestefália

[89] Alain Finkielkraut, Gallimard, Paris, 2002, p. 204.

(Tratados de Osnabrück e Münster), em 1648[90], que pôs termo às devastadoras lutas da Guerra dos Trinta Anos[91], e em que, pela primeira vez, se assiste ao tratamento de problemas políticos europeus através de uma negociação diplomática já de um incipiente recorte multilateral. Nela se vai selar o enfraquecimento da anterior autoridade arbitral do Papa sobre reis e príncipes europeus e fixar dois princípios dos Estados modernos: a soberania externa (nenhum Estado reconhece uma autoridade que lhe seja superior aceitando ao mesmo tempo a igualdade entre os Estados) e a soberania interna (cabe ao Estado a autoridade sobre o seu território e população, não sendo aceitáveis ingerências externas).

Nas cidades em que decorreram as negociações, separadas cerca de quarenta quilómetros, albergando católicos de uma parte (Münster) e protestantes de outra (Osnabrück), estavam representadas as principais potências europeias, com excepção da Inglaterra (ocupada numa revolução interna), da Rússia e do Império Otomano; Portugal, cuja independência fora recentemente restaurada, também não participava como Estado, pois os dois delegados portugueses enviados por D. João IV não haviam sido admitidos, por irredutível pressão diplomática espanhola, obtendo todavia o compromisso de serem integrados nas delegações francesa e espanhola[92]. Em Münster, os delegados, ao contrário de Osnabrück em que as negociações se fazem de modo directo e oral, evitam os contactos pessoais, e o procedimento assenta na troca de notas escritas que passam pelos dois mediadores: o núncio do Papa Inocente X (o cardeal Fábio Chigi, que viria a ser Papa) e o enviado de Veneza, Contarini.

---

[90] Os Tratados começavam por esta significativa formulação: «Que a paz seja cristã, universal, perpétua e uma amizade verdadeira e sincera, Ámen.» A Espanha, grande perdedora, só assinaria a paz onze anos depois.

[91] Um historiador do tempo, Johann Rist, descreve assim o que ficou conhecido pela violação de Magdeburgo pelas tropas imperiais e sinónimo de violência gratuita: «as ruas estão quase inteiramente ensopadas de sangue. A terra é uma papa de sangue e de carne humana. A calçada está descolorida pelo amontoado de cadáveres dos quais corre como se fossem fontes o sangue quente.» Referido por A. Blin, *op. cit.*, p. 102. Aliás, estima-se que a população do Sacro Império (cerca de 20 milhões antes da guerra, a qual, recorde-se, teve como principal teatro o que hoje é a Alemanha) tenha caído para menos de 30% no seu final.

[92] L. Soares de Oliveira, *História Diplomática*, PF – Lisboa, 1994, p. 65.

Após complexos trabalhos de ordem política e religiosa, que duraram quatro anos[93] e foram palco de frequentes querelas protocolares de precedência (estavam presentes 194 entidades soberanas, das quais 140 faziam parte de um fragmentado Império)[94], a Europa saía, pela «primeira paz de carácter europeu»[95], do período caótico de lutas de religião, as quais se haviam transformado na sua segunda fase num pesado conflito político-militar; com a Paz de Vestefália[96] surgia também uma disciplina nova através dos acordos assinados, os quais, não obstante procurarem estabelecer condições de equilíbrio no relacionamento entre os Estados (a balança da Europa), não iriam conseguir impor a paz no continente. Não obstante, para vários autores, estes Tratados (glória da França, no dizer de Voltaire) são uma «uma espécie de acto fundador da ordem jurídica internacional moderna (...) e ponto de partida de toda a evolução do direito internacional contemporâneo»[97], verdadeiras certidões de nascimento dos modernos Estados.

Do que foi assinado, resultaram consequências políticas com projecções diplomáticas[98]: uma maior fragmentação do Império, agora composto por uma Alemanha com o seu vasto território dividido e descentralizado pela criação de 355 Estados (entre eles, Brandeburgo, mais tarde a poderosa Prússia) independentes tanto no plano político (com capacidade de estabelecerem relações diplomáticas e alianças entre si e com outros países, de fazerem a guerra, embora não contra o Imperador) como espiritual, sobre os quais o Império mantém uma autoridade enfraquecida; os principais Estados europeus reforçam a sua identidade e poder, mas aceitam

[93] Não eram fáceis as comunicações: «cada semana, no dia fixado, às terças, dois portadores de despachos deixavam um Münster, o outro Paris, e cruzavam-se a meio caminho (...) o itinerário mais rápido (...) implicava uma dezena de dias ou mais (...)» AAVV, 1648, *La Paix de Westphalie*, Imprimerie Nationale, Paris, 1998, p. 126.

[94] É o primeiro dos grandes Congressos europeus, pela complexidade das questões, pelo número de Estados envolvidos, pela dimensão das principais delegações: a francesa reunia mais de 400 pessoas, a espanhola à volta de 150.

[95] Georges Pagès, *La Guerre de Treinte Ans*, Payot, Paris, 1972, p. 342.

[96] O Papa protestou formalmente contra os Tratados por se permitirem duas confissões de fé no Império.

[97] Peter Haggenmacher, em A. Blin, *op. cit.*, p. 75.

[98] O Congresso marca também a predominância dos juristas na elaboração dos textos, nele fazendo aparição uma inédita burocracia negociadora. A. Blin, *idem*, p. 149.

a ideia (embora nenhum mecanismo) de que se impõe uma *balança* que evite hegemonias; os seus signatários comprometem-se a defender as condições de paz «sem distinção de religião», ficando a França e a Suécia disso garantes, adquirindo assim um «permanente poder de ingerência»[99]; a laicização do espaço europeu e a aceitação do pluralismo religioso que passa a englobar também a fé calvinista (um príncipe pode mudar de religião sem que os seus súbditos o devam seguir), embora Ladurie nos advirta estarmos longe ainda do conceito de tolerância dos nossos dias que o espírito do tempo ainda não permitia[100]; e ainda a afirmação da soberania e consequente igualdade dos Estados como traves-mestras das relações internacionais, bem como o reconhecimento da independência, face ao Império, da Confederação Helvética e dos Países Baixos. Em paralelo, às negociações de Vestefália poderão ainda ser creditados aspectos positivos para a evolução da diplomacia, tanto pela maneira como aquelas foram preparadas, como pela sua organização e procedimentos, como ainda pela extensa documentação legada, que irá servir de constante base de referência e de estudo posterior nas Chancelarias europeias (após um ano da sua assinatura registavam-se já 42 mil cópias impressas)[101].

A nova ordem vestefaliana irá assentar em alguns elementos estruturantes que chegarão aos nossos dias e dos quais é costume recordar: o respeito pela soberania absoluta dos Estados, interna e externa, eliminando assim a anterior ordem teocrática e imperial e ingerências de quem não pertencesse ao sistema; o princípio da protecção da liberdade religiosa; a atribuição aos Estados do monopólio da força para garantir a ordem no seio das suas fronteiras; a política de *balance of power* — oposta ao sistema de império universal desejado pelos Habsburgos — para assegurar um relacionamento estável numa Europa anti-hegemónica, em que nenhuma potência deveria exercer sobre as outras um domínio absoluto; enfim, dela irá ainda resultar o desenvolvimento do direito internacional, nomeadamente através da codificação de várias práticas para limitar a guerra. Para um especialista que escreve sobre este período, um dos sucessos dos arquitectos da nova

---

[99] Na formulação de Jean-François Noel, em L. Bély, *op. cit.*, p. 237.
[100] E. Le Roy Ladurie, 1648, em AAVV, *La Paix de Westphalie*, p. 14.
[101] Jeremy Black, *A History of Diplomacy*, Reacktion Books, 2010, p. 80.

paz europeia residiria na conjugação dos dois pólos da política internacional: o realismo e o idealismo, pois na sua visão «observam-se na Paz de Vestefália quase todos os elementos fundamentais que regem as presentes relações internacionais. Significativamente, os acordos assentam quer no sistema de equilíbrio de poder que geriu as relações internacionais até ao século XX, como no sistema de segurança colectiva encarnado pela Sociedade das Nações e pela ONU, como ainda no princípio da liberdade de comércio hoje defendida pela OMC»[102].

Mas se esta visão pecará por algum excesso, nomeadamente quanto à resolução de conflitos, já não suscita dúvida maior de que a nova Europa nascida em Vestefália permite falar finalmente de verdadeiras relações internacionais. Estamos, com efeito, perante um dos critérios principais que a partir daí as irão delimitar com inédita segurança: «a presença de relações horizontais regulares entre grupos sociais baseados territorialmente e delimitados politicamente entre si»[103], ou como escreve um autor, «o ponto de partida das relações internacionais assenta na existência de Estados, ou de comunidades políticas independentes, tendo à sua cabeça um governo que reivindica a soberania sobre uma porção particular da superfície terrestre e um segmento particular da população humana»[104].

De resto, a sociedade europeia diversifica-se, quer no plano da obediência religiosa, quer no domínio da estrutura política: a aparição de vários Estados protestantes encontra uma realidade em que coexistem monarquias, pequenas repúblicas (Veneza, Confederação Helvética) e a justaposição de reinos e do Imperador sem as anteriores linhas de uma mais definida subordinação política. Esta situação, a que os Tratados de Vestefália procuraram dar resposta, iria suscitar naturalmente uma intensa actividade diplomática bilateral posterior, tanto na preparação de alianças como na defesa de diversos e novos interesses nacionais que o trabalho de negociação da paz pusera a descoberto (o tratado de Münster dá, por exemplo, relevo à liberdade de comércio); ao mesmo tempo, novas

[102] A. Blin, *op. cit.*, p. 168.

[103] Dario Battistella, *Théories des Relations Internationales*, Sciences Po, Paris, 2006, p. 22.

[104] H. Bull, citado por Dario Battistella, *ibidem*.

exigências de informação política para prevenir hegemonias, preservar as independências ganhas, e o alargamento dos relacionamentos, ajudam a consolidar o processo do estabelecimento das Embaixadas permanentes (que a duração do conflito prejudicara), e bem assim o progresso da sua prática, nomeadamente pela clarificação do direito de legação activa e passiva, que seria reconhecido a todos os signatários dos acordos.

Nascia, pois, uma nova Europa, agora munida de reforçadas expectativas quanto a uma eficaz gestão de equilíbrios. A par do desenvolvimento das administrações dos reinos, o antigo laço feudal que ligava vassalos aos seus senhores via-se decisivamente debilitado em benefício da autoridade real; as guerras haviam favorecido o sentimento nacional; a imprecisão das fronteiras obrigava os Estados mais poderosos a negociações diplomáticas, nomeadamente para defender o estabelecimento de «barreiras» de carácter preventivo[105] (nova terminologia predecessora das posteriores zonas tampão), ou à criação de exércitos permanentes[106] e de extensas iniciativas de engenharia militar para garantir o seu trânsito, eventuais conquistas ou o controlo de territórios por vezes distantes.

Se o cansaço da Guerra dos Trinta Anos conduzira à Paz assinada em Vestefália, porém, como a experiência histórica iria ensinar, todo o sistema de equilíbrio favorece os mais poderosos sempre à espreita de que o poder relativo das potências e a relação de forças se rompam, como ocorreu logo na segunda metade do século com as ambições de Luís XIV: guerra contra os Países Baixos espanhóis (1667–68); guerra contra os Habsburgos aliados à Inglaterra (1688–97); guerra da Holanda contra as Províncias Unidas (1672–78); guerra da sucessão de Espanha contra a Inglaterra (1702–14), com participação portuguesa. É neste panorama feito de alianças

---

[105] Como diz Isabel Cluny (*Conde de Tarouca*, p. 146), o conceito de barreira inseria-se nas preocupações de equilíbrio de poder para defesa da estabilidade na Europa. «Surgia como exigência das pequenas nações, apoiava-se na ideia de um sistema preventivo de segurança e na existência de alianças paritárias que pusessem termo a aspirações hegemónicas.» Várias vezes presente nas negociações subsequentes a Vestefália, uma única iria ser estabelecida — visando a França —, no fim do século XVII, quando guarnições holandesas se instalam em praças-fortes sobre o território, então espanhol, dos Países Baixos.

[106] O exército francês contava 400 mil homens em 1690, e a Inglaterra e a Holanda 100 mil durante as guerras de sucessão de Espanha (1702–13). John Darwin, *The Global History of Empire*, Allen Lane, Londres, 2007, p. 115.

e de diversos confrontos militares[107], que vai estender-se igualmente ao século XVIII, que a diplomacia encontra terreno fértil — «a sua idade de oiro» — para refinar os métodos de negociação bilateral e rodear-se de uma cenografia protocolar que ficará como imagem de marca dos diplomatas do Antigo Regime.

Nesta nova realidade política, em que se perdera a antiga unidade medieval de raiz católica, mantinha-se, contudo, uma determinante coerência europeia, *tesouro comum dos europeus*, no dizer de Lucien Bély, a qual continuaria a moldar os comportamentos e até as cumplicidades dos diplomatas do tempo. A este respeito, vale a pena transcrever como aquele especialista sintetiza a situação: «por detrás das diferenças étnicas e linguísticas, as clivagens religiosas, as divisões políticas, as rivalidades económicas, algumas coerências desenhavam-se na Europa. Ela era largamente cristã e isso constituía um factor de unidade. Os homens deviam obediência a Deus e era Dele somente que os reis colhiam a sua autoridade e tinham o dever de a exercer respeitando os seus mandamentos. A lembrança de Roma Antiga e a herança da sua civilização permaneciam um património comum. A língua latina era utilizada pelos funcionários e pelos sábios, mas também pelos diplomatas (...) O direito romano e o direito canónico da Igreja eram seguidos em numerosos países, e em quase toda a Europa influenciavam as Instituições e a legislação. As referências às literaturas gregas e latina forneciam o cimento da educação europeia.» E Bély prossegue: «As hierarquias sociais eram as mesmas na maior parte dos países europeus (...) uma República das Letras, herdeira do humanismo, reagrupava todos os eruditos e sábios, que viajavam, trocavam regularmente correspondência e livros — esse veículo triunfante do saber. Viajar através da Europa, em particular com destino à Itália, fazia também parte da educação das elites (...) assim se teciam laços que ignoravam as fronteiras e desprezavam os conflitos. Era também neste contexto que viviam e se afirmavam os actores das relações internacionais. Durante a menoridade

[107] Ao seriar os confrontos deste período, A. Barbas Homem (*História das Relações Internacionais*) refere, quanto a Portugal, a vitória da armada portuguesa, em 1717, em auxílio à Santa Sé, contra os otomanos; a guerra ao lado da Inglaterra contra a Espanha e a França, em 1762; a campanha militar do Rossilhão, contra a França, em 1793–94; e a «guerra das laranjas» contra a Espanha e a França, em 1801.

de Luís XIV, a França em guerra com Espanha foi governada por uma espanhola, Ana de Áustria, e por um italiano, o cardeal Mazarino. Os generais como os simples soldados punham-se ao serviço dos soberanos que reconheciam os seus méritos e lhes ofereciam a melhor carreira. A unidade da Europa apoiava-se sobre o cosmopolitismo das suas elites.»[108]

Não obstante estes desenvolvimentos políticos, até ao século XVIII mantém-se a personalização das tarefas diplomáticas, ainda afastadas de configurarem uma carreira específica: «Embaixador é um título que podia ser atribuído a pessoas de diferentes origens sociais, de diferentes formações culturais, e com os mais variados perfis políticos e profissionais. Os que eram enviados às Cortes estrangeiras constituíam uma série heterogénea de figuras: conselheiros, cortesãos, parentes do soberano, nobres, funcionários, notários, juristas, militares, homens de letras e mesmo artistas. Tinham em comum um só elemento: a relação de serviço e de fidelidade que os ligava ao príncipe, ou, no caso das Repúblicas, serem membros da elite dirigente ou da burocracia do Estado.»[109] Em paralelo, a diplomacia continua a reflectir «a sociedade aristocrática europeia com os seus valores, os seus códigos de honra, o gosto pelas formas e pelas aparências, o sentido da hierarquia»[110].

8. Richelieu e o método diplomático francês

> Richelieu foi o único homem de Estado da sua época a abandonar os constrangimentos morais e religiosos do período medieval.
>
> KISSINGER[111]

Perante o colapso do conceito de unidade cristã, os Estados emergentes da Europa necessitavam de outros princípios para justificarem a sua nova posição e regularem as suas relações; e para esta abordagem e teorização

[108] L. Bély, em AAVV, 1648, *La Paix de Westphalie*, p. 35.
[109] Daniela Frigo, *op. cit.*, p. 37.
[110] *Idem*, p. 48.
[111] Kissinger, *Diplomacy*.

da nova geoestratégia europeia vão ser determinantes as ideias de dois homens, de carácter e objectivos opostos, que a morte não permitiu assistir ao sucesso de Vestefália: Grotius e Richelieu.

O primeiro, um dos nomes principais da fundação do moderno direito internacional, ao deixar-nos a sua doutrina sobre o direito de guerra e de paz, elabora um inédito quadro jurídico, ao mesmo tempo que sublinha a interdependência das nações: «não há nenhum Estado, por mais bem dotado e preparado, que não tenha necessidade algumas vezes do auxílio de outros, seja para o comércio, seja para se proteger dos actos de várias nações estrangeiras contra si reunidas». E resolutamente progressista num tempo de recontros religiosos, propugna — como séculos mais tarde fará de outro modo o Presidente Wilson — a criação pelas potências cristãs «de uma instituição, em cujas assembleias os conflitos de cada uma possam ser resolvidos pelo julgamento de outras neles não interessadas»[112].

Já o segundo, Richelieu, é o rosto — no terreno contrário ao idealismo de Grotius — de um renovado pensamento internacional e de princípios, como a razão de Estado (que Maquiavel antes friamente abordara) e o realismo na decisão e na acção políticas, que iriam influenciar até hoje ideias e comportamentos diplomáticos. Com o Cardeal, que conduziu o governo francês de 1624 até à sua morte, em 1642, procurando reforçar a França como Estado-nação, abriu-se uma diferente idade para a diplomacia europeia, a que o moderno sistema de Estados saído dos acordos de Vestefália daria um novo ímpeto. Para ele, a *raison d'état* (razão de Estado)[113] significava que os interesses do Estado justificavam os meios para os defender, e o interesse nacional superava a noção medieva de uma moral universal e dos próprios princípios religiosos. E isto porque o bem da Igreja e do Estado não eram coincidentes, ou, nas suas próprias palavras, «o homem é imortal e a sua bem-aventurança está no Além. Os Estados não existem para *lá deste mundo*; a sua salvação será terrena ou não será»[114]. Conforme nota um comentador, Richelieu não só apostou na secularização das relações entre os Estados, como percebeu

---

[112] Nicolson, *The Evolution...*, p. 50.

[113] Segundo Braudel, a expressão surge pela primeira vez num discurso do Cardeal della Casa a Carlos V, em 1552. *La Gramaire des Civilizations*, Flammarion, 1993, p. 365.

[114] Claude Dulong, em AAVV, 1648, *La Paix de Westphalie*, Paris, p. 44.

a importância do princípio de um equilíbrio europeu como princípio director das relações internacionais[115].

Esta doutrina encontra-se bem patente, apesar da sua condição cardinalícia, na forma como Richelieu, para enfraquecer a Casa de Habsburgo e fazer face à aliança católica comandada pela Espanha, iria procurar alianças com Príncipes protestantes, designadamente com o Rei da Suécia, ou no modo como explorou as tensões no seio da Igreja. Era uma posição tanto mais de realçar, pois vivia-se numa época ainda marcada por zelo religioso e fanatismo ideológico. Para ele, todavia, como exímio cultor de um realismo político que tinha atravessado os séculos, o essencial era romper o cerco da França, enfraquecendo os Habsburgos de Espanha e da Áustria e as suas aspirações a uma monarquia universal, bem como prevenir, ao mesmo tempo, a consolidação no seu flanco de uma grande potência alemã. Para isso, o seu critério para a realização de alianças, as quais, além das realizadas com países protestantes (embora, no seu território, guerreasse com mão de ferro os próprios súbditos franceses dessa fé), envolveriam também o próprio Império Otomano, era apenas ditado pelo interesse da França, à qual bem servia a guerra religiosa dos Trinta Anos que devastou e enfraqueceu os territórios germânicos dependentes do Império. Esta foi a estratégia vitoriosa do Cardeal que um autor[116] sintetiza em quatro princípios prioritários: a religião não comandava a política; a França não poderia tolerar um poder alemão demasiado forte; a complexidade do teatro europeu obrigava a um equilíbrio entre as potências; nenhum país, mesmo o seu, não tinha capacidade para dominar a Europa.

Com a sua política, Richelieu conseguiria quebrar a hegemonia da Casa da Áustria, retardar a unificação da Alemanha por dois séculos, como nota Kissinger[117], tornar a França o poder dominante na Europa pós-Vestefália, e impor o princípio da *raison d'état*, a ela subjugando religião e moral, como uma linha orientadora e perene da diplomacia europeia. Quanto ao seu conceito, D. Luís da Cunha, escrevendo por volta de 1747, não se enganava ao advertir nas suas *Instruções Inéditas* que «não se deve V. Senhoria

---

[115] Citado in *The Practice of Diplomacy*, K. Hamilton *et al.*, p. 71.

[116] Alain Minc, *Antiportraits*, Gallimard, 1996, Paris, p. 41.

[117] Kissinger, *Diplomacia*, Gradiva, Lisboa, 1996, p. 53.

seduzir do que comodamente se chama Razão de Estado entendendo-a no seu verdadeiro sentido e não no que ela se pratica. No fundo não é razão de Estado, mas sim razão do Príncipe, o qual, com o pretexto de segurar o que possui, procura usurpar o que lhe não toca»[118].

Richelieu foi por excelência realista e cínico, deixando escrito no seu testamento que «em matérias de Estado, quem tem o poder tem muitas vezes o direito. E aquele que *é fraco* só com muita dificuldade consegue não ser visto como errado na opinião da maioria do mundo». Kissinger, especialista deste período histórico antes de uma carreira política em que foi hábil cultor do princípio do realismo político, escreveu todavia que o conceito da razão de Estado utilizado pelo Cardeal (e, afinal, quatro séculos mais tarde por ele próprio) facilitava o caminho a perigos com idênticas consequências aos anteriores fanatismos; e isto, a seu ver, porque abandonando os velhos constrangimentos morais e religiosos, Richelieu incitava os outros chefes de Estado a fazerem o mesmo, até porque a razão de Estado não comporta limites, como posteriormente a acção expansionista de Luís XIV iria mostrar[119].

É neste quadro político do século XVII europeu que vai surgir uma nova maneira de fazer diplomacia. E esta vai ter um cultor e um país dominante: Richelieu e a França. Richelieu foi o primeiro a teorizar um novo método, pelo qual a arte da negociação deveria assentar numa actividade permanente e a diplomacia ter como objectivo criar relações sólidas através de um processo continuado, e não ser apenas um instrumento com vista a arranjos transitórios e oportunistas para pôr termo a conflitos[120]. Para ele, a acção diplomática não se devia confinar a operações *ad hoc*, mas consistir num processo permanente de negociação, em que mesmo um insucesso serviria para adquirir uma útil experiência posterior. Ou, nas suas próprias palavras: «atrevo-me a dizer com veemência que se torna necessário para o bem dos Estados negociar continuamente, aberta ou secretamente, em todos os lugares, mesmo naqueles em que presentemente os ritmos não

---

118 Isabel Cluny, *D. Luís da Cunha*, p. 168.
119 Claude Dulong, AAVV, 1648, *La Paix de Westphalie*, *op. cit.*, p. 50.
120 Nicolson, *The Evolution…*, p. 51.

estejam maduros, e ainda mais nos que no futuro não seja evidente o que se aspira»[121]. Este cuidado de negociação permanente, «perto e longe», favorecido pela horizontalidade das relações entre Estados independentes já distante do primado da anterior hierarquia vertical partilhada pelo Papa e pelo Imperador, obrigava ao estabelecimento de uma rede de Embaixadas permanentes que representassem os interesses franceses e antecipassem, como deixou escrito no seu *Testamento Político*, «os acontecimentos do mundo». Para Berridge[122], esta negociação continuada defendida pelo Cardeal descobria ainda a crença de Richelieu na necessidade de uma prática diplomática assente na vantagem de alargar as funções das Embaixadas para lá das tarefas de representação, recolha de informações ou meramente cerimoniais, dando outra primazia à busca de acordos em questões relevantes.

Em segundo lugar, como já se viu, Richelieu defendeu que os interesses do Estado eram prioritários, acima de preconceitos, sentimentos ideológicos, religiosos ou afectivos, pelo que os aliados poderiam ser inesperados, mesmo heréticos, e não escolhidos pela sua integridade, mas pela sua utilidade. Além disso, insistiu que uma política externa deveria ter o apoio nacional, numa sempre declarada confiança no poder das palavras[123] e na presciência da futura importância da opinião pública, pelo que procurou através da publicação do que chamava *Pequenos Escritos* explicar várias das suas opções. Mas numa contradição que a sua época explicará, o Cardeal era intransigente defensor da necessidade do segredo de Estado, ou como recorda um dos seus biógrafos, tinha por máxima constante que o segredo era a alma das questões, tendo deixado escrito que «a verdade é o dever dos súbditos, enquanto o segredo é um privilégio do príncipe»[124]. Na sua doutrina sublinhou também a importância dos tratados — tanto na elaboração, como no seu cumprimento, o qual deveria obedecer a um «escrúpulo religioso» —, salientando ainda que as Embaixadas e negociadores não deviam exceder as instruções recebidas, pois com isso prejudicavam a precisão dos acordos e suscitariam dúvidas sobre a boa-fé dos

---

[121] A. Blin, *op. cit.*, p. 68.

[122] G. R. Berridge *et al.*, *Diplomatic Theory from...*, p. 74.

[123] Foi Richelieu que fundou em 1634–35 a Academia Francesa.

[124] F. Hildesheimer em AAVV, 1648, *La Paix de Westphalie*, p. 52.

soberanos. Desta «arte de negociar» deixaria igualmente no seu *Testamento* a advertência de que «as negociações importantes não deverão ser nunca interrompidas. É necessário prosseguir o que se empreendeu como um rigoroso programa de acção de tal forma ordenado que nunca se deixe de agir inteligente e engenhosamente, evitando fazê-lo de modo indiferente, vacilante ou irresoluto».

De registar igualmente, pela sua importância na evolução da diplomacia, que Richelieu, na sua política de reforço do aparelho do Estado, concentrou, por decreto de 1626, a responsabilidade da acção externa num Serviço, iniciador dos subsequentes Ministérios dos Negócios Estrangeiros, procurando assim garantir na Administração do reino uma centralização até aí inédita no tratamento das relações exteriores, dando-lhes uma mais sólida coerência, maior credibilidade e vantajosa unidade.

A teoria elaborada com mão severa por Richelieu[125], que mesmo próximo da morte ainda redigiu as instruções para a delegação francesa às reuniões de Vestefália, iria deixar uma marca perene na formatação de novos modos da prática diplomática e, tal como a influência italiana fora decisiva para a sua evolução durante os séculos XV e XVI, o chamado *método francês* — conforme a doutrina o irá designar —, vai constituir um estilo universal e dominante na condução da diplomacia dos dois séculos seguintes. Valerá a pena, por isso, sintetizar alguns dos seus principais aspectos, a saber: a defesa de um trabalho continuado de negociação e o escrupuloso cumprimento dos acordos dele resultantes e das instruções recebidas; o estabelecimento no Governo de um Secretário de Estado, com assento permanente e privilegiado face aos seus pares, nomeado pelo rei, em princípio escolhido pela sua experiência diplomática; cabia a esse Secretário de Estado receber os Enviados estrangeiros e dar instruções aos seus Embaixadores (note-se, porém, que o rei também os recebia e como bom soberano absoluto nem dava disso informação ao seu Ministro, utilizando também com frequência uma diplomacia paralela secreta, sobretudo quanto a questões dinásticas). E ainda: sob a direcção do Secretário de Estado estava constituído um

[125] «Todo aquele que não fosse devotado às suas vontades ficava exposto ao seu ódio; ele (Rchelieu) não obedecia a quaisquer limites para promover os seus fiéis nem para perder os seus inimigos.» La Rochefoucauld, citado por Claude Dulong, *ibidem*, p. 48.

pequeno Ministério com membros por si nomeados, ao passo que a rede do serviço diplomático francês após Vestefália tornar-se-ia a maior das grandes potências: em 1685, a França tinha embaixadas permanentes em Roma, Veneza, Constantinopla, Viena, Haia, Londres, Madrid, Lisboa, Munique, Copenhaga e Berna; os Embaixadores mantinham-se nos seus postos por três ou quatro anos e, antes de os assumirem, eram dotados de instruções e de informações minuciosas sobre as condições políticas e as personalidades do país a que se dirigiam.

O método diplomático francês, caracterizado também por um elaborado cerimonial e confidencialidade, iria projectar-se nos manuais então publicados, merecendo particular menção — pelos ensinamentos que difundiu na Europa do tempo — a obra de François de Callières, *De la manière de negocier avec les Souverains*, escrita em 1716, considerada por muitos o melhor livro do tempo sobre prática diplomática[126]. E, porque dele se poderá retirar o retrato de uma diplomacia cujos princípios orientadores influenciariam poderosamente os diplomatas de oitocentos e novecentos, valerá a pena assinalar a sua visão e alguns dos seus conselhos[127]:

- «um Embaixador assemelha-se de certo modo a um actor, actuando no teatro aos olhos do público para desempenhar grandes papéis, pois o seu ofício eleva-o acima da sua condição e iguala-o de alguma maneira aos senhores da terra devido ao poder de representação de que goza»; por isso, beneficia dos privilégios de segurança que lhe são dados pelo direito das gentes;
- «um Embaixador deve sempre recordar-se que representa o seu príncipe quando se trata das suas funções, devendo ser firme na defesa dos seus direitos», mas fora delas será preciso esquecer a sua posição e não mostrar uma imodéstia ridícula e insensata, como ocorre — lembra — com os Embaixadores noviços que se embriagam com a dignidade devida aos seus senhores;

[126] Nicolson considerava-o, ainda em 1954, o melhor manual de diplomacia até então escrito. Nicolson, *op. cit.*, p. 62.

[127] Para maior desenvolvimento, ver L. Bély, *L'Art de la Paix*, p. 557, e Nicolson, *idem*, pp. 62 a 65.

- a boa diplomacia (a palavra ainda não se difundira, sendo na altura sinónimo de negociação) deve assentar na criação de um clima de confiança e na boa-fé, contrariando assim práticas antigas que defendiam a dissimulação e o engano como método; assim, no confronto com um príncipe adversário, o diplomata deverá despojar-se dos seus próprios sentimentos para se colocar na posição e pessoa do opositor. Porém, Callières distingue entre a dissimulação *judiciosa*, que é necessária, e a *viciosa*, que tem apenas por fim enganar;
- na negociação importa não utilizar nem ameaças, nem a força, nem a arrogância;
- o bom diplomata deve ir direito aos seus objectivos pelo caminho mais curto e natural, não deitando mão de desnecessárias subtilezas ou petulâncias;
- o mérito, e não as relações familiares, deve ser o critério da escolha dos diplomatas, a quem cabe dar um treino adequado, para criar uma «profissão à parte»;
- um Embaixador nunca deverá praticar espionagem.

Se é certo que vários destes ensinamentos foram com frequência esquecidos ou violados no quotidiano da própria prática diplomática francesa, para o insuspeito diplomata e autor britânico Harold Nicolson, o método francês mostrou virtudes que o apontavam, ainda no século XX, como o mais adequado às relações entre Estados. Para ele, das suas principais qualidades caberia sublinhar as seguintes: um estilo cortês e dignificado; um método continuado e gradual de negociação, assente no conhecimento e na experiência; a ponderação das realidades dos poderes existentes; a importância dada à boa-fé e à confidencialidade nas negociações; a capacidade de concisão e de precisão da língua francesa, que durante esse tempo substituíra o latim no relacionamento diplomático; o estabelecimento de um serviço diplomático progressivamente profissional[128].

---

[128] Nicolson, *idem*, p. 72.

9. O Congresso de Viena

> As grandes potências só verdadeiramente estavam de acordo quando se tratava de impor a lei aos outros.
>
> GENTZ[129] (SECRETÁRIO DO CONGRESSO DE VIENA)

Os Tratados que formam a Paz de Vestefália deixaram uma Europa regida por um sistema de equilíbrio que se revelaria precário, assente fundamentalmente na soberania dos Estados e na gestão das respectivas relações de força. Como nota um especialista[130], a diplomacia europeia encontrava-se dominada por duas forças dinâmicas que se chocavam de modo inelutável, a saber: «a luta por manter um equilíbrio acidentado entre numerosos e desiguais membros de um sistema de Estados da Europa; e o factor dinástico — uma mistura imprevisível de ambições e acasos de nascimento e personalidades». Ora, se até por isso, os anos que se lhe seguiram favoreceram uma mais intensa actividade diplomática; esta, contudo, não conseguiu impedir o regresso dos conflitos, alimentados nomeadamente pelas guerras de sucessão e por querelas territoriais. As brechas do incipiente edifício de um arremedo de segurança colectiva surgiam como que «para recordar que os Estados permaneciam monarquias fragilizadas por uma soberania maioritariamente hereditária»[131] ou por recorrentes rivalidades das grandes potências, como a Guerra dos Sete Anos entre a França e a Inglaterra (1756–1763), primeiro conflito intercontinental, ou ainda por o sistema vestefaliano assentar numa pretensa homogeneidade política, que, uma vez diluída, depressa perdeu a sua eficácia[132]. Esta era a Europa que vai assistir, no século XVIII, à ascensão da Inglaterra, ao enfraquecimento da Áustria, à emergência de novos poderios, como a Rússia e a Prússia, ao cataclismo político produzido pela Revolução francesa e, no começo dos anos 800, às ambições expansionistas de Napoleão. Segundo um autor alemão do tempo[133], o Continente repartia-se então por

---

[129] Citado por Adam Zamoyski, em *Rites of Peace*.
[130] John Darwin, *The Global History of Empire*, Allen Lane, 2007, p. 116.
[131] A. Blin, *op. cit.*, p. 175.
[132] A. Blin, *ibidem*.
[133] Citado por Isabel Cluny, *O Conde de Tarouca*, p. 485.

quatro categorias de Estados: 1.º os que podiam fazer a guerra sem recorrer a apoios externos (França e Inglaterra); 2.º os que tinham de pertencer a coligações (Áustria, Rússia, Prússia, Espanha); 3.º os que serviam como forças de apoio e, em caso de conflito, podiam fornecer contingentes auxiliares (Portugal, Sardenha, Suécia, Holanda, e principados do Império); 4.º os que não tinham nenhuma força real.

Todos estes desenvolvimentos se projectariam naturalmente na instituição diplomática, para a qual se continuavam a apurar regras consuetudinárias sobre o estatuto dos diplomatas e sobre as suas funções, ao mesmo tempo que o trabalho das Embaixadas permanentes e as suas competências e tarefas se consolidavam e se expandiam, designadamente em pendências jurídicas, comerciais, mas sobretudo na abordagem de questões políticas, em que ocupavam lugar prioritário os sempre presentes receios de assistir ao aparecimento de novas hegemonias. Mais: perante um quadro de relações internacionais cada vez mais complexo, o século XIX, sacudido logo no seu início pelas ambições napoleónicas, iria assistir ao lançamento de um novo método diplomático, ensaiado ainda timidamente em Vestefália e nas importantes reuniões que se lhe seguiram, como em Utrecht, assente na percepção de que o modelo de negociação bilateral teria de ser complementado por uma outra técnica e outros mecanismos propiciadores de cooperações colectivas e entendimentos mais alargados. A diplomacia, numa renovada manifestação da sua capacidade de ajustamento às realidades, encetava um caminho que o tempo tem vindo a alargar e tornar indispensável para o progresso da comunidade internacional. E esse caminho tem um nome: o multilateralismo.

A primeira convenção multilateral conclui-se no Congresso de Viena, em 8 de Junho de 1815, corporizada no Acto Final, momento em que, após vários meses de laborioso trabalho bilateral ou em Comités temáticos dominados pelas cinco grandes potências, marcados por secretas intrigas ou cínicas combinações, se realizou a sua primeira e única sessão plenária. Ora se, quase um ano antes, a afirmação de Metternich de que, à sua chegada a Viena, em Outubro de 1814, «encontrara toda a Europa reunida na sua antecâmara»[134], não esconde a imensa vaidade do chanceler

[134] Adam Zamoyski, *Rites of Peace*, Harper Perennial, Londres, 2008, p. 260. Esta obra segue passo a passo o período e os trabalhos do Congresso.

austríaco, importa reconhecer que o Congresso de Viena constituiu um instante singular e ainda hoje mítico da história diplomática. E isto pelo verdadeiro teatro em que se desenrolou e iria envolver a cidade durante longos meses, desde a sua abertura em 1 de Novembro de 1814: pelo nunca visto rol de cabeças coroadas, plenipotenciários e figuras gradas que a ele acorreram; pela extravagante pompa e frenesim de esgotantes cerimónias, banquetes, festividades, bailes, recepções, que o pontuaram; pelo vasto e efectivo aparelho de espionagem montado por Metternich para antecipar as jogadas diplomáticas dos seus parceiros; pelo constante choque de temperamentos, caracteres e interesses dos principais negociadores que partilhavam o seu tempo em manobras políticas, deslealdades, e não poucas aventuras galantes. Aos poucos, entre contraditórios progressos e recuos tácticos («escondo-me atrás da barricada do tempo e faço da paciência a minha arma», disse Metternich)[135], proclamações de paz, e até conjecturas de guerras entre os próprios aliados, o Congresso foi transmitindo uma imagem de colectiva impotência[136], a que só o breve regresso ao poder em Paris do inimigo comum, Napoleão, iria apressar um acordo, ainda antes de Waterloo e do exílio final do Imperador enfim derrotado[137].

Os seus resultados são ainda hoje motivo de controvérsia[138]. Mas o Acto Final configura já um novo instrumento diplomático que vai permitir uma mais fácil concertação de vários países, sem impedir a expressão da vontade de cada um sobre as diferentes matérias. A novidade consiste em que, ao contrário do que até aí ocorria, diversos Estados estabelecem,

---

[135] Citado por Kissinger, *A restauração de um mundo*, Editorial Século, Lisboa, 1975, p. 188.

[136] «O Congresso dança, mas não avança», na histórica *boutade* do velho e famoso Príncipe de Ligne, representante último do ocaso de uma certa Europa, falecido durante os trabalhos de que era apenas observador não envolvido, vítima de uma obrigação mundana.

[137] Chateaubriand, que oscilou entre a admiração e o desafecto de Napoleão, escreve: Bonaparte «nascido numa ilha para ir morrer noutra, nos limites dos três continentes, lançado no meio dos mares, como Camões pareceu profetizar aí colocando o génio das tempestades.» Citado em *Chateaubriand*, J. P. Clément, p. 243.

[138] Uma testemunha privilegiada dos trabalhos do Congresso, Von Gentz, secretário de Metternich, pois coube-lhe registá-los, escreve com desalento: «Como o Congresso nunca foi definido, e os poderes dos seus membros nunca determinados em conformidade com princípios fixados e reconhecidos, andou à deriva num mar de incertezas e contradições.» Adam Zamoyski, *op. cit.*, p. 550.

através de negociações colectivas, um acordo num documento único e não num conjunto de tratados bilaterais paralelos, como acontecera ainda em Vestefália.

Em paralelo, nele a Europa dotar-se-á de processos inéditos de concertação e equilíbrio, bem como de uma diferente prática da gestão das relações internacionais, estabelecendo a primeira efectiva organização de segurança colectiva europeia, de natureza francamente defensiva dos interesses das grandes potências, a que se daria o nome de Sistema Metternich ou Concerto Europeu, «uma conspiração de príncipes contra os povos e contra as nações»[139], o qual irá influenciar profundamente as relações externas e a diplomacia do século XIX. Os seus dois pilares essenciais, visando a manutenção do *statu quo* da realidade política resultante da derrota de Napoleão, seriam a «Santa Aliança», de iniciativa do Czar Alexandre I, reunindo a Rússia, Áustria e Prússia, e a «Aliança Quadripartida», que juntava aqueles três países e a Inglaterra, de quem aliás viera a iniciativa. Mas, enquanto a Santa Aliança procurava fazer face às ideias liberais através de um articulado de solidariedade defensiva entre os soberanos subscritores, revestindo-se do carácter fortemente místico e de cruzada então inspirador do Czar (o ministro inglês Castlereagh chamaria à Santa Aliança «uma peça de sublime misticismo[140] e absurdo»), a Aliança Quadripartida, que acolheria a própria França três anos depois, era bem mais pragmática nos seus objectivos. Afinal, ao procurar impedir inicialmente eventuais tentativas de hegemonia francesa, desfazendo-se o que Richelieu no século anterior conseguira (uma Europa central fraca porque fragmentada), tratava-se agora de consolidar com prudência esse espaço, fortalecendo a Alemanha sem, todavia, a unificar, pela redução dos seus 355 Estados antes saídos dos Tratados de Vestefália para 30, ligados entre si na Confederação Germânica, presidida pela Áustria[141]. Com o Concerto da Europa

---

[139] L. Bély, *L'Art de la Paix*, *op. cit.*, p. 671.

[140] O tratado que a estabelece (Setembro de 1815) começa significativamente do seguinte modo: «Em nome da Santíssima e Indivisível Trindade».

[141] Do Congresso, Adam Zamoyski descreve alguns dos seus principais actores: «O Czar Alexandre da Rússia, convencido do apelo divino de salvar o mundo, sem notar que, aos olhos de todos os outros, consistia para ele uma ameaça; o consumado manipulador político Metternich, ultrapassando-se no modo como aliciava e manipulava a fim de moldar os acontecimentos à sua própria visão do mundo; o astucioso Talleyrand, conspirando, para

tomava também forma um diferente sistema de equilíbrio, de base hierárquica, assente no reconhecimento explícito de que o destino europeu ficava entregue nas mãos das cinco grandes potências da época (Império Austro-húngaro, França, Inglaterra, Prússia e Rússia), com a exclusão de países que, embora menores (Bavaria, Saxónia, Dinamarca, Suécia), ainda nos dois séculos precedentes haviam jogado papéis significativos no tabuleiro das relações internacionais[142]. Metternich, sempre nostálgico da ordem do século XVIII[143], e por isso francamente hostil aos ideais revolucionários e nacionalistas, procura apoiar o seu esforço diplomático de estabilização da nova ordem europeia dando-lhe como uma das suas traves-mestras a defesa dos direitos dinásticos colhidos na história. Paralelamente, a fim de garantir o equilíbrio entre os Estados que sabia precário, o chanceler austríaco tenta estabelecer no centro da Europa uma zona política e institucionalmente neutra, assente na Alemanha e no território italiano, que se possa opor às «duas potências devoradoras» — Rússia e França. Mas é a Inglaterra que, ao longo de um século marcado pela «*pax* britânica», assumirá uma clara preponderância face às outras potências rivais, assente nos resultados alcançados pela sua revolução industrial e bem assim na liberdade de manobra de que dispunha no domínio do mar, do comércio, das finanças e das suas importantes colónias[144].

Não é de facto consensual a apreciação do legado diplomático do Congresso, que seria complementado por nova reunião em 1818, em Aix-la-Chapelle, na qual se admitiu a França no Directório. Enquanto os seus

---

numa tentativa desesperada salvar das ruínas do Império de Napoleão alguma coisa para a França e para si próprio», *op. cit.*, XV. Portugal teve como principal negociador o Conde de Palmela, desamparado pela distância e divisões estratégicas de uma Corte a residir ainda no Brasil.

[142] M. S. Anderson, *op. cit.*, p. 186.

[143] Chateaubriand dá dele um retrato pouco lisonjeiro e tendencioso: «é um homem medíocre, sem fundo, sem visão, cujo talento consiste em memorizar tudo, a reduzir a nada o que tem a aparência de ser alguma coisa… procura seduzir quem dele se aproxime e não o conseguindo torna-se inimigo… As suas maneiras são, no entanto, bastante agradáveis», e termina com evidente veneno: «reteve os ares e as entoações do Senhor de Talleyrand.» J. P. Clément, *op. cit.*, p. 298.

[144] Entre 1760 e 1860, a Inglaterra vê aumentado de 1,9% para 19,9% a sua parte na produção mundial, conforme salienta Dario Battistella, em *Un Monde Unidimensionnel*, SciencesPo, 2011, p. 56.

apologistas, como Kissinger, insistem no valor do sistema de legitimação dele saído para o estabelecimento de um estável relacionamento internacional que terá favorecido a paz durante um século («Por um século a Europa não conheceu uma guerra generalizada»[145]), outros disputam esta asserção recordando que, embora não se tenha registado um conflito em grande escala como anteriormente, foram numerosos os enfrentamentos armados: logo na década após o Congresso, na Espanha, Itália e Grécia, envolvendo a França, Áustria, Rússia, Turquia e Inglaterra nos anos 1830, na Bélgica entre a França e a Holanda; em 1854, a Guerra da Crimeia, opondo a Inglaterra, França e Sardenha à Rússia; em 1870, a guerra entre a França e a Prússia, de que resultaria posteriormente a sangrenta repressão da Comuna de Paris; e ainda vários outros conflitos locais ao longo do século. Mas convirá assinalar que as grandes potências evitaram as frequentes lutas entre si que haviam caracterizado os dois séculos anteriores, deitando mão para isso do expediente de defender a estabilidade europeia através de compensações territoriais mútuas e de uma descarada política de equilíbrio assente no poder do Directório e nos seus egoísmos nacionais. Como diz Abba Eban: «Havia uma rede de interesses recíprocos para o desenvolvimento do comércio. Os actores efectivos do sistema internacional eram poucos, e a natureza compacta do continente europeu dava-lhes a possibilidade de rápidas e convenientes interacções. As noções europeias, tão geograficamente próximas, dificilmente desconheciam o que cada uma estava planeando ou conspirando (...) As afinidades entre estadistas e diplomatas transcendiam as fronteiras nacionais.»[146]

No entanto, ao contrário das expectativas populares criadas pelo Congresso, o sistema de legitimação que o inspirou, assente na preocupação da defesa dos regimes de raiz dinástica das grandes potências e num excessivo poder concedido a estas para intervirem nos outros países, iria revelar-se desadequado às novas realidades políticas europeias, designadamente ao não ter em conta a força das ideias liberais e bem assim do nacionalismo ateado pelas invasões napoleónicas, de que a Itália, a Alemanha e a Polónia

[145] Citado por A. Zamoyski, em *Rites of Peace*, p. 562.
[146] Abba Eban, *op. cit.*, p. 341.

iriam ser os exemplos mais evidentes. Ou, como diz um autor[147], os acordos de Viena «impunham uma ortodoxia que negava a existência política de muitas nações; cristalizavam uma rígida forma de governo monárquico; institucionalizavam hierarquias sociais tão inflexíveis como os que afinal haviam existido no *ancient régime*». Esta é a opinião generalizada dos especialistas que assinalam ter o Congresso procurado estabelecer uma ordem antecipadamente condenada por ignorar a vontade dos povos, pronta a manifestar-se em movimentos nacionais.

Na verdade, a realidade sociopolítica europeia depressa se imporia a um sistema que defendia a «Europa dos Príncipes»: não tardou, com efeito, que uma crise económica sacudisse o Continente em 1848 num eclodir revolucionário, «a Primavera dos Povos», alimentado por um intenso movimento intelectual, que conduziria a reacções repressivas, a mudanças de regime, à afirmação das nacionalidades (ficou célebre a afirmação de Mazzini em 1834: «a pátria é, antes de tudo, a consciência da pátria»), ou à queda de governantes, como Metternich, obrigado a deixar, na suprema humilhação de uma descomposta fuga, o seu posto de Chanceler. Começava a ruir a Europa absolutista de 1815, tornando-se mais precário o sistema de equilíbrio pensado em Viena perante um diferente panorama político agora composto por incontidas pulsões nacionalistas, por apetites coloniais, pela consolidação do Império britânico disposto a defender-se de hegemonias continentais, pela emergência da Prússia como potência unificadora da Alemanha e disposta a usar o seu poder económico e militar nas suas rivalidades com a imprudente França de Napoleão III, que não tardaria a ser humilhada em Sedan, em 1870 (oito anos antes, Bismarck, no seu primeiro discurso aos deputados, deixara já um sinal de força e arrogância infelizmente repetido no século XX: «não é por discursos e por votos por maioria que as grandes questões do nosso tempo serão resolvidas. Mas pelo ferro e pelo sangue»)[148].

Voltemos, porém, ao Congresso para pôr uma pergunta: terá sido nele tudo tão negativo? Raramente os grandes momentos das relações internacionais se prestam a dicotomias simplificadoras. E o Congresso de Viena,

---

147 A. Zamoyski, *op. cit.*, p. 569.

148 Citado em *Histoire de la Diplomatie Françoise*, p. 604.

apesar dos seus erros e do sobranceiro cinismo como nele se repartiram Estados, nações e «almas»[149], inauguraria uma nova idade para a negociação diplomática e para uma outra potencialidade de paz. A partir de Viena, alarga-se e consolida-se uma nova forma de relações entre Estados: ultrapassa-se a concertação bilateral para, no quadro de frequentes reuniões de soberanos ou plenipotenciários, dominadas é certo pelo Directório das grandes potências, se criarem mecanismos multilaterais de decisão; e estes reflectem já uma outra ideia da coexistência dos países europeus, mais bem percepcionada e favorecida pelo progresso técnico na área das comunicações, finalmente mais fáceis pela disseminação das vias férreas (revolucionando o transporte de pessoas, mercadorias e correio), dos barcos a vapor e do telégrafo (surgem as primeiras agências de notícias internacionais, verdadeiro instrumento de compressão do espaço: Havas, com sede em Paris, em 1835; Associated Press, em Nova Iorque, desde 1848; Reuter, em Londres, em 1851). Repetem-se — com diversos objectivos políticos e diplomáticos vertidos em vários Tratados que criam Estados, traçam outras fronteiras, e habituam os diplomatas a novos comportamentos — as Conferências internacionais, como a de Paris, a de Londres ou a de Berna; ou Congressos, como o de Aix-la-Chapelle; de Carlsbad; de Troppau; de Laibach; de Verona (em que se decide a intervenção francesa em Espanha para reprimir os liberais e reinstalar o rei Fernando VII); de Berlim, em que se partilha a África; ou, mais tarde, já no início do século XX, a Conferência de Paz de Haia, de 1899, de que sairia o estabelecimento do Tribunal Permanente de Arbitragem.

Em paralelo, a actividade diplomática, ao interpretar uma inédita interdependência nascida do desenvolvimento económico, assume um novo campo de cooperação permanente e de regulação no plano técnico: assim se criam, com os respectivos Secretariados, a Comissão Internacional do Reno (1815); a União Telegráfica Internacional (1865); a União Geral dos Correios (1878), mais tarde União Postal Universal.

O século XIX será também marcado pela unificação alemã (em benefício de uma Prússia hegemónica) e da Itália, por um substancial aumento de

[149] Nas negociações, um Comité de Estatística, em vez da dimensão dos territórios a partilhar, debruçou-se sobre o número de pessoas (*souls*) neles residentes.

novos Estados independentes, e pela consequente universalização das relações internacionais que agora englobam a América, a Ásia e África, mantendo, todavia, a Europa uma posição cimeira no quadro das iniciativas e da formatação das práticas diplomáticas. Novos Estados, como os que haviam obtido a sua independência no subcontinente latino-americano, antigas potências trazidas pela força para a órbita dos relacionamentos ocidentais, como a China e o Japão, depressa adoptaram o modelo diplomático europeu, assim levando a uma crescente expansão da rede de Embaixadas e Legações (em 1878, a China tinha já Enviados em Londres, Tóquio, Washington, S. Petersburgo, Berlim, Madrid e Paris; o Japão, recentemente aberto ao exterior, contava em 1873 com nove delegações no estrangeiro)[150]. Neste quadro de expansão, os EUA mantêm até tarde um lugar não correspondente ao seu poder: embora o State Department tenha sido constituído em 1789 sob a chefia de Thomas Jefferson (a sua história diz-nos que em 1820 era constituído apenas por quinze elementos), «não obstante os consideráveis sucessos dos seus representantes no estrangeiro em recrutarem aliados, negociarem acordos de comércio e garantirem a aquisição da Luisiana, a diplomacia era largamente olhada pelos americanos como sendo de pouca relevância para uma nação separada da Europa por três mil milhas de oceano»[151].

A democratização da vida política começava a reflectir-se igualmente, embora com lentidão, no recrutamento dos quadros e na organização dos serviços diplomáticos, iniciando-se com mais clareza a tendência da diplomacia de deixar de ser uma ocupação predominantemente aristocrática para assentar no mérito e nas qualificações profissionais. Este é um primeiro sinal significativo da próxima mudança de um velho e resistente paradigma que demoraria tempo a alterar-se[152]. Com efeito, como nos lembra Anderson, «as aristocracias que dominaram tanto a Europa ainda se olhavam de certo modo, mesmo em 1914, como parcelas de uma ordem social que transcendia as fronteiras nacionais (...) Um diplomata que passava

[150] Jeremy Black, *op. cit.*, Londres, p. 163.

[151] Keith Hamilton *et al.*, *op. cit.*, p. 114.

[152] Em 1862, a maioria dos Chefes de Missão franceses pertencem já à carreira diplomática (62 em 70), mantendo-se, todavia, dominante o elemento aristocrático. Em *Histoire de la Diplomatie Françoise*, p. 581.

a maior parte da sua vida de trabalho em capitais estrangeiras podia facilmente sentir-se peça de uma *Internacional Aristocrática* em que o sentimento nacional era pouco mais do que um vulgar preconceito plebeu»[153].

Assiste-se também ao estabelecimento das primeiras normas convencionais sobre a hierarquia dos respectivos agentes e das suas precedências, assim se resolvendo um problema melindroso que afectara durante séculos as relações entre Estados, agora regulado pelas regras resultantes do Regulamento do Congresso de Viena[154], embora muitos outros aspectos da acção diplomática continuassem regidos pelo costume e pela doutrina até à elaboração e posterior assinatura da Convenção de Viena sobre as Relações Diplomáticas de 1961.

Mas seria o fim da Primeira Grande Guerra que iria impor uma mudança radical da ordem anterior e alterar o contexto das relações internacionais e a própria prática da diplomacia: o papel da Europa na cena mundial reduz-se; modifica-se o anterior equilíbrio monárquico, com a mudança do desenho de regimes políticos e pelo estabelecimento de diversas repúblicas; reformula-se o mapa dos Estados europeus com a implosão dos Impérios Austro-húngaro e Otomano; consagram-se novos princípios políticos, nomeadamente o direito dos povos à auto-determinação que fará nascer novos Estados e, bem mais tarde, fomentar o movimento descolonizador; estruturam-se melhor os Estados e os seus serviços diplomáticos, abertos a outra formação profissional e a um diferente recrutamento.

O mundo evoluía rapidamente, já bastante longe das dificuldades de comunicação que durante séculos haviam isolado povos e dificultado relacionamentos. Porém, para Nicolson, não foi a modernização tecnológica que abriu a transição do velho e clássico método diplomático do Antigo Regime para o novo, o contemporâneo. A seu ver, mais determinantes terão sido as ideias do Presidente Wilson de, em 1919, aplicar à política externa métodos da política interna[155], inaugurando o que durante tempos se chamou diplomacia parlamentar com a Sociedade das Nações (SDN).

---

[153] M. S. Anderson, *op. cit.*, p. 121.

[154] Como recorda Calvet, já bastante antes (1760), o Marquês de Pombal, suscitando a oposição e o escárnio de algumas Cortes, determinara idênticas regras de precedência.

[155] Nicolson, *The Evolution of...*, p. 84.

Na busca de bodes expiatórios da Primeira Grande Guerra, o carácter secretivo da diplomacia clássica fora altamente criticado e o sistema diplomático apontado como responsável por não ter sabido evitar o conflito[156]. Começou a pedir-se um outro modo de fazer diplomacia, longe dos antigos secretismos e de arranjos para relação de forças, mais assente no escrutínio das opiniões nacionais. Wilson, com o seu apelo a tratados abertos, transparentemente negociados[157], dá voz a este momento e expectativas, defendendo o que alguns a partir daí designaram por nova diplomacia, configurada na então também chamada diplomacia por conferência[158] e numa instituição permanente que mobilizasse as nações na defesa do interesse internacional. Este seria um caminho oposto ao conceito de equilíbrio de Estados (*balance of power*) que até aí governara a Europa e favorecera, a seus olhos, o absolutismo, o militarismo, e os comportamentos antidemocráticos de vários governos.

Importa, porém, recordar que se tratava de um novo tempo diplomático, já anunciado pelo século anterior, ao surgirem as primeiras organizações de concertação intergovernamental, logo após o Congresso de Viena, a que o desenvolvimento do comércio mundial acrescentaria à inicial vertente política uma importante componente económico-financeira. E se a Sociedade das Nações (SDN) parecia configurar um actualizado Concerto das Nações, condizente com uma nova realidade e, portanto, de natureza global, não demorou a que a ausência de Estados como os EUA, a tardia admissão de alguns como a Alemanha e a Rússia soviética, e as posteriores deserções de outros como o Japão

---

[156] A este respeito, as maciças catástrofes decorrentes da Grande Guerra ocasionaram reacções emotivas e de violência extrema contra a diplomacia do tempo. Assim, um autor inglês escrevia em 1916 este libelo, bem ilustrador de um certo sentimento da época: «o que conhecemos hoje como diplomacia não é mais do que uma intencional fraude, uma burla contra a humanidade, e um traiçoeiro assassinato da moralidade e progresso da raça humana», citado por C. Jönsson e M. Hall, *op. cit.*, p. 2.

[157] Nicolson, que tomou parte na negociação, afirma, todavia, que «poucas negociações na História foram tão secretas», in *Diplomacy*, p. 83.

[158] Este novo método encontrou no início vozes cépticas autorizadas. O famoso Embaixador Paul Cambon, tributário de uma época em que a diplomacia bilateral se desenrolava no recolhimento confidencial dos gabinetes, acreditava que «uma conferência que inclua mais do que quatro ou cinco pessoas nada de valioso conseguirá» (Citado por *Sir* Ivor Roberts em colóquio na Chattam House, Londres, 2009).

e a Itália, demarcassem de forma redutora esta ambição de uma eficaz segurança colectiva.

Cedo, por isso, as anteriores expectativas de um mundo melhor, assente mais na cooperação entre os Estados do que no seu equilíbrio, se iriam mais uma vez desfazer perante os cataclismos resultantes de um novo conflito desencadeado pelas ambições hitlerianas e pela sua capacidade de banalizar e estender o mal até limites nunca antes conhecidos, como que a dar razão à profecia de um outro alemão[159]: «se olhares o abismo ele retribui-te o olhar». Com a vitória aliada, ganha entretanto corpo a ideia de uma mais efectiva disciplina de vocação universal para o fomento da paz e da cooperação internacionais, sem repetir os erros da negociação do Tratado de Versalhes que, ao humilhar a Alemanha, havia favorecido a emergência de um regime autor da impensável barbárie terminada em 1945. A comunidade internacional dota-se então de um conjunto consolidado de normas que, por intermédio de entendimentos colectivos, se alargam às mais diversas matérias e promovem a criação de estruturas permanentes e normativas de concertação e diálogo, de que o Sistema da ONU constituiria paradigma gerador de novos comportamentos diplomáticos, tendentes a harmonizar as relações internacionais pela via prioritária do multilateralismo. Compreende-se que o ambiente desse tempo, saído de uma guerra mortífera, fosse favorável a idealismos e ingenuidades diplomáticas. Mais uma vez, pugnava-se «por uma diplomacia aberta, *pública*, livre da atmosfera conspirativa do passado e abundante na produção de entendimentos. Ideologias divergentes e conflitos de interesses ainda existiam, mas seguramente seriam afastados pela visão dominadora de uma ordem universal»[160]. Mas, embora o choque das realidades não tardasse a impor novas tensões, lacunas, e desentendimentos, o método multilateral — com as suas debilidades e virtudes — não mais deixaria de assumir o lugar de decisiva importância que hoje ocupa na prática diplomática.

---

[159] Nietzche.

[160] Abba Eban, *op. cit.*, p. 5.

10. O Multilateralismo

> A construção de organizações internacionais agrupando a comunidade de Estados foi a utopia dos séculos precedentes. A busca de um novo multilateralismo englobando a comunidade dos homens poderia bem ser a utopia presente.
>
> MARIE-CLAUDE SMOUTS[161]

Mas, afinal, o que é o multilateralismo? Pode desde logo dizer-se que se trata de um método diplomático que corresponde à institucionalização progressiva da cooperação internacional, assente em formas colectivas de tomada de decisão, envolvendo representantes de três ou mais Estados, através de conferências, reuniões ou Organizações Internacionais.

A palavra é nova[162], pois só surge com insistência após a 2.ª Guerra Mundial, substituindo a anterior designação de «acção colectiva» ou «acção concertada», para entrar definitivamente no vocabulário diplomático com o desenvolvimento do chamado sistema das Nações Unidas, composto por diversas Organizações Internacionais que visam regular conflitos ou harmonizar os interesses dos Estados de forma pacífica, pela sua negociação num quadro intergovernamental. Segundo a definição do *Dicionário de Ciência Política e das Instituições Políticas*[163], o multilateralismo consiste «num sistema mundial de cooperação, no qual cada Estado procura promover as suas relações com todos os outros em vez de dar prioridade a acções unilaterais e bilaterais consideradas perigosas ou desestabilizadoras». E. W. Knight contextualiza[164]: «o vocábulo multilateralismo é geralmente usado para descrever relações entre várias entidades. Na literatura de relações internacionais, este termo é ligado à preferência por, ou à institucionalização de acções colectivas para resolver problemas, que surgem entre vários actores ou entidades, através de um processo de reuniões, negociação, elaboração de tratados e outras formas de interacção não violenta.» Também como o mesmo autor

---

[161] M. C. Smouts, *Les Organizations Internationales*, Armand Colin, Paris, 1997.

[162] Surge pela primeira vez nas reuniões de Bretton Woods, em 1944.

[163] *Dictionaire de la Science Politique et des Institutions Politiques*, Armand Colin, Paris, 2005, p. 174.

[164] W. A. Knight, *A Changing United Nations*, Palgrave Macmillan NY, 2001, p. 38.

correctamente salienta[165], o termo multilateralismo colhe o seu significado de condições históricas que têm a ver com a «forma de sistema mundial» e das «relações de poder prevalecentes na altura em que a expressão ganhou uso corrente...» e nessa «conjuntura histórica na qual os Estados foram considerados únicos actores relevantes no sistema internacional, o multilateralismo foi entendido como a institucionalização de arranjos cooperativos entre aqueles»[166]. Ou, como mais pragmaticamente escreve Moreau Defarges, «releva do multilateralismo todo o sistema associando vários Estados, ligados por obrigações iguais e mútuas, e por regras comuns»[167]. A isto, vários especialistas juntam uma dimensão normativa, assente na elaboração de obrigações, deveres e direitos, o que leva Knight a sublinhar que a evolução do conceito de multilateralismo não se compreende correctamente se não se assinalar o seu objectivo normativo universalista subjacente.

Ao tratar este tema, Marie-Claude Smouts assinala, por outro lado, que «o discurso sobre o multilateralismo é um discurso sobre o universalismo, a igualdade e unidade dos homens, sobre a indivisibilidade (do espaço e dos problemas) e sobre o futuro (princípios de ordem garantes de um mínimo de previsibilidade nas relações internacionais e ordenadores do futuro)»[168], o que seria assegurado pelas Organizações Internacionais. No pós-Guerra Fria, alguns ensaístas — na linha de Knight — chegam a falar de um «novo multilateralismo» para abranger os novos actores não estatais, que vêm ocupando um lugar cada vez mais significativo no quotidiano internacional; para tanto, associam-no com o conceito abrangente de «governança global»[169], o qual, ao olhar o papel crescente do indivíduo e dos sujeitos fora da esfera do Estado no quadro dos relacionamentos internacionais, pretende designar o conjunto de actores que neles participam tanto nos processos institucionais (formais ou informais), como nas relações de poder e nos modos públicos de gestão (governos, instituições internacionais, operadores de mercado, organizações não governamentais, Igrejas, empresas multinacionais).

---

165 *Ibidem*.
166 W. Andy Knight, *op. cit.*, 2000, p. 1.
167 *Politique Étrangère*, IFRI, Paris, 2003.
168 Marie-Claude Smouts, *Les Organizations Internationales*, Paris, p. 30, A. Collin, 1997.
169 Gilles Andréani, *Politique Étrangère*, IFRI, Paris, 2001.

Porém, se nos ativermos ao mais restrito plano do relacionamento diplomático, vemos que o multilateralismo é uma via diferente da dimensão bilateral, naturalmente antagónico de acções unilaterais, criado verticalmente pelos Estados para gerir os seus interesses contrastantes no seio da comunidade internacional, e encontrando a sua mais clara expressão nas numerosas Organizações ou nas iniciativas intergovernamentais que hoje procuram regular ou harmonizar colectivamente os mais diferentes domínios de actividades.

E se olharmos com atenção a forma como as Organizações Intergovernamentais prosseguem as suas tarefas e pelas quais o método multilateral em larga medida se manifesta, logo poderemos discernir a existência de alguns princípios-chave que as estruturam, a saber: o princípio da não discriminação (todos os Estados se obrigam a cumprir os deveres contraídos em comum no pacto constitutivo da Organização Internacional a que pertencem); o da indivisibilidade (cada Estado signatário se obriga a cumprir os acordos realizados em comum); o da igualdade de tratamento (todos possuem os mesmos direitos e deveres formais).

Também se observarmos mais de perto uma organização multilateral depressa verificamos que ela se funda num pacto prévio entre diversos Estados, estabelecendo regras, direitos, deveres e valores comuns (o que, em princípio, pelo seu princípio igualitário, beneficia os menos poderosos e, sobretudo, os mais pequenos Estados); que deve caracterizar-se por uma vocação inclusiva, acolhendo os Estados dispostos a cumprir as respectivas normas constitutivas; assentar no princípio da reciprocidade entre os seus membros; e, bem assim, estabelecer normas de regulação de conflitos que entre eles possam surgir.

Num diferente plano, o multilateralismo prosseguido pelas Organizações Internacionais pode mostrar diversas faces: num registo geográfico, elas poderão ser universais (ONU, UNESCO), regionais (UE, Conselho da Europa, OEA, União Africana, Liga Árabe, MERCOSUL), ou intercontinentais (NATO, OCDE); no domínio da organização, podem ser comunitárias ou integracionistas (UE), ou alianças militares (NATO); no quadro estrutural podem repartir-se entre Organismos Internacionais (FAO, PAM), Conferências Internacionais (sobre as alterações climáticas, como Quioto, Copenhaga, Cancun), Cimeiras (Conselhos Europeus, G-8,

G-20); no campo temático podem dizer respeito à saúde (OMS), ao desenvolvimento económico (FMI e BANCO MUNDIAL), ao desarmamento nuclear (AIEA), ao comércio (OMC), aos problemas ecológicos ou à cultura (UNESCO); bem como assumir a forma de reuniões formais ou informais: G-7, G-10 ou G-20, UE, ou Grupo dos 77 e WEOG (no seio do trabalho das Nações Unidas e suas Agências especializadas).

J. J. Roche[170] salienta o valor e a frequência com que o conceito de «agenda» (Agenda para a Paz; Agenda para o Desenvolvimento) é utilizado pela terminologia da ONU e se vem tornando familiar na descrição dos *media*. Aquele autor recorda que, muitas vezes acompanhadas por instrumentos de mobilização (ano da mulher, ano contra a fome, semana da Terra, dia dos prisioneiros políticos), elas apresentam-se como programas de acção embora não vinculativos. Apesar de alvo de críticas (princípios demasiado vagos; demasiada repetição, ilustradora da impotência das Organizações Internacionais; raízes nem sempre despidas de uma orientação ideológica), o seu mérito residiria na identificação de problemáticas que superam o quadro dos Estados e legitimam por isso como mais adequado o âmbito das Organizações Internacionais para o respectivo debate universal.

Por tudo isto, os autores coincidem em sublinhar que o multilateralismo consiste num método de cooperação internacional, de regulação e institucionalização da comunidade de Estados através da negociação, e que por ele se devem defender os valores universais que permitem a sua coexistência pacífica, nomeadamente os que estão plasmados na Carta das Nações Unidas e na Declaração dos Direitos do Homem. Só assim, perante um mundo sempre mais interdependente, o multilateralismo se poderá afirmar como caminho indispensável de desenvolvimento, via privilegiada e necessária para substituir a força pelo direito na resolução de conflitos e contenciosos, e garantir a paz entre as nações.

Sistema e relacionamento internacional de que a ONU é exemplo, tanto nos seus sucessos como em frequentes omissões, a sua evolução dependerá, todavia, do modo como os Estados, pela vontade política dos respectivos governos, giram através de adequadas reformas a adaptação

[170] J. J. Roche, *Relations Internationales*, Montechrestien, Paris, 2005, p. 198.

das Organizações Internacionais às novas realidades políticas e à inédita dimensão de tensões e crises, para com a ajuda daquelas procurarem conciliar os diversificados e tantas vezes antagónicos interesses dos seus membros.

Os últimos anos do século XX, e o início do presente século, se confirmam as virtudes insubstituíveis do método multilateral, também têm posto a nu alguns dos seus actuais limites, designadamente quando as grandes potências não abandonam os seus egoísmos nacionais[171] e praticam um multilateralismo *à la carte*, preferem a via unilateral, barram consensos, ou não assumem as suas responsabilidades perante as legítimas expectativas de populações perseguidas ou massacradas. Cite-se, quanto a este último aspecto, o difícil funcionamento do Tribunal Penal Internacional, passo relevante na promoção da moral nos relacionamentos da comunidade das nações, como exemplo claro de como o multilateralismo fica muitas vezes refém da vontade política dos Estados, pelo que, como diz Jean-Jacques Roche, «o seu poder de *dizer* é superior ao seu poder de *fazer*»[172]. Mas importa reafirmá-lo: os grandes desafios globais que hoje se colocam à Humanidade — na erradicação da pobreza, nos diversos problemas por que se declina a segurança, na protecção do ambiente e na gestão dos recursos naturais, no respeito dos direitos do Homem — tornam este método diplomático um instrumento indispensável para o progresso da sociedade internacional.

---

[171] Richard Pearl, um conhecido autor *neo-con* dos EUA, retratava bem este sentimento durante a administração Bush-filho ao escrever que as Nações Unidas se tornaram um «obstáculo à segurança nacional» americana, assinalando que «os Estados-membros da ONU bem sabem que os EUA — *in the end* — farão o que tiverem de fazer sem olhar ao que as NU dizem.» Citado em *Force and Statecraft*, p. 125.

[172] J. J. Roche, *op. cit.*, p. 175.

CAPÍTULO IV
TIPOLOGIA DIPLOMÁTICA

> Os básicos ingredientes (da diplomacia) são tão velhos como as montanhas, embora diferenças no seu *mix* resultem em diferentes tipos.
>
> SMITH SIMPSON[1]

A evolução da actividade diplomática tem levado, sobretudo a partir do século XIX, a algumas tentativas da doutrina para caracterizar as várias formas de praticar diplomacia. É uma tarefa que reflecte, muitas vezes, confusões conceptuais que não distinguem as políticas elaboradas em vários sectores do relacionamento externo dos Estados e a sua própria execução. Assim, como vimos no início, encontramos com frequência alusões à diplomacia do dólar, do euro, à diplomacia nuclear, e várias outras, quando afinal os comentadores que as empregam pretendem na generalidade referir-se às respectivas políticas e não já aos eventuais e posteriores contactos ou negociações que as executam e corporizam efectivamente a actividade diplomática.

Fala-se também frequentemente de diplomacia pessoal para qualificar as cimeiras que envolvem chefes de Estado e de governo, tanto no plano do relacionamento bilateral, como no domínio das reuniões multilaterais. Esta é uma prática que, antes de esmorecer na segunda metade do século XVI com a instalação das Embaixadas permanentes, atravessou várias épocas:

---

[1] *Essence of Diplomacy.*

os Príncipes encontravam-se com alguma regularidade, mesmo na Idade Média, em entrevistas pessoais assentes em encenações de pompa e de poder, relativamente fáceis de organizar, pois as «relações diplomáticas estavam largamente confinadas a Estados vizinhos»[2]. Durante a Idade Moderna foram caindo em desuso, para reemergirem no Congresso de Viena e mais claramente após a Grande Guerra (Wilson foi o primeiro Presidente americano a atravessar o Atlântico para vir negociar o Tratado de Versalhes), como, mais tarde, nas negociações entre os três grandes para reordenarem o mundo saído do segundo conflito mundial (pertencerá, aliás, a Churchill a palavra «Cimeira» ao apelar, em 1953, a um «supremo esforço para encurtar o fosso entre os dois mundos» num «*parley at the summit*»[3], retomando então o termo extensamente usado pela imprensa que seguia a batalha pela conquista do topo [*summit*] do Evereste)[4]. Mas foi no período da Guerra Fria que as cimeiras se tornaram um facto recorrente da acção diplomática, estabelecendo hábitos que as progressivas facilidades de comunicação foram até hoje multiplicando.

Um autor britânico caricatura com alguma justeza o circo mediático de uma cimeira da UE nos seguintes termos[5]: «os ministros passam quase tanto tempo diante das câmaras e microfones como na própria conferência. Usam a televisão e as entrevistas como se fossem emissões para garantirem ao eleitorado que todos os seus interesses estão a ser vigorosamente defendidos na arena internacional. A cimeira transforma-se num *show* televisivo, com todos os líderes conscientes da necessidade de cada um dos homólogos serem vistos nos ecrãs nacionais (...) Câmaras da TV concentram-se nos "almoços de trabalho" entre chefes de governo; outras esperam, nas escadas, por uma entrevista à saída (...) etc.»

Se Commynnes no século XVI já alertava para os riscos deste tipo de diplomacia, não são poucos os autores e diplomatas[6] que criticam o seu presente abuso e perigos. Kissinger, que testemunhou e inspirou várias importantes cimeiras, deixou escrito sobre a preparação da visita de Nixon

---

[2] G. Berridge, citando Queller, *op. cit.*, p. 168.

[3] Martin Gilbert, *Churchill, A Life*, Minerva, Londres, 1992, p. 889.

[4] David Reynolds, *Summits*, Basic Books, NY, 2007.

[5] John Dickie, *Inside the Foreign Office*, 1992, p. 313.

[6] Calvet, no seu livro *A diplomacia pura*, assume uma posição muito crítica.

à China: «Os Chefes de governo têm muitas coisas em jogo para serem os principais negociadores. Habitualmente estão demasiado ocupados para dominarem os diversificados detalhes de que depende uma bem-sucedida negociação. São demasiado egocêntricos para se submeterem de bom grado às inevitáveis pressões de uma demorada negociação. Se ocorre um bloqueio, não há a possibilidade de um recurso. As cimeiras são, além disso, demasiado breves para permitirem a análise meticulosa que garante a durabilidade de um acordo.»[7] Outros, como Dean Acheson, que foi respeitado Secretário de Estado norte-americano, sintetiza: «Quando um Chefe de Estado ou de Governo comete uma falta, a baliza por detrás dele está aberta.»[8] Ou ainda um ácido comentador que refere o perigo resultante das «ambiguidades das palmadas nas costas»[9]. Apesar de todas estas críticas serem fundadas, a experiência mostra todavia que esta é uma prática que está para ficar e tende a alargar-se até pelas vantagens que no plano doméstico os dirigentes poderão colher da sua exposição mediática internacional. Importa, todavia, ser justo e registar que dela resultam também, por vezes, importantes sucessos diplomáticos, podendo ainda permitir um quadro de confiança pessoal e favorecer uma conjugação ou dinamização de agendas bilaterais e multilaterais, sobretudo se na sua base estiver um adequado trabalho preliminar por profissionais competentes e a sua condução for feita com prudente bom senso. Um dos mais sentidos problemas residirá, todavia, de forma mais evidente na excessiva multiplicação das viagens dos ministros dos Negócios Estrangeiros. Relativamente ao caso britânico, que não difere substancialmente do que ocorre com os restantes homólogos europeus, o autor já antes citado, bom conhecedor da *Foreign Office*, põe o dedo na ferida ao referir a necessidade imperiosa de os dirigentes procurarem um equilíbrio nas suas agendas para «encontrarem *tempo para pensar*», porque se não o fizerem «o seu domínio da política externa corre o risco de se tornar uma mera síntese de impressões colhidas entre aeroportos»[10]. E Abba Eban, que foi responsável pela política externa de Israel, ao referir-se de modo crítico à crescente tendência da

---

[7] Kissinger, *White House Years*, Boston, Weidenfeld e Nicolson, 1979, p. 422.

[8] Citado por G. Berridge, *Diplomacy*, *op. cit.*, 2002, p. 171.

[9] G. Berridge, *ibidem*.

[10] John Dickie, *op. cit.*, p. 315.

substituição do antigo trabalho dos embaixadores pelos repetidos encontros entre ministros dos Negócios Estrangeiros e Primeiros-Ministros, fala de uma «constante monarquização do governo», do que resulta, cada ano, a subida do nível das negociações, com prejuízo dos níveis intermediários de mediação[11].

Ultimamente vem-se ainda falando — e escrevendo — sobre a «diplomacia das celebridades», um fenómeno trazido a lume pelas novas tecnologias da comunicação a partir do fim do século findo e agora alargado a personalidades mediáticas e às suas iniciativas pessoais. Trata-se da actividade de numerosas estrelas de cinema e de famosos cantores, embora nela não se exclua gente do mundo da finança internacional, como Gates e Soros, ou da realeza, como foi o caso da Princesa Diana, a favor de causas de carácter global, normalmente por gestos individuais ou colaborando com Organizações Internacionais (os chamados embaixadores da boa vontade da ONU, UNESCO, ou da FAO) ou ONG. Decerto que no mundo mediatizado de hoje poucos negam a vantagem, e até a generosidade, de muitas destas iniciativas, aliás cooptadas e respeitabilizadas por dirigentes de todos os quadrantes do espectro político. Mas, como se pode ler num livro que lhe é dedicado e aliás defende esta diplomacia das celebridades, ao citar uma opinião dissonante e céptica, não se vê como os famosos que a prosseguem poderão conseguir em poucos dias o que diplomatas e funcionários governamentais têm lutado durante anos. Porém, assinala com propriedade, «há uma coisa que essas celebridades podem fazer e que não está ao alcance dos profissionais: focar a atenção do mundo sobre os problemas e ajudar a construir um apoio público para o trabalho que aqueles estão realizando»[12]. Estamos assim perante uma ajuda — nem sempre desinteressada — a uma instituição, a diplomacia, com regras de actuação bem definidas e diferentes, e sobretudo assente num elemento indispensável que essas celebridades não possuem: a representação efectiva e credenciada dos Estados e Organizações Internacionais.

---

[11] Abba Eban, *op. cit.*, p. 361.

[12] Andrew F. Cooper, *Celebrity Diplomacy*, Paradigm Publishers, Boulder, Londres, 2008, p. 127.

Neste capítulo, da tipologia, a doutrina tem, entretanto, procurado distinguir diferentes modos da prática da diplomacia, muitas vezes ligados ao desenvolvimento das suas funções ao longo do tempo e até ao progresso tecnológico que as tem expandido. É nesta última acepção que será útil assinalar e descrever alguns dos tipos da actividade diplomática mais correntemente referidos pelos autores ou pelos *media*: diplomacia moderna; diplomacia *ad hoc*; diplomacia económica; diplomacia pública; diplomacia paralela; diplomacia preventiva; e diplomacia coerciva.

1. A diplomacia moderna

Para o Embaixador Calvet de Magalhães, na linha de muitos diplomatas, ao falarmos de diplomacia moderna ou nova contraposta à velha diplomacia, estamos a fazer uma distinção superficial, mais ligada ao estilo, aos meios, aos seus novos domínios de actividade, do que à essência da função. Esta doutrina está certa nas suas linhas básicas, mas importará reconhecer que a separação entre uma e outra forma de fazer diplomacia faz hoje parte da terminologia diplomática.

Os que defendem a sua utilidade consideram que a velha diplomacia, também referida como diplomacia clássica, herdeira da escola francesa desenvolvida por Richelieu e consolidada pelos Congressos de Vestefália e de Viena, tem como limite temporal o fim da primeira Grande Guerra. Entre os diversos aspectos que a caracterizaram mencionam habitualmente os seguintes: ser expressão de um tempo em que a Europa permanecia o centro dominante da política internacional; no Velho Continente, às grandes potências atribuíam-se uma concreta responsabilidade de ingerência pela preservação da paz, encontrando-se os países graduados segundo a sua importância militar, posição estratégica, capacidade económica, e a sua relação no sistema de equilíbrio de poder[13]; além disso, era manifesto, nomeadamente até ao início do século XX[14], o peso da aristocracia e das

[13] Nicolson, *The Evolution*..., p. 74.

[14] Na conservadora Corte de Viena sucessivas gerações da mesma família pertenciam ao seu corpo diplomático. Anderson, *op. cit.*, p. 120.

ligações familiares no recrutamento para o serviço diplomático, embora este começasse a elaborar as bases de uma crescente profissionalização[15]; o trabalho de negociação dos diplomatas assentava num processo confidencial subtraído à atenção das opiniões públicas e da imprensa; o Embaixador era o representante pessoal do seu soberano; a componente protocolar ocupava ainda um lugar de relevo na vida quotidiana e no quadro dos contactos com as autoridades do país em que os agentes se encontravam acreditados; o Corpo Diplomático permanecia relativamente reduzido, assim como era reduzido o número de países independentes.

Pelo contrário, a diplomacia moderna — tal como alguns a designam e hoje afinal se apresenta — é já tributária de uma comunidade internacional extensamente modificada na sua constituição pelo processo da independência de numerosos países (apenas 51 na assinatura da Carta das Nações Unidas, quase duas centenas agora); pela diversidade dos regimes políticos que a compõem e pela erosão do modelo vestefaliano a favor de opções de integração ou de partilha de soberania, como na UE; pela redistribuição do poder relativo dos Estados, de que é exemplo a emergência nos nossos dias de novas potências (os BRIC); pela multiplicação das Organizações Internacionais; pelos diferentes e diversificados problemas de segurança; pelas constantes, e até há pouco impensáveis, inovações tecnológicas no sector da informação e da comunicação que oferecem vastos recursos à prática diplomática, bem como pelos paralelos desafios quanto à respectiva organização e modos de actuar.

Tudo isso se projecta na forma presente de fazer diplomacia, desde logo alterada em resultado da heterogeneidade das matérias em que se vê envolvida; das diversidades culturais, pressões ideológicas ou religiosas a que deve fazer face; da particular relevância do método multilateral na regulação dos assuntos; da influência da força de uma opinião pública cada vez mais informada, mobilizável, e fortemente interventora; da emergência de novos actores internacionais não estatais, como as ONG,

---

[15] Nicolson, *op. cit.*, p. 75, salienta que, por impulso francês, os serviços diplomáticos nacionais seguiam idênticos modelos, apresentando os seus membros similares padrões de educação e experiência («desejando o mesmo tipo de mundo»), conhecendo-se por terem coincidido em várias missões, acreditando que serviam a paz, qualquer que fosse o seu governo, o que facilitava as negociações.

as multinacionais, ou algumas regiões, como entre outras o Quebeque, a Flandres, a Catalunha, que possuem delegações em vários países para defesa dos seus interesses; ou do constante escrutínio dos *media* e das redes de comunicação proporcionadas pela Net. Ao mesmo tempo, vem-se mudando extensamente a sua prática: pelo recrutamento democrático dos serviços diplomáticos, pelos constantes ajustamentos na sua formação, pelos novos meios ao seu alcance, bem como pela crescente presença nas Missões de pessoal de natureza técnica pertencente a vários Departamentos dos Estado; pela cada vez maior utilização de contactos pessoais ao nível de governantes: cimeiras, visitas oficiais, reuniões ministeriais regulares, *hot lines*, com a consequente perda de protagonismo dos Embaixadores; ou, como ocorre designadamente no seio da UE nesta era da *Web*, pelas ligações directas entre os próprios Serviços dos diversos Ministérios nas diferentes capitais, com evidente prejuízo para a tarefa coordenadora dos Ministérios dos Negócios Estrangeiros.

Se as diferenças são patentes, caberá, todavia, insistir não estarmos perante dois conceitos diferentes de diplomacia no que ela tem de essencial, mas sim face a dois momentos da actividade diplomática, em que, como se tem repetido ao longo do tempo, se alteraram métodos, estruturas, estilos, instrumentos, agentes e campos de acção sobre uma sólida base de comportamentos, tradições e doutrina. Ou, como adverte Smith Simpson, «não há necessidade de reinventar a diplomacia década a década, com uma sucessão de uma nova diplomacia atrás de outra (...) Se emerge uma diplomacia diferente daquela de um passado recente, será arriscado chamá-la "nova" ou "moderna", pois provavelmente constitui a reencarnação de um tipo anterior»[16]. Mais do que distinguir entre nova e velha diplomacia, poder-se-á, antes, perguntar: que futuro próximo para a instituição diplomática?

Avancemos uma primeira constatação: a presente realidade da sociedade internacional não só desenha uma nova distribuição de poder na comunidade das nações, como implica uma inédita interdependência entre os Estados, e a urgente necessidade de dar resposta aos numerosos problemas que dela derivam através de adequados ajustamentos do

---

[16] S. Simpson, *Education in Diplomacy*, University Press of America, 1987, p. 5.

instrumento diplomático, designadamente pela via de uma mais efectiva diplomacia multilateral[17]. Compreende-se, aliás, que os autores, ao abordarem este tema, procurem fixar melhor o conceito de interdependência no sistema mundial: assim, salientam ser ela favorecida pela existência de vários centros de poder, bem como pelo protagonismo dos novos actores internacionais, devendo ser compreendida como os acontecimentos que ocorrem numa parte do mundo, mas afectam, pela simples percepção ou fisicamente, o que sucede em cada um dos outros componentes da comunidade em que se encontram inseridos; ou, como sintetiza Norbert Elias, a actual interdependência pode ser representada graficamente pela imagem de uma rede[18], o que as presentes ferramentas proporcionadas pela Net vieram confirmar.

De novo, o desenvolvimento da diplomacia no futuro próximo vai reflectir também, como já antes ocorreu, a diferente conjuntura que a envolve e sobre a qual deverá actuar. Desde logo, como atrás se notou, o crescente e variado número de novos actores que hoje participam na vida internacional constitui uma característica específica do nosso tempo político, originando modos menos convencionais de diplomacia e uma outra maneira de comunicar. Isto produz uma desfocagem na distinção do que é actividade diplomática e quais são os seus verdadeiros agentes, tanto mais que o rápido alargamento das matérias e a amplitude das questões internacionais conduziram os diplomatas a tratarem de assuntos técnicos e obrigaram os governos à contratação de peritos para colaborarem na negociação diplomática, o que leva alguns autores a qualificar o trabalho destes novos agentes de «para diplomacia». Por seu turno, o futuro do Estado soberano e a nova dimensão da soberania em realidades supra-nacionais, como a União Europeia, longe já do modelo vestefaliano, constituem outras novas questões para a prática da diplomacia contemporânea como instrumento do Estado. Porém, um dos mais significativos factores que se vem projectando na sua evolução reside

---

[17] Como o seu nome indica, a diplomacia bilateral processa-se entre representantes de dois Estados, devidamente acreditados, enquanto a multilateral congrega representantes de vários Estados, quer no seio de Organizações Internacionais, de natureza universal ou regional, quer no caso de Conferências diplomáticas, para tratarem de assuntos de interesse comum.

[18] J. J. Roche, *op. cit.*, p. 173.

no rápido progresso tecnológico nos domínios da comunicação e dos transportes e na forma como está a favorecer e a moldar o mundo globalizado. Se compararmos os nossos dias com os tempos antigos, em que os diplomatas agiam sem instruções ou, na falta delas se defendiam por uma imobilidade prudente, agora a sua tarefa parece bem mais circunscrita, apertada pela instantaneidade das comunicações com as suas capitais, ou diminuída pela constante diplomacia pessoal dos respectivos dirigentes governamentais. Mas estará assim reduzido o papel dos diplomatas com a evidente perda do seu antigo protagonismo? E ainda: terá o desenvolvimento das tecnologias de informação diminuído uma das mais importantes funções do diplomata — transmitir informação e conselho sobre o país onde está colocado, ou, pelo contrário, tê-lo-á colocado mais próximo dos centros decisores? Ou, num outro plano, como utilizar os *media* nas tarefas diplomáticas de intermediação, negociação e promoção? Estará em risco de sobrevivência, como alguns pretendem, a diplomacia tal como a conhecemos, herdeira dos Embaixadores residentes renascentistas?

A estas interrogações, a generalidade dos autores prefere antes sublinhar a sua comprovada capacidade de adaptação a novas circunstâncias, diferentes desafios, ou realidades políticas. Sendo certo que o mundo de dinâmica mudança dos nossos dias exige uma formação profissional em constante ajustamento, a experiência vem revelando o equívoco de muitos dos derrotismos. A este respeito, um especialista, Allan James, não tem dúvidas em afirmar que a diplomacia contemporânea mostra todos os sinais de «adaptação vigorosa às novas condições e participantes»[19]. Em sentido idêntico, outros, embora registem a diminuição de protagonismo dos Embaixadores e das Embaixadas, designadamente pela multiplicação de novos actores internacionais e pelos actuais meios tecnológicos que facilitam e favorecem o hábito das comunicações directas entre os governantes dos vários países, chamam a atenção para um outro facto: a nova tecnologia acaba também por aproximar os diplomatas em posto dos seus Serviços centrais e assim abrir-lhes potencialidades inéditas para acompanhar e influenciar a elaboração das decisões, tanto no plano bilateral, como no domínio multilateral.

---

[19] C. Jönsson, *op. cit.*, p. 2.

Com efeito, mau grado certas profecias pessimistas quanto ao futuro da diplomacia nos moldes cristalizados pela Convenção de Viena de 1961, a observação quotidiana da comunicação social parece dar razão aos que continuam a olhar os seus processos como método indispensável para um adequado relacionamento entre os Estados, pois tem-se tornado notório o crescente recurso ao trabalho diplomático, quase sempre discreto, para conciliar interesses, atenuar erros de estratégia política, ou para procurar resolver as tensões ou conflitos que deles tantas vezes decorrem.

2. A diplomacia *ad hoc*

Esta é a forma mais antiga de diplomacia, pois, como tivemos ocasião de ver, encontramo-la desde os seus primeiros tempos, designadamente em Amarna, na Babilónia, na Índia, na China ou na Grécia Antiga. Caracteriza-se, tal como então, pela sua natureza temporal — estritamente transitória e não permanente — e pela sua finalidade: tratar de um ou mais assuntos concretos, podendo hoje ter lugar no quadro bilateral, e nele ser conduzida por delegações especiais para negociação de acordos ou para missões protocolares, designadamente tomadas de posse de Chefes de Estado, funerais, matrimónios reais; ou no plano multilateral, quer através de missões especialmente nomeadas para se ocuparem em Conferências diplomáticas dos assuntos da respectiva convocatória, quer para negociações específicas nas Organizações Internacionais.

Se antes da criação das Embaixadas permanentes este tipo de actividade diplomática constituía a principal maneira de Casas Reinantes e outras entidades comunicarem entre si, mesmo depois do advento da nova diplomacia inventada pelas Cidades-estado italianas, e bem para lá do Congresso de Viena de 1815, continuaram a ser utilizados Enviados *ad hoc*, geralmente designados Embaixadores Extraordinários, a quem cabiam tarefas especiais de representação ou de negociação. Actualmente, a diplomacia *ad hoc* é realizada por missões especiais reguladas pela Convenção de Viena sobre Missões Especiais, de 1969[20], que as define como missões temporárias,

[20] Entrada em vigor em 21 de Junho de 1985, não foi assinada pela maior parte dos Estados europeus, incluindo Portugal, que têm preferido aplicar, no caso de Conferências

representando o Estado que as envia para um outro Estado, com o prévio consentimento deste e com a finalidade de tratar questões específicas ou efectuar determinada tarefa. Em relação a missões no âmbito multilateral, a mesma Convenção refere que «dois ou mais Estados podem enviar uma missão especial ao mesmo tempo para outro para tratar conjuntamente uma questão de interesse comum a todos».

Entende-se assim que as missões diplomáticas *ad hoc* representam o seu Estado junto do país para que forem acreditadas unicamente quanto ao assunto ou questões a serem nele tratadas e previamente acordadas; do mesmo modo, no plano multilateral, não o podem representar em Conferências ou Organizações Internacionais distintas daquelas para que foram designadas.

3. A diplomacia económica

A promoção e o desenvolvimento das relações económicas representam uma das funções da Missão Diplomática, tal como estas se encontram descritas no artigo 3.º da Convenção de Viena de 1961. Entende-se que tenha sido assim, pois a defesa dos interesses económicos, sobretudo na sua vertente comercial, sempre influenciou, embora de modo irregular, as relações entre os povos e, com a consolidação do Estado moderno e o desenvolvimento das trocas internacionais, foi adquirindo uma crescente importância na actividade dos seus agentes diplomáticos. Perante a rápida expansão da economia mundial, as Missões viram ampliadas as suas responsabilidades e tarefas: a par do clássico trabalho de se ocuparem de aspectos de segurança e de informação política, abriu-se um extenso e cada vez mais exigente campo de actividade, marcado pelo acompanhamento das relações económicas bilaterais ou multilaterais, bem como pela constante avaliação dos melhores caminhos para promover, na sua área geográfica de acreditação, as estratégias comerciais dos respectivos países.

Internacionais, a Convenção de Viena de 1975 sobre a representação de Estados nas relações com as Organizações Internacionais de carácter universal.

Mas o tema «diplomacia económica» vem encontrando nos nossos dias uma diferente prioridade por parte dos Governos, resultante em larga medida dos efeitos e desafios decorrentes do fenómeno multifacetado da globalização. E, embora este faça hoje parte das nossas experiências quotidianas, são várias as definições que o tentam caracterizar e que reflectem afinal os ângulos por que é olhado. Socorramo-nos, primeiro, por ser mais abrangente, da descrição que dele oferece o Prémio Nobel J. Stiglitz: «uma crescente integração de países e povos do mundo, provocada pela enorme redução dos custos de transporte e das comunicações, e pelo derrube de barreiras artificiais, facilitando a circulação através das fronteiras de bens, serviços, capitais, conhecimentos e — em menor grau — de pessoas»[21]. Para H. Vedrine, no mesmo sentido, e numa síntese feliz, a globalização consiste «na compressão do espaço e do tempo», querendo com isto significar que, com ela, se anulam antigas distâncias e se possibilita a instantaneidade nos contactos, conforme a Internet bem revela. Olhada numa perspectiva mais económico-financeira, tem-se também sublinhado que se trata de um processo de progressiva integração da economia mundial, favorecido pela liberalização das trocas comerciais, da desregulamentação dos mercados e da crescente internacionalização das empresas, assente numa inédita sociedade do conhecimento resultante dos avanços tecnológicos no sector das comunicações.

Por outro lado, paralelamente à expansão comercial e financeira impulsionada pela globalização — e pelo desenvolvimento tecnológico que a tornou possível — um outro fenómeno vem assumindo dimensões preocupantes: depressa a criminalidade internacional organizada compreendeu as inéditas oportunidades que a amplitude deste novo sistema de relacionamentos e contactos, subtraídos aos antigos controlos dos Estados, lhes proporcionava, tanto na ajuda a movimentos terroristas e à criminalidade internacional, ou no domínio do branqueamento de capitais.

De tudo o que atrás se disse, decorre a emergência de uma mais activa responsabilidade diplomática que ajude, tanto no plano bilateral, como sobretudo no campo multilateral, a defrontar os diversificados problemas globais e políticos que este processo coloca à comunidade internacional.

---

[21] Joseph Stiglitz, *Globalization and its discontents*, Allen Lane, Londres, 2002, p. 9.

Ou, por outras palavras, como referem dois estudiosos deste tema, «os governos, as empresas multinacionais, e as ONG internacionais têm necessidade de serem assistidos por uma diplomacia construtiva, a fim de fazerem face às complexidades e incertezas do mundo globalizado de hoje, assim evitando que uma série de conflitos potenciais sobre políticas resultem em violência e caos»[22]. Até porque a globalização, ao traçar a geometria variável e as distintas velocidades dos mundos que ela desenha, cria desigualdades e sociedades que dela ficam arredadas e na «marginalidade»[23].

A doutrina costuma distinguir a diplomacia económica, no seu sentido estrito, da diplomacia comercial, que com aquela costuma ser confundida. A primeira — diplomacia económica — tem a ver com o trabalho das Missões e Delegações nacionais em Organismos Internacionais, como a OCDE, a OMC, o FMI, o Banco Mundial, no exame ou negociação de questões de política económico-financeira internacional, bem como a acção de informação das Embaixadas bilaterais sobre a economia dos países onde se encontram acreditadas. Já a diplomacia comercial diz respeito a acções das Missões Diplomáticas e dos Postos Consulares para apoio das empresas do seu país no estrangeiro, designadamente na promoção de exportações, ou na captação de investimentos directos estrangeiros para auxiliar o desenvolvimento das economias nacionais. Se, por rigor, se deve fazer esta distinção, cabe, todavia, salientar que se continua a aludir à diplomacia económica, sobretudo nos *media*, mas igualmente nos meios oficiais, na sua acepção lata, ligada à defesa bilateral dos interesses comerciais de um país. Será este o sentido que agora iremos examinar.

Pelo que já ficou dito, compreende-se que a promoção das relações económicas constitui hoje uma quotidiana actividade da Missão diplomática. E se é certo que, relativamente à União Europeia, a política comercial comum releva, como o seu nome indica, de competência própria, designadamente para a conclusão de acordos comerciais com terceiros países, contudo os Estados-membros detêm ainda vários domínios de competência em matéria económica e, naturalmente, neles avulta a promoção comercial e de apoio às

---

22 Sanner e Yuu, *Clingendael, Discussion Papers in Diplomacy*, http://www.clingendael.nl, 2001.

23 Eduardo Lourenço, *O Esplendor do Caos*, Gradiva, 1998, p. 62.

empresas nacionais. Para tanto, as Missões diplomáticas prosseguem tarefas de recolha de informação e prospecção de mercados, organização de iniciativas de divulgação de bens e serviços do seu país, detecção de impedimentos à exportação nacional, acções para captação de investimento, recolha de dados sobre legislação económica local, dinamização de relacionamentos entre as Confederações empresariais e Câmaras de Comércio bilaterais ou regionais, atracção de turismo, organização de *lobbies* para melhoria das relações económicas, apoio a acções de penetração local de operadores nacionais ou de estabelecimento de relações com os seus congéneres estrangeiros, avaliação política de riscos de investimento, identificação de principais linhas de concorrência estrangeira ou de potenciais parceiros económicos.

Deste trabalho, que obviamente não se esgota nas tarefas atrás indicadas, decorre a necessidade de as principais Missões possuírem serviços especializados, dirigidos por técnicos (adidos ou conselheiros económicos, comerciais, agrícolas), os quais — sob a orientação do Embaixador — asseguram contactos, recolhem informações e prestam apoio a delegações comerciais públicas ou privadas que se desloquem ao país da acreditação. Todavia, a eficácia destas tarefas dependerá da fluidez, da boa articulação através do Ministério dos Negócios Estrangeiros com outros Departamentos de Estado competentes, e de uma confiante colaboração com os meios empresariais nacionais nos vários sectores por que estes se decompõem (comércio, indústria, finanças, agricultura, turismo). Por fim, se não cabe dúvida de que a diplomacia económica constitui um indispensável instrumento para a execução da estratégia económica externa de um país e para a internacionalização das respectivas empresas, ela não poderá naturalmente colmatar as insuficiências das políticas ou das fragilidades das redes produtivas ou distribuidoras nacionais, ou ser delas — como por vezes ocorre — cómodo bode expiatório.

4. A diplomacia pública

Diplomacia pública é uma expressão relativamente recente, tendo sido utilizada no início por alguns autores e na crónica jornalística para designar a actividade diplomática prosseguida nas reuniões públicas da ONU e das Conferências Internacionais. Mas cedo, com a crescente teorização da diplomacia pelos meios académicos dos EUA, na Universidade de Tuft[24], em 1965, a diplomacia pública passou a ser estudada e entendida sobretudo como as diversas actividades promovidas pelos governos para influenciar positivamente as opiniões públicas e as organizações estrangeiras relativamente à imagem ou às políticas dos seus países[25].

Dito assim poder-se-á questionar desde logo o que este novo trabalho difere das antigas práticas que sempre ocupavam os diplomatas na promoção das suas pátrias[26] e que a própria Convenção de Viena integra nas funções das Embaixadas, justamente com o nome de promoção. A este respeito valerá a pena citar um autor que se tem dedicado a este tema, Jan Melissen, quando lembra não ser a comunicação oficial dirigida a públicos estrangeiros um fenómeno novo nas relações internacionais, e ao assinalar que «a promoção da imagem, propaganda e actividades hoje englobadas no rótulo de diplomacia pública são quase tão antigas como a diplomacia»[27]. Mas, defendendo a sua crescente importância no trabalho diplomático, Melissen sublinha estarmos perante uma clara manifestação do indispensável ajustamento da diplomacia a um tempo em que se transformaram as relações entre os Estados e mudou decisivamente o próprio tecido composto pelos actores transnacionais.

Com efeito, não só se vem extensamente alterando o quadro do relacionamento da comunidade internacional, em participantes, problemas e prioridades, como a revolução tecnológica e a globalização que dela decorre obrigam os responsáveis políticos a utilizarem novas ferramentas para captarem apoios para as suas opções externas ou para explicarem situações domésticas; para reforçarem representações positivas ou corrigirem imagens dos respectivos países, nomeadamente no plano económico;

---

[24] Foi Edmund Gullion, antigo Embaixador, quando Reitor da Escola de Direito e Diplomacia da Universidade de Tuft, quem criou a palavra, que aparece já nos anos 1970 nos programas do governo dos EUA para as suas agências de Informação. Presentemente, várias universidades americanas possuem licenciaturas de Diplomacia Pública.

[25] Segundo Javier Noya, um dos seus teorizadores, J. Mannheim, indicava já, em meados dos anos 1990, 160 governos empenhados em realizar acções de diplomacia pública nos EUA.

[26] Sem recuarmos muito no tempo, recorde-se a preocupação, durante a Guerra Fria, das duas grandes potências em procurarem chegar aos respectivos públicos, designadamente por intermédio de programas de rádio, para ganharem as suas «minds and hearts».

[27] Jan Melissen, *The New Public Diplomacy*, Palgrave, NY, 2007, p. 3.

e bem assim para responderem rápida e adequadamente a uma opinião pública cada vez mais transnacional, informada e influente. Já em 1808, Metternich, com o horror de quem via a emergência de um mundo novo, assinalava com lucidez que «a opinião pública é uma das armas mais potentes que, tal como a religião, penetra nos recantos mais escondidos», por isso avisava: «a posteridade dificilmente acreditará que considerávamos o silêncio como uma arma eficaz neste século de palavras»[28]. Não se estranhará assim que, hoje, Organizações Internacionais como a própria NATO, possuam um Departamento de Diplomacia Pública, o qual, segundo a sua própria informação, «cobre todas as actividades que contribuem para promover a imagem da Aliança numa variedade de audiências, estabelecendo redes de relações com círculos políticos, diplomáticos, administrativos e académicos, a fim de criar relações cooperativas»; ou que a União Europeia não descure igualmente esta actividade para se explicar, embora muitas vezes com duvidosa eficácia, se tivermos em conta o afastamento dos seus cidadãos, tanto acerca da sua organização, como sobre as diversas políticas que prossegue. Tão-pouco se contestará inteiramente as conclusões de um relatório de inspecção do Ministério dos Negócios Estrangeiros alemão[29] sobre o papel das missões diplomáticas dos países pertencentes à UE nas capitais dos outros Estados-membros, ao referir que «a diplomacia pública é olhada como a principal prioridade no quadro do inteiro espectro das questões».

Importará, desde logo, separá-la das velhas e desacreditadas formas de propaganda, embora alguns a vejam como sua manifestação actual[30], invocando para isso raízes históricas e características comuns; Melissen, porém, ao registar este debate, aponta correctamente para uma fundamental diferença: *o modelo de comunicação*. Isto é, ao contrário da propaganda sempre organizada num só sentido, a diplomacia pública baseia-se na «persuasão pelo diálogo»[31], num pluralismo caracterizado pela disponibilidade de ouvir o público-alvo da mensagem que se deseja transmitir, mesmo

---

[28] Citado por Kissinger, *A Restauração de um mundo*, *op. cit.*, p. 31.

[29] Relatório do Embaixador K. Pashke, 2002, Auswartiges Amt, Berlim.

[30] Como Richard Holbrook: «call it public diplomacy, call it public affairs; if you really want to be blunt, propaganda». Washington Post, 28 Outubro 2001.

[31] J. Melissen, *op. cit.*, p. 22.

se naturalmente a finalidade do exercício repouse na defesa de interesses nacionais ou nos da Organização Internacional que o promove.

Não surpreenderá que pela novidade do termo, pela diversidade de iniciativas, e pelo ainda inacabado processo de conceptualização, sejam várias as definições de diplomacia pública, opondo abordagens restritivas a outras mais abrangentes[32]. Na generalidade, todavia, este tipo de diplomacia surge caracterizado como um instrumento dirigido a certos sectores de opinião para apoio à política externa e aos interesses de um Estado ou da Organização Internacional que dela se servem; a este respeito, o general Wesley Clark, ao escrever sobre a campanha da NATO no Kosovo, sublinhava que «o peso da opinião pública estava fazendo o que o sistema de defesa anti-aérea não tinha conseguido: limitar os nossos ataques»[33].

É no entanto no plano bilateral que ela se tem desenvolvido de forma crescente; e, para tanto, sendo a diplomacia um instrumento de *persuasão* com o objectivo de obter das autoridades em que uma Missão se encontra acreditada posições ou apoios favoráveis ao país representado, a diplomacia pública procura conseguir esse objectivo indirectamente, através dos canais não oficiais, em geral pela diversificada via dos *media*, ou mediante acções de cunho informativo visando audiências seleccionadas, ou ainda através de iniciativas assentes frequentemente em aspectos culturais ou económicos. Isto a distinguirá, afinal, da prática diplomática clássica, por esta ser conduzida ao nível oficial, mediante ritos e comportamentos assentes na tradição e em precisas regras convencionais.

Jan Melissen[34] salienta ser da essência da diplomacia pública influenciar atitudes e opiniões de públicos estrangeiros, «ganhando-os para o nosso lado», numa «instrumentalização do *soft-power*», o qual, como J. Nye ensina, configura a atracção ou a sedução exercida pela cultura, ideais políticos e políticas de um país, em oposição ao *hard-power*, esse relacionado com o tamanho e o seu poderio económico e militar; no mesmo sentido, Mannheim define-a como «as acções do governo de uma nação para influenciar a opinião pública e as elites de outra nação, com o propósito da

---

[32] Javier Noya, do Real Instituto Elcano, distingue já entre velha e nova diplomacia pública (documento de trabalho 11–2006).

[33] Wesley Clark, citado in *Force and Statecraft*, p. 272.

[34] *Clingendael Diplomatic Papers*, 2005.

política externa desta lhe ser favorável»[35]; outros autores vão mais longe, ao escreverem que diplomacia pública «compreende basicamente tudo o que uma nação faz para se explicar ao mundo»[36], o que abrangeria as actividades de diversos actores e organizações não estatais com influência na transmissão de mensagens a audiências públicas estrangeiras; outros ainda, sobretudo nos EUA, não excluem que ela possa incluir e servir uma estratégia de mudança de regimes políticos; enfim, ainda outros, ao relevarem que este tipo de diplomacia impõe naturalmente uma estreita colaboração entre as autoridades nacionais e diversas personalidades e organizações que a possam executar, entendem todavia que caberá restringir o seu conceito, apenas considerando por ele abrangidas as iniciativas governamentais, desejavelmente sugeridas ou coordenadas ao nível diplomático pelas respectivas Missões.

Mais recentemente tem-se dado relevo a uma forma menos tradicional de fazer diplomacia pública, ao aplicar à promoção da imagem de países certas técnicas de *marketing* utilizadas nos meios empresariais, a que a teoria anglo-saxónica dá o nome de *nation branding*. Trata-se de um domínio que vem engrossando os proveitos de firmas de consultadoria especializadas, as quais respondem às solicitações de governos para o lançamento de campanhas no sentido de atrair investimentos, alargar canais de comércio, ou mesmo melhorar a sua influência em termos geoestratégicos. Um dos primeiros teorizadores e executantes deste método, Simon Anholt, em entrevista ao Council of Foreign Relations[37], sublinhava sete campos de acção prioritária para iniciativas de *nation branding*: turismo, exportações, governação, povo, cultura, investimento e imigração. Um outro perito na matéria, o holandês P. van Ham, num artigo na *Foreign Affairs*, insistia na preocupação dos governos em garantirem vantagens competitivas para o seu sector de exportação ao procurarem consolidar imagens preconcebidas

---

[35] Mannheim, *Strategic Public Diplomacy & American Foreign Policy*, Oxford University Press, NY, 1994, p. 7. Ou, como escrevem Fiske e Plumridge (citados por J. Noya), «a forma como um país é visto pelo público estrangeiro tem efeitos sobre a sua capacidade de actuação diplomática e militar».

[36] Jozef Batera, *Public Diplomacy in Small and Medium-Sizes States*, in https://www.clingendael.nI, 2005.

[37] CFR, Novembro 2007.

sobre o respectivo país, dando exemplos que deixam a descoberto a natureza empresarial deste método: «os lenços Hermès e o vinho Beaujolais novo evocam a arte de viver francesa; BMW e Mercedes certificam a eficiência e credibilidade germânica», acrescentando que «Microsoft e McDonalds estão entre os mais visíveis diplomatas americanos, enquanto que Nokia é o embaixador finlandês no mundo». Parece óbvio que *nation branding* é fruto de um tempo de severa competição e de amplos recursos técnicos para a transmissão de mensagens e ideias; mas, sem pôr em dúvida o eventual sucesso de muitas destas campanhas[38], sobretudo nos sectores económicos e culturais, não são poucos os especialistas que, no campo da imagem política, tendem a aproximar as técnicas de *nation branding* de velhas formas de propaganda, agora enroupada de adereços tecnológicos, mas quase sempre deficitárias em termos de uma efectiva credibilidade.

Se estas diferentes abordagens da diplomacia pública procuram afinal englobar e conceptualizar práticas muito diversificadas nos meios e nas finalidades, afigura-se, todavia, mais adequada ao seu nome de diplomacia — afinal um instrumento para a cooperação entre governos — reter uma definição de carácter restritivo que a faça depender de decisões e iniciativas de raiz governamental, ligadas às políticas externas de um país e às Missões diplomáticas que as promovem ou sugerem. Com isto não se pretende negar a importância e a utilidade de outras actividades independentes (de Organizações Não Governamentais, de empresas transnacionais, ou até mesmo de cidadãos a título privado, e, por isso, menos constrangidos na difusão de pontos de vista) para a defesa e promoção da imagem de um país, mas apenas entender este tipo de diplomacia de forma mais consentânea com a respectiva natureza da instituição diplomática, separando-o dos diferentes universos da propaganda e do *marketing* internacional.

Mas mais do que apurar um conceito ainda em plena evolução, será porventura preferível assinalar alguns aspectos que acompanham a prática da diplomacia pública. Desde logo, a diferença entre aquela que é levada a cabo pelas grandes potências e a prosseguida pelos pequenos e

---

[38] Poderão citar-se dois exemplos contraditórios: a bem-sucedida campanha «marca Espanha» e o pouco sucesso da iniciativa «Cool Britania».

médios países: não se trata aqui somente da dimensão ou qualidade de recursos disponibilizados, mas sobretudo dos objectivos a cumprir, a saber, enquanto as primeiras se preocupam prioritariamente em transmitir uma mensagem de legitimação ou de explicação das suas políticas (como ocorreu com a invasão do Iraque), já os segundos procuram — no que começa a ser corrente designar, numa aproximação à linguagem económica, como diplomacia de nicho (*cluster*) — obter uma melhor visibilidade internacional (assinalar que também existem) ou atenuar certos défices da sua imagem. Um outro plano merece menção: a diplomacia pública, para ser eficaz e credível, até pela crescente democratização da sociedade internacional e pelo seu acesso a uma fácil e extensa informação, requer diálogo e debate contraditório com as audiências a que se destina[39], o que a distingue da propaganda tradicional, orientada num só e amplo sentido, eventualmente útil na captação de clientela turística, mas cada vez menos significativa e até contraproducente no domínio político.

A este propósito, importará recordar mais uma vez que esta característica, fundada num diálogo com públicos escolhidos da sociedade civil, torna-a distinta das técnicas da diplomacia convencional, obrigatoriamente exercida de governo a governo num quadro de confidencialidade ou de reservada comunicação. Com efeito, cabe à diplomacia pública, como diz Leonard[40], «construir relações; compreender as necessidades de outros países, culturas e gentes; comunicar os nossos pontos de vista; procurar *áreas* em que se possam encontrar causas comuns», para que os respectivos governos possam ser positivamente influenciados. Ou, ainda segundo o mesmo autor, os diplomatas de hoje «em vez de fornecerem informação devem capturar a imaginação» das suas audiências. E para o fazer, os tradicionais modos de comunicação de mensagens e de informação, baseados em processos de uma só via direccional, vêm dando lugar a actividades em que se privilegia o diálogo com as audiências, e em vez de envolver governantes ou funcionários, antes se mobilizam individualidades dos meios académicos, políticos, artísticos, literários ou

[39] Um antigo director da USIA durante a administração Kennedy salienta ser factor de credibilidade neste tipo de diplomacia contrapor visões distintas, e por vezes discordantes, sobre certos temas.
[40] Citado por J. Noya, Real Instituto Elcano, 2009.

empresariais, a fim de reforçar a credibilidade do tema que se pretende transmitir ou defender.

Leonard assinala ainda três dimensões principais na diplomacia pública: político-militar; económica; e societal-cultural. A este respeito, um texto recente da Universidade de Tuft alinha, como exemplo, diversas acções norte-americanas: a vantagem do patrocínio de visitas ao país a políticos no início das suas carreiras, como ocorreu com Anwar Sadat, Giscard, Helmut Schmidt, Thatcher; certos filmes sobre os riscos do tráfico de drogas produzidos pela USIA; as emissões da Voz da América; os centros culturais das Embaixadas americanas abertos ao público; o diálogo entre correspondentes de imprensa com os adidos de Informação das Embaixadas; o apoio das Missões a concertos ou exposições financiadas pelo governo. A tudo isto poderão ainda juntar-se, num âmbito geral, programas de intercâmbio de estudantes, cientistas ou técnicos; artigos de imprensa ou palestras de individualidades independentes sobre aspectos seleccionados do país interessado; iniciativas de informação realizadas pelas respectivas diásporas; festivais de cinema ou fóruns sobre assuntos literários ou culturais com intuito de divulgação.

Para os que defendem a sua importância no trabalho diplomático, os diplomatas devem não tanto reagir a situações, mas antes «transformarem-se em modeladores de debates públicos *à volta* do mundo»[41]. Neste particular, Javier Noya salienta que a diplomacia pública actua em várias frentes, como «persuasão civilizada», mas em três diferentes horizontes temporais: a *curto prazo*, num plano reactivo, através da gestão de notícias do quotidiano; a *médio prazo*, tentando influenciar activamente a agenda informativa e organizando actividades, nos planos da cultura, ciência, tecnologia, ou da economia, que sejam úteis para a imagem do país; a *longo prazo*, pela construção de relações e vínculos com sectores das sociedades civis — alvos que tenham interesse do ponto de vista estratégico para os objectivos do país em exame[42].

Resta insistir sobre a importância que a diplomacia pública vem assumindo na prática diplomática dos nossos dias. A esse respeito, o relatório de

[41] Marc Leonard, *Public Diplomacy*, Foreign Policy Center, Londres, 2002, p. 6.
[42] Javier Noya, documento citado.

um colóquio realizado em Wilton Park salientava: «a diplomacia pública é cada vez mais relevante. Ela deixou de ser o parente pobre da diplomacia, pois joga hoje um papel valioso no estabelecimento do lugar de um país no mundo e na transmissão de objectivos políticos tangíveis»[43].

5. A diplomacia paralela

Na síntese de Calvet de Magalhães trata-se de um desvio da normalidade e de uma patologia da acção diplomática. Prática velhíssima, que vem acompanhando a evolução da própria diplomacia mesmo depois da instalação das Embaixadas permanentes, consiste na utilização pelo poder político de agentes paralelos para estabelecerem contactos ou negociações por percursos diferentes das vias diplomáticas habituais[44], ou, como escreve Kissinger, que foi ágil cultor deste tipo de diplomacia, «um sistema de comunicação que procura contornar os procedimentos normais»[45].

Os exemplos abundam, em várias épocas[46], países ou sistemas de governo, e, com as facilidades de comunicação, continuam a chegar até aos nossos dias; mas, se antes representavam uma apropriação pessoal do poder pelos Soberanos, em conformidade com as ideias do tempo, como ocorria na era do absolutismo, hoje este tipo de diplomacia manifesta-se com mais frequência (mas não exclusivamente) em países que — por razões políticas ou económicas — possuem débeis aparelhos diplomáticos, nos que se encontram submetidos a regimes totalitários, bem como em Estados onde tradicionalmente são fortes as competências presidenciais (como nos EUA), ou se registam desconfianças entre o poder decisor

---

[43] *Public Diplomacy: Key Challenges and Opportunities*, Wilton Park Conference, 2006. Segundo alguns autores, chega a ocupar cerca de 70% do trabalho das Embaixadas dos EUA.

[44] Calvet, *A Diplomacia Pura*, *op. cit.*, p. 115.

[45] Kissinger, *White House Years*, *op. cit.*, p. 722.

[46] O que com Luís XV se chamou «Segredo do Rei», iniciativas reais ciosamente subtraídas ao conhecimento do seu Secretário de Estado, consubstancia um traço generalizado da diplomacia paralela do século XVIII.

da política externa e os profissionais que a executam[47]. Kissinger nunca escondeu uma evidente antipatia pelos serviços do Departamento de Estado, o que procurou justificar, escrevendo «o propósito da burocracia é conceber um modo de procedimento "standard" que possa lidar eficazmente com vários problemas (...) A burocracia torna-se um obstáculo quando o que define como rotina não aborda o mais significativo quadro de questões, ou quando o seu modo de acção se verifica ser irrelevante para o problema». E observando que nestas situações a política externa torna-se «prisioneira dos acontecimentos» e cega às oportunidades, insiste que a burocracia «tem uma tendência para exagerar a complexidade técnica e minimizar o alcance da importância do juízo político», o que leva os homens de Estado «a ficarem presos numa luta permanente com os peritos dos seus ministérios dos Negócios Estrangeiros, pois a concepção do estadista desafia a inclinação do perito para assumir o mínimo risco»[48]. Além disso, ao descrever os motivos por que contornara o State Department, Kissinger escreve: «o Departamento de Estado deixava-se vitimizar pela tecnologia e pelo hábito; pela tecnologia, porque os seus computadores distribuem automaticamente mesmo os mais sensíveis telegramas[49] através do edifício segundo critérios preestabelecidos; pelo hábito, porque os diplomatas vivem da troca de informações e são infinitamente engenhosos em tornear restrições formais»[50].

---

[47] É bem conhecida a forma como, repetidas vezes, Kissinger utilizou canais paralelos (*back channels*) para negociar, em prejuízo da estrutura formal do Departamento de Estado, mas muitas vezes com inegável sucesso, como ocorreu com o estabelecimento de relações com a China Popular. O autor Tony Judt, ao fazer a recensão de um livro de William Bundy, antigo Secretário de Estado Assistente nos anos 1960 e posteriormente director da revista *Foreign Affairs*, sublinha o que este escreve sobre a política externa de Nixon e a forma como Kissinger excluiu a voz dos profissionais do Departamento de Estado e como reorganizou os comités e hierarquias do Conselho Nacional de Segurança e na Casa Branca, a fim de centralizar no seu gabinete toda a informação e autoridade. Tony Judt, *Reappraisals Vintage*, Londres, 2009, p. 345. Na mesma linha, ver também relatos sobre a actuação de Kissinger durante a Revolução de Abril em Portugal, in *Carlucci versus Kissinger*, D. Quixote, Lisboa, 2008, B. Gomes e T. Sá.

[48] Citado em *Diplomatic Theory from...*, p. 189.

[49] Como parece comprovado pelas informações secretas divulgadas pela WikiLeaks neste princípio da segunda década.

[50] Henry Kissinger, *White House Years*, p. 723.

Estas suas desconfianças levaram a conhecidos excessos (mas decerto a alguns dos seus êxitos pessoais) que se podem considerar exemplares para caracterizar os males e as raras vantagens desta patologia diplomática. Em livro recente[51], um diplomata americano, que serviu na Embaixada em Moscovo nos anos 70 do século passado, conta-nos que Kissinger, ao preparar uma cimeira com Brezhnev, em 1972, usou o Embaixador soviético Dobrynin em Washington como seu único canal de comunicação; o próprio Dobrynin referiria mais tarde nas suas memórias que entre ele e o então Conselheiro do Presidente Nixon se haviam realizado, para tal fim, mais de 130 reuniões confidenciais, de que nem a Embaixada americana em Moscovo nem o próprio Secretário de Estado William Rogers haviam tido conhecimento; numa visita secreta de Kissinger à capital soviética relacionada com a mesma cimeira, o Embaixador americano foi inesperadamente convocado pelo Ministério dos Negócios Estrangeiros soviético, onde lhe foi dito — para sua embaraçada surpresa — que aquele e a sua comitiva se encontravam há já quatro dias na capital da URSS, instalados numa das casas do Kremlin.

A propósito deste tipo de diplomacia é costume distinguir a actividade diplomática desempenhada por agentes designados pelo órgão político constitucionalmente legítimo para a execução da política externa de um Estado (o que acontece com frequência nas várias Administrações dos EUA)[52], e aquela que é realizada por agentes de órgãos do Estado a quem as normas constitucionais não conferem essa legitimidade. Calvet designa esta última como diplomacia paralela ilegítima, e um caso de patologia diplomática agravada, por representar uma usurpação de poder com consequências negativas no plano interno e externo para o país que a ela recorre. E isto porque desta maneira se agride o princípio básico da unidade da condução da política externa de uma nação, com projecções gravosas para os seus interesses essenciais. Nicolson[53], ao referir a diplomacia paralela de Luís XV, que escrevia ao seu embaixador na Corte russa

---

[51] Robert F. Ober, *A Diplomatic Life behind the Iron Curtain*, Xlibris, Bloomington, 2009, p. 140.

[52] Em 2009, o Presidente Obama não fugiu à tradição americana, ao nomear Enviados Especiais para o Médio Oriente, Afeganistão e Paquistão.

[53] Nicolson, *The Evolution...*, p. 70.

«tenho consciência da sua dificuldade de conciliar as minhas instruções com aquelas que recebe do Secretário de Estado», escreve judiciosamente que sempre que um Estado procura deitar mão de duas políticas externas concorrentes, então a diplomacia torna-se imediatamente ineficaz. E sublinha: apesar desta ser uma lição repetida desde os tempos de Demóstenes, «os políticos, ao contrário dos diplomatas, não têm tempo de aprender as lições da História». Neste capítulo, um dos exemplos normalmente citados diz respeito às famosas e influentes negociações secretas conduzidas, em nome do Presidente Wilson, pelo Coronel Edward House[54], o qual sem ter qualquer função oficial discutiu com os dirigentes europeus, à margem dos canais diplomáticos competentes, mediações e propostas relativamente ao primeiro conflito mundial.

Numa escala de custo-benefício, poucas vezes as iniciativas de diplomacia paralela resultam em vantagem para o Estado que as pratica, pois a desautorização dos canais normais decisores ou dos instrumentos de negociação (Ministérios dos Negócios Estrangeiros ou Embaixadas) deixa neles sempre uma negativa cicatriz de falta de credibilidade ou de efectivo poder como interlocutores. Daqui que estejamos no domínio da patologia diplomática, mesmo se com ela se consigam sucessos inegáveis, como ocorreu com Kissinger, bastante graças à sua habilidade, nos relacionamentos com Moscovo, verdadeiro caso de estudo de diplomacia paralela no que ficou para a história como «O Canal». É assim que Kissinger o descreve num implícito elogio de tal prática: «Dobrynin (*embaixador soviético*) e eu começámos por conduzir negociações preliminares sobre quase todas as mais relevantes questões, ele como representante do Politburo, eu como confidente de Nixon. Informalmente, clarificávamos os objectivos básicos dos nossos governos e quando as nossas conversas deixavam esperanças de acordos específicos, a matéria era transferida para os canais diplomáticos convencionais. No caso de se registar um bloqueio nas negociações formais, o canal era de novo aberto (...) Nenhuma das partes ficava impedida (*com este procedimento*) de levantar a questão formalmente por temer

[54] Segundo Duroselle, *De Wilson a Roosevelt*, considerado o mais influente americano após Wilson, que dizia dele ser a sua segunda personalidade. Citado por Jacques de Launay, *Histoire de la Diplomatie Secrète*, Marabout Université, Bruxelas, 1966, p. 52.

uma reacção adversa da outra. Mas, assim, acautelavam-se pelo menos confrontações imprevistas. Era um modo de explorar o terreno e evitar bloqueios»[55]. Não obstante o êxito desta prolongada iniciativa, ajudado é certo — além das qualidades dos dois intervenientes — pela conjuntura desse momento particular do período da Guerra Fria, convirá não deixar qualquer dúvida sobre os efeitos nefastos que, na generalidade, este tipo de prática faz retumbar sobre a boa maneira de utilizar a diplomacia.

Configurando situações de certo modo aproximadas, mas diferentes nas modalidades e objectivos, a actual teoria diplomática anglo-saxónica tem-se ocupado, desde os anos 1980, do exercício de uma diplomacia chamada via dupla (*double track diplomacy*). Esta envolve — ao contrário da clássica *track one*, realizada pelas estruturas dos diversos governos —, contactos e encontros informais entre elites de países ou entidades políticas, adversárias ou não, com a finalidade de abordar contenciosos, nomeadamente no quadro da segurança regional ou da economia, num esforço de analisar e prevenir tensões e ajudar governos com dificuldades para estabelecer um diálogo diplomático, e deste modo favorecer entendimentos e resolver conflitos.

Trata-se de uma via para «humanizar o inimigo» de que as negociações de Oslo nos anos 1990 sobre o Médio Oriente e a intervenção da Comunidade Santo Egídio, de Roma, na resolução da guerra civil moçambicana, são conhecidos, mas não únicos, modelos; porque, como nota D. Kaye[56], muitos dos diálogos informais, no plano bilateral ou no campo multilateral, não procuram a resolução de um conflito, mas esboçar ou definir um quadro útil para fazer face a problemas regionais, através da redução de tensões ou do estabelecimento de um positivo clima de confiança que permita às partes atender problemas de forma cooperativa. Este tipo de diplomacia assenta assim na consciência da vantagem de facilitar um processo em que certas elites — dos meios académicos, políticos, militares, ou de ONG — discutam não oficialmente, mas de forma livre, de modo pragmático e sem pressões, assuntos cujo melindre tenha conduzido a bloqueios no plano de uma negociação institucional.

---

[55] Kissinger, *op. cit.*, p. 139.
[56] *Rethinking Track two Diplomacy*, Clingendael, 2005.

CAPÍTULO V
FORÇA E DIPLOMACIA

> ...e se eles derem satisfação aos nossos Embaixadores tanto melhor. Mas se não derem, deveremos estar mais bem preparados para os atacar... Ou talvez aconteça que eles quando virem os nossos preparativos e que as nossas palavras lhes correspondem, inclinar-se-ão mais a ceder.
>
> TUCÍDIDES[1]

Já se viu anteriormente que a delimitação do conceito de diplomacia não tem favorecido consensos, e mesmo o seu carácter de instrumento pacífico para a execução de uma política externa — embora geralmente aceite — não recolhe a unanimidade dos autores que, ora assinalam a matriz ocidental desta formulação, oposta a outras tradições históricas, ora recordam o crescente recurso nas negociações diplomáticas a ameaças ou a acções de força limitada (*o poder de fazer mal*) para obter resultados[2].

Também a história — antiga ou mais recente — mostra esta relação complexa entre força e diplomacia. Já o famoso Sun Tsu, no seu livro *A Arte da Guerra*, escrito há mais de 2000 anos, salientava a vantagem das ameaças para influenciar o comportamento de um adversário; no

---

[1] Tucídides, *A Guerra do Peloponeso*.

[2] Recorde-se que, para Calvet, que aceita poder a diplomacia empregar ameaças para evitar o emprego da força, a concretização daquelas corresponderá a uma prática não diplomática em favor de pressões militares, podendo falar-se de política coerciva, mas não de diplomacia, por se ter abandonado a via pacífica.

Livro dos Reis, século VIII a.C., um emissário assírio intimidava os representantes do rei da Judeia com a menção da força militar; Tucídides, ao relatar a *Guerra do Peloponeso*, deixou-nos a descrição de um momento de diplomacia coerciva ao referir o ultimato de Atenas aos Melianos e a consequente destruição destes por não terem acedido à vontade ateniense; Frederico II da Prússia, no século XVIII, advertia que negociações sem armas «são como uma orquestra sem pautas de música»; um século depois, perante o obstinado isolamento do Japão, o Comodoro Perry obtinha a abertura do Império nipónico por uma ameaça potencial dos canhões dos seus barcos; no auge da Guerra Fria, o Secretário de Estado americano Foster Dulles dava acentos nucleares a uma outra velha política (a política de dissuasão) ao prevenir publicamente os soviéticos da sua estratégia de «retaliação maciça»; por seu turno, Kissinger, lembrando embora que em qualquer negociação se subentende ser a força o último recurso, escreve que «a arte da diplomacia é manter esta potencial ameaça e indeterminada a sua dimensão»[3].

Hoje, a Carta das Nações Unidas, ao definir como sua primeira prioridade «preservar a paz e a segurança internacionais (...) mediante medidas colectivas eficazes», sublinha no seu artigo 2.º-4 que todos os membros deverão evitar, nas relações internacionais, a ameaça ou o emprego de força contra a integridade territorial ou a independência política de outros Estados, e procurar resolver os seus diferendos de forma pacífica (isto é, conforme o capítulo VI). Apesar do modo prudente como avança aquele interdito, com ele revela uma maior ambição do que a sua antecessora, a Sociedade das Nações, cujo Pacto apenas proibia a guerra ilícita[4]. No entanto, a interdição do uso da força não é plena, pois a Carta permite-a nas acções decididas de acordo com o seu capítulo VII, bem como em casos de legítima defesa individual ou colectiva (artigo 51.º). Em paralelo, pelo artigo 24.º-1, o Conselho de Segurança vê-se conferida «a responsabilidade principal da manutenção da paz e da segurança internacional», pormenorizando-se no capítulo VII as medidas a tomar nos casos

---

[3] Kissinger, *Western Civilization*, Crowell, NY, 1973, p. 118.

[4] Para distinção entre guerra lícita e ilícita, conforme consideradas no Pacto da Sociedade das Nações, ver Nguyen Quoc Dinh, *Direito Internacional Público*, Lisboa, F. Gulbenkian, p. 955.

de «ameaça à paz, ruptura da paz e de actos de agressão» (artigo 39.º), situações cuja qualificação subjectiva recai sobre o Conselho[5], que geralmente evita o termo agressão, mesmo que esta seja evidente, como ocorreu no caso da invasão do Kuwait pelo Iraque, em 1990. É, pois, ao Conselho de Segurança que, por iniciativa própria, a pedido de um Estado (membro ou não das Nações Unidas), ou solicitado pelo Secretário-Geral, cabe a responsabilidade de defender a segurança internacional, devendo para isso recomendar ou decidir medidas adequadas não implicando o emprego de forças armadas (artigo 41.º), ou pelo contrário, determinar acções militares «por meio de forças aéreas, navais ou terrestres» (artigo 42.º). Perante a eventualidade de bloqueios de decisão do Conselho[6], o que o futuro aliás cedo confirmou, o artigo 40.º já o autorizava a tomar «as medidas provisórias julgadas necessárias»[7], o que irá permitir as operações de manutenção da paz (uma «espécie de capítulo VI e meio», nas palavras de Hammarskjold), inauguradas em Caxemira, em 1948, pelo envio de um contingente de observadores militares (desarmados) com a tarefa de interposição no conflito entre a Índia e o Paquistão (UNMOGIP). E se é certo que o título do capítulo VI da Carta, de evidente natureza persuasiva, revela que as suas normas se destinam à «solução pacífica das disputas» através de medidas diversificadas, nomeadamente de tipo negocial ou mesmo judicial, no caso das partes envolvidas não conseguirem alcançar um acordo resta o recurso às disposições coercivas do capítulo VII de natureza abertamente militar[8] ou não (respectivamente artigos 42.º e 41.º).

---

[5] A professora Novosseloff salienta em artigo publicado em 2006 que nenhuma acção militar votada pelo Conselho obedeceu aos termos exactos da Carta, o que explicará que tenha evitado mencionar nas suas decisões palavras como «agressão», «guerra» ou «uso da força armada», preferindo a expressão «ameaça contra a paz». *Annuaire Français des Relations Internationales*, Paris, 2006.

[6] O uso legítimo da força para impedir um genocídio cai na alçada do capítulo VII da Carta, mas as indefinições políticas no seio do Conselho de Segurança à volta do conceito permitiram os massacres do Ruanda em 1994.

[7] Também a Assembleia Geral poderá, em caso de carência do Conselho, adoptar resoluções que terão natureza jurídica de recomendação aos Estados-membros.

[8] Como sintetiza Maria do Céu Martins, *As NU e a manutenção da paz*, Almedina, Coimbra, 2007, p. 34, o CS tem determinado o uso da força para restaurar ou manter a paz; aplicar sanções; defender o seu pessoal nas operações de *peace keeping*; proteger os civis nas áreas de conflito; garantir a segurança a operações humanitárias ou intervir nos conflitos intra-Estados.

Deste modo, não obstante impor aos Estados a obrigação de resolver pacificamente os seus conflitos, a Carta deixaria abertos caminhos de licitude quanto ao recurso à força, permitindo-a em situações de legítima defesa individual ou colectiva em caso de agressão[9], até que o Conselho de Segurança tome medidas. Apesar da responsabilidade que lhe era atribuída, não tardou que as tensões derivadas da realidade política internacional privassem o Conselho de Segurança de meios militares próprios independentes (como inicialmente previsto) para impor as suas decisões, devendo para tanto depender da disponibilidade dos Estados-membros (artigo 43.º), «doença congénita» que o tem prejudicado no domínio coercivo e numa execução mais eficaz das suas decisões, já que o consenso criado aquando da invasão do Kuwait pelo Iraque constituiu um momento excepcional. Alexandra Novosseloff, da Universidade de Paris II, sintetiza bem a situação ao escrever: «desde a sua criação, o Conselho de Segurança enleou-se numa contradição entre poder e impotência: poder quando os Estados se entendem, impotência quando se disputam; poder quando colocam à sua disposição recursos, impotência quando lhe recusam os meios necessários para cumprir as suas resoluções; poder quando fazem do Conselho um *órgão* de consenso para manter a paz e a segurança internacionais, impotência quando o utilizam para se desresponsabilizarem desta missão»[10]. Esta fraqueza estrutural não tem todavia impedido o Conselho de Segurança de vir aumentando, após o termo da Guerra Fria, e de acordo com os artigos 33.º, 52.º e 53.º da Carta, com a colaboração de outras Organizações Internacionais, como a NATO, a UE, a UA, CEDEAO, as suas intervenções de manutenção ou de construção de paz, quer por imposição de sanções não militares, quer já deitando mão a meios militarizados, assistindo-se mesmo a uma militarização progressiva das missões de manutenção de paz que assim se afastam da sua inicial natureza não coerciva; aliás, se o capítulo VI assenta na vocação onusiana de regular ou prevenir pacificamente e de modo cooperativo os conflitos (a Professora Novosseloff já

---

[9] Segundo uma resolução da A. Geral de 1974, «a agressão é o emprego da força armada por um Estado contra a soberania, a integridade territorial ou independência política de um outro Estado, ou de qualquer outra forma incompatível com a Carta».

[10] Alexandra Novosseloff, «L'emploi de la force dans les opérations de maintien de la paix des Nations Unies», *Annuaire Français des Relations Internationales*, Paris, 2006.

citada sintetiza que «se o capítulo VI é o capítulo do consentimento, o VII é o da coerção»), uma acção preventiva efectiva implica muitas vezes a possibilidade de serem utilizados meios coercivos, embora estes obriguem a uma decisão unânime do Conselho, obrigando para tanto a compromissos que constituem com frequência fonte de ambiguidades na formulação dos respectivos mandatos, assim os fragilizando. Por outro lado, os bloqueios decisórios derivados dos interesses desiguais dos membros permanentes do Conselho de Segurança têm levado a intervenções fora do quadro da ONU, sem o respaldo do direito internacional, como ocorreu inicialmente com a intervenção da NATO (posteriormente avalizada) quanto ao problema do Kosovo ou com a doutrina unilateral de «preempção» adoptada pelo executivo de Bush (filho) para invadir o Iraque[11].

No entanto, deve-se relevar o esforço — mesmo que imperfeito — realizado pelas Nações Unidas[12] para evitar ou atenuar, sobretudo por meio de uma multifacetada e alargada diplomacia preventiva, os efeitos de frequentes conflitos e focos de tensão, do Líbano à República Democrática do Congo, do Kosovo a Timor-Leste, da Serra Leoa à Sibéria. Neste quadro caberá também assinalar o frequente e útil recurso de missões conduzidas por Representantes Especiais do Secretário-Geral para procurarem caminhos de pacificação em áreas de conflito: registem-se, quanto aos PALOP, as Missões em Moçambique (ONUMOZ), em 1992; em Angola (UNAVEM), em 1988, para verificação do acordo celebrado com a África do Sul e Cuba; ou, já no âmbito do restabelecimento da paz, a missão das Nações Unidas (UNTAET), em Timor, em 1999.

Por tudo isto, como recorda um autor francês[13], será absurdo criticar a ONU pela sua recusa em agir, pois ela não sendo uma Organização supranacional exprime a vontade, ou a sua ausência, dos Estados que a compõem; talvez por isso, as hesitações ou cálculos políticos dos seus mais

[11] Enquanto o autor americano Richard Pearl, no livro *An end to evil*, apoiava a doutrina unilateralista escrevendo que os EUA «farão no fim o que terão de fazer / para proteger a sua segurança nacional / indiferentes aos ditames das Nações Unidas», Kofi Annan chamava a atenção do Conselho de Segurança para os perigosos precedentes que resultariam da proliferação do uso da força unilateral e ilegal.

[12] Para desenvolvimento desta matéria ver o útil livro de Maria do Céu Martins, *op. cit.*, Almedina, Coimbra, 2007.

[13] Bernard Gueta, *Géopolitique*, Éditions de l' Olivier, Paris, 1995, p. 290.

poderosos membros têm concorrido em larga medida para que, de acordo com um estudo do Banco Mundial de 2005, 44% dos Estados saídos de um conflito regressem a uma situação de conflito nos cinco anos seguintes. Num outro plano, vem-se alargando um novo debate que oscila em conformidade com as conjunturas e, sobretudo, com a pressão das opiniões públicas mundiais, alimentadas pelas inéditas capacidades de mediatização do nosso tempo e pelo militantismo de algumas prestigiadas ONG. Referimo-nos ao chamado *direito de ingerência ou de intervenção humanitária*[14]. Para os que o defendem, trata-se de proteger os direitos do homem, superando os interditos decorrentes do clássico conceito de soberania nacional, através de operações de emergência para socorro de populações em estado de necessidade, vítimas da omissão deliberada ou da incapacidade dos seus governos, de repressão política ou de calamidades naturais. Como sublinha um autor[15], «as incertezas terminológicas, a ambiguidade dos objectivos, a hesitação de numerosos Estados face aos termos (ingerência, intervenção), têm, até ao presente, impedido que (esta) noção receba uma consagração jurídica indiscutível», pelo que «o dever de assistência humanitária releva mais do moral que do direito positivo». Todavia, a partir de 1988, a Assembleia Geral das Nações Unidas tem aprovado várias resoluções (é certo sem carácter vinculativo) que favorecem um quadro legal à actividade das ONG, designadamente pelo pedido aos Estados para facilitarem o livre acesso a vítimas de situações graves ou pelo estabelecimento de «corredores humanitários»; igualmente, o CS vem adoptando, desde 1991, altura em que se ocupou da ajuda às populações curdas do Iraque, diversas resoluções no mesmo sentido, as quais, durante os conflitos da ex-Jugoslávia, se apoiaram no capítulo VII da Carta. Na Assembleia Geral da Cimeira de 2005 foi aceite que «cada Estado tem a responsabilidade de proteger as suas populações de genocídio, crimes de guerra, limpeza étnica e crimes contra a humanidade», responsabilidade partilhada pela comunidade internacional, através das Nações Unidas, em conformidade com os capítulos VI e VII. Para esse efeito, a Cimeira adiantou o compromisso

---

[14] J. J. Roche, *op. cit.*, p. 274, recorda que várias intervenções de protecção de minorias cristãs no Império Otomano, nomeadamente pela Rússia e pela França, terão sido precursoras desta ideia.

[15] Ngyuen Quoc Dinh, *op. cit.*, p. 458.

político de «estar preparada para tomar acções colectivas, de modo oportuno e decisivo, através do Conselho de Segurança... incluindo o capítulo VII, caso a caso e de forma apropriada, em cooperação com organizações regionais relevantes, se meios pacíficos forem inadequados e as autoridades nacionais falharem manifestamente quanto à protecção das suas populações de genocídio, crimes de guerra, limpeza étnica e crimes contra a humanidade». Se esta afirmação dos Chefes de Estado que compuseram a Cimeira tem indubitável valor político, nomeadamente quanto à possível intervenção do Conselho de Segurança, todavia ela foi posta rapidamente a um teste concreto, em Janeiro de 2007, quando, por veto da China e da Rússia, o Conselho de Segurança não actuou contra o governo de Myanmar, que perpetrou perseguições étnicas e impediu a actividade humanitária de ONG[16].

Estamos, assim, longe ainda de uma desejável concretização jurídica de um dever de intervenção humanitária. E isto, não obstante a decisão da Cimeira parecer ecoar as palavras anteriores do ex-Secretário-Geral Boutros Ghali[17]: «não há lugar para nos prendermos a um dilema a respeito da soberania/protecção dos direitos do homem. A ONU não tem necessidade de uma nova controvérsia ideológica. O que está em jogo não é um direito de intervenção, mas antes a "obrigação" colectiva que têm os Estados de proporcionarem socorro e reparação nas situações de urgência em que os direitos do homem estão em perigo». Ou, de igual modo, confirmarem certos progressos, ilustrados pelo artigo 4.º-*h)* do Acto Constitutivo da União Africana, ao enunciar como princípio da Organização «o direito de a União intervir num Estado-membro mediante a decisão da Conferência, em certas circunstâncias graves, a saber: crimes de guerra, genocídio e crimes contra a Humanidade»; pelos esforços do Presidente Mitterrand em 1987, por altura da guerra da ex-Jugoslávia; e pela iniciativa, em 2001, do então governo canadiano, ao impulsionar o relatório sobre a *Responsabilidade de Proteger*. Mas a presente realidade mostra que o princípio da ingerência humanitária continua a revelar a sua fragilidade político-jurídica

[16] A justificação do duplo veto assentou que a situação não colocava nenhuma ameaça à paz regional e internacional.

[17] Boutros Ghali, *Relatório sobre a actividade da Organização para 1961*, NY, ONU, 1961.

e a esbarrar na oposição de numerosos Estados[18]. Este é um território complexo que põe a nu uma retórica política, as reticências de muitos governos estudados ou ajudados por outros numa concepção absoluta de soberania; enleados no receio da imposição de valores alheios (leia-se ocidentais) por a ingerência quase sempre se realizar no sentido Norte-Sul; ou ainda movidos por desconfianças sobre as intenções últimas de uma dada operação de socorro humanitário.

1. A diplomacia preventiva

Temos dito que, perante a crescente complexidade das relações internacionais, a instituição diplomática tem sabido adaptar-se aos novos problemas da comunidade mundial e procurado, com diferente sucesso, cumprir a sua função reguladora de interesses e tensões, ou o seu propósito de evitar conflitos, nomeadamente antecipando crises ou confrontos.

Se alguns autores consideram ser antiga a actividade diplomática de prevenção, recordando para tanto o velho princípio de *balance of power*[19], só nos anos 1960 o conceito de diplomacia preventiva seria teorizado, não obstante a Carta das Nações Unidas indicar como seu objectivo a tomada de «medidas colectivas efectivas para a *prevenção* e eliminação de ameaças à paz»[20]. Atravessava-se então o áspero período da Guerra Fria, cabendo

---

[18] Numa Cimeira em Havana (2000), o G-77, que hoje reúne 122 Estados, revelava bem este sentimento ao condenar «o pretenso direito de intervenção humanitária».

[19] P. Lauren, G. Craig, A. George, *Force and Statecraft*, p. 29, recordam a este propósito os termos do acordo para o estabelecimento em 1831 da neutralidade da Bélgica: «para prevenir que acontecimentos perturbem a paz geral». Por seu turno, Maria do Céu Pinto, no seu livro *As Nações Unidas e a manutenção da paz*, escreve que a técnica de manutenção da paz é herdeira das conferências internacionais e do sistema de consultas do Concerto Europeu resultante do Congresso de Viena de 1815, tendo o seu desenho contemporâneo «raízes» na Sociedade das Nações.

[20] Um ex-Presidente do Tribunal Internacional de Haia refere não ser a diplomacia preventiva uma invenção contemporânea, recordando ter quase sempre existido em todas as sociedades humanas: casamentos dinásticos, alianças políticas e militares seriam afinal formas diferentes de preservar o interesse nacional. Porém, tem outro rosto a presente diplomacia preventiva: em vez de interesses egoístas imediatos, trata-se de proteger a paz universal; e é esta universalidade, bem como a natureza mundial dos problemas, que a caracterizam. Kevin M. Cahill, *La diplomatie preventive*, Nil Éditions, Paris, 2005, p. 56.

ao Secretário-Geral do tempo (1960), Dag Hammarskjold, a primeira elaboração teórica dessa prática: a seus olhos, a diplomacia preventiva tinha como finalidade impedir que conflitos locais se vissem envolvidos no quadro de rivalidade das duas grandes potências, assim *os subtraindo à esfera das suas zonas de influência e de tensão* — e ao risco de imprevisíveis escaladas. Aliás, para Hammarskjold, vítima de um duvidoso acidente aéreo durante um conflito no antigo Congo Belga (tentativa de secessão da província do Katanga)[21], o futuro das Nações Unidas residiria mais em medidas de carácter preventivo do que em acções de correcção de conflitos, «bem menos eficazes e, a longo prazo, bastante mais dispendiosas»[22].

Mais tarde, já com o fim da confrontação entre os dois blocos, o então Secretário-Geral, Boutros Ghali, na sua *Agenda para a Paz*, em 1992, pretendeu reforçar a intervenção das Nações Unidas na prevenção de conflitos e na manutenção e estabelecimento da paz. Para tanto, ajustaria e alargaria o conceito ao definir a diplomacia preventiva como uma «acção para prevenir o aparecimento de diferendos entre as partes, impedir que disputas existentes se transformem em conflitos, ou limitar a sua ampliação e contaminação regional caso aqueles acabem por ocorrer». A finalidade passava a ser acudir aos chamados conflitos de fraca intensidade, «em que a violência não advém apenas de razões políticas, mas igualmente das consequências do subdesenvolvimento», o que conduzia a graduar ou a ajustar as missões, completando as operações clássicas de manutenção de paz por outras visando o «restabelecimento da paz». Boutros Ghali defendia, então, a utilidade do prévio combate a certas fragilidades económicas e sociais, bem como a desenvolvimentos políticos que pudessem produzir tensões perigosas; posteriormente, num artigo da revista *Foreign Affairs*, insistiria na necessidade de promover acções de alerta precoce acerca de ameaças à segurança, «desde crises energéticas a serviços de dívida, desde riscos de fome à disseminação de doenças»[23]. Consolidado na acção este caminho doutrinal, não se estranhará que a figura do Secretário-Geral tenha passado

---

[21] No que seria na altura uma ambiciosa operação de paz da ONU, mobilizando durante quatro anos cerca de vinte mil homens de trinta e cinco países (às grandes potências coube propositadamente um papel residual de ajuda logística e transporte).
[22] Brian Urquhart, *Hammarskjold*, W. W. Norton,1995, NY, Londres, p. 256.
[23] B. Ghali, *Foreign Affairs*, 1971, p. 100.

a assumir, cada vez mais, numa interpretação lata do artigo 99.º da Carta, um papel relevante nas iniciativas de diplomacia preventiva das Nações Unidas, quer pelas suas responsabilidades de alerta junto do Conselho de Segurança, quer sobretudo pelas diversificadas actividades de sinal diplomático a que recorre, de forma pública ou mais reservada, por si ou através da nomeação de Enviados Especiais.

Nos nossos dias, o estado do mundo, com as suas múltiplas interdependências, progressos tecnológicos, derivas políticas, crises económicas, tensões sociais, étnicas e religiosas, ou desastres humanitários, tem proporcionado um inédito campo de intervenção para uma mais ambiciosa diplomacia preventiva assumida num sentido lato, tanto nos métodos, como nos meios ou objectivos. Este novo caminho abrange iniciativas que vão da simples prevenção por meios diplomáticos, ao restabelecimento, consolidação e imposição da paz, assentes já na natureza coerciva de meios militares ou de polícia (com base no capítulo VII da Carta, o que tem reduzido na prática a norma de não intervenção do artigo 2.º-7 da Carta), ao invés das operações clássicas de manutenção de paz, possuidoras de um carácter não autoritário e, por isso, implicando o consentimento do Estado em que se desenrolam.

Ao mesmo tempo, vai-se criando uma consciência mais clara do que um antigo Secretário-Geral Adjunto das NU dizia sobre a prevenção de conflitos, a qual, sublinhava, se declina «numa obrigação moral; num imperativo humanitário por salvar vidas inocentes; num imperativo económico, tanto para os países directamente implicados como para a comunidade internacional devido aos custos exorbitantes da guerra e da reconstrução; enfim, num imperativo político para a credibilidade da cooperação internacional, nomeadamente para a ONU»[24]. No relatório do Secretário-Geral de 2006, referia-se, aliás, o progresso obtido nos últimos anos através de novos e mais efectivos instrumentos (sanções não militares como meio construtivo de persuasão e não de coerção; a Convenção contra a corrupção; o Processo de Kimberley quanto à certificação de diamantes), mas sobretudo o estabelecimento de uma «cultura da prevenção» de que o Tribunal Penal Internacional surge como importante iniciativa no domínio da jurisdição multilateral independente.

---

[24] K. Cahill, *op. cit.*, p. 9.

A crescente utilização das sanções não militares decididas pelo Conselho de Segurança[25], como instrumento de robusta diplomacia preventiva[26], merece uma referência especial[27]. Uma vez constatada uma ameaça à paz (nos termos do artigo 39.º), cabe ao Conselho[28] a escolha das medidas a tomar, seja no plano diplomático (suspensão ou ruptura de relações), no domínio político (interdição de concessão de vistos a dirigentes governamentais ou militares, ou congelamento de contas governamentais ou privadas), no campo económico (interrupção de trocas comerciais, suspensão de comunicações), na área desportiva ou cultural (embargos a intercâmbios). A experiência tem mostrado que, legitimadas pela vontade colectiva da comunidade internacional e daí retirando uma forte dimensão simbólica, estas sanções — ou até a sua simples ameaça — podem contribuir para um positivo resultado de compromisso entre partes em conflito. Como se regista em documento das Nações Unidas, delas resulta uma «enorme contribuição para a manutenção da paz e da segurança internacionais quando não são consideradas como um fim em si, mas antes postas ao serviço de uma abordagem global da regulação de conflitos que compreende a prevenção, a mediação, a manutenção da paz e a sua consolidação»[29].

Com efeito, superado um primeiro período de bloqueio pela então rivalidade bipolar, bem como afinado melhor o seu uso por uma mais cuidada escolha dos seus alvos (minorando os efeitos colaterais sobre as populações civis), a experiência actual revela que, sobretudo quando se trata de persuadir e não de punir, procurando-se uma aplicação cirúrgica que vise

---

[25] Durante o período da Guerra Fria, o Conselho de Segurança apenas decretou sanções contra a Rodésia (1966) e contra a África do Sul (1971). O uso da força nessa altura foi somente sancionado em 1950 na Coreia, por ausência no Conselho da então URSS, que assim protestava quanto à não admissão na ONU da República Popular da China.

[26] Nem sempre é clara a fronteira entre acções diplomáticas de prevenção e de coerção. O capítulo VII da Carta prevê a sua aplicação na gestão de crises, em que a natureza preventiva ou coerciva depende das circunstâncias.

[27] Também outras Organizações Internacionais podem decretar sanções (como ocorre com a UE e, no domínio comercial, com a OMC). Igualmente, os Estados podem estabelecer sanções não militares, as quais devem ser proporcionadas ao prejuízo por aqueles invocado e notificadas ao Estado-alvo.

[28] A Sociedade das Nações previa já a aplicação deste tipo de sanções, mas deixava a sua escolha à discrição dos Estados.

[29] Relatório ao Conselho de Segurança de 13 de Dezembro de 2007.

os efectivos responsáveis por uma situação, as sanções não militares produzem resultados satisfatórios, como ocorreu nos conflitos civis angolano (nomeadamente pelo embargo de armas e produtos petrolíferos à Unita) e liberiano (interdição de fornecimento de armas), ou nas negociações com o governo líbio sobre a entrega de responsáveis do acto de terrorismo de Lockerbie (contra um voo da Pan American), por meio de uma decisão do Conselho de Segurança (capítulo VII) que decretou um embargo aos transportes aéreos, ao fornecimento de armas e à assistência técnica militar. Porém, o sucesso de uma política de sanções, sobretudo quando ela decorre de recomendações da Assembleia no caso de carência de acção do Conselho, portanto sem natureza coactiva, continua dependente da cooperação internacional para um eficaz emprego que evite as quebras e desvios que as enfraqueçam ou tornem pouco credíveis. Trata-se quase sempre de um processo melindroso que requer o acompanhamento das diferentes instâncias multilaterais (designadamente de âmbito regional), bem como de outros instrumentos de intervenção diplomática utilizados nas acções de manutenção de paz em caso de conflito, cabendo, todavia, reconhecer a sua inoperância perante Estados munidos de forte potencial político ou militar, ou de eventuais apoios provenientes de um país vizinho. Acresce a dificuldade, por exemplo, de impor um embargo marítimo eficiente devido aos custos que dele decorrem e à relutante disponibilidade dos Estados para o assegurarem, ou ainda, como aconteceu em 1966, com as interdições comerciais e económicas (incluindo a proibição de fornecimento de petróleo) impostas à Rodésia, cuja eficácia foi fortemente penalizada pela atitude não cooperativa dos governos de então da África do Sul e de Portugal[30], e pela actuação de várias multinacionais que não as respeitaram.

Atendendo aos seus difíceis equilíbrios internos, mais laboriosas têm sido as decisões do Conselho de Segurança, mesmo após o termo do mundo bipolar, para permitir o recurso a um poder de sanção militar fundado no artigo 42.º da Carta, mesmo se reduzido ao estabelecimento de *no fly zones*

---

[30] Embora seja possível, raramente é fácil sancionar os Estados que violem um embargo, conforme foi o caso relativamente à Rodésia em que o pedido feito nesse sentido pelos países africanos colheu no Conselho de Segurança os vetos do Reino Unido e dos EUA.

(zonas de exclusão aérea)[31]. Assim, não foi sem dificuldade que, perante a crise jugoslava dos anos 1990, e apesar do fracasso das várias sanções não militares e da acção no terreno da FORPRONU, se avalizou por fim a iniciativa militar da NATO de utilizar a força. No entanto, a tendência — bem expressa nas recomendações do Relatório Brahimi de 2000, que tem servido de orientação no debate sobre os novos moldes de operações de *peace keeping* —, vai no sentido de as unidades militares da ONU serem suficientemente dotadas de mandatos claros e de adequados meios militares de defesa e de acção.

Não tem sido, porém, isento de dificuldades, de críticas[32], e de repetidos insucessos, o esforço que a ONU, bem como outras Organizações Internacionais, têm levado a cabo no domínio da diplomacia preventiva. Antes de mais, o respeito pelo princípio da soberania dos Estados e um dever de imparcialidade obrigam, salvo no caso de operações de paz decididas pelo Conselho de Segurança, à obtenção prévia do consentimento ou cooperação das autoridades legítimas do país[33] ou das partes desavindas, pois necessitando de intervir «num quadro de tensões políticas que ainda não têm um carácter internacional, a acção preventiva choca-se sempre com o princípio da não ingerência»[34]. Daqui resulta que mesmo os chamados Estados falhados, normalmente sem capacidade de exercerem uma efectiva autoridade e constituindo por isso focos naturais de conflitos, violações de direitos humanos e de diversas instabilidades, poderão sentir-se resguardados de intervenções externas, justamente por reterem a sua soberania. E, porque este é um princípio a que os membros da comunidade internacional atribuem valor quase sacrossanto, por temerem os efeitos da abertura de precedentes políticos ou jurídicos, a ausência de um consentimento formal válido pelo Estado em causa implica a necessidade de uma decisão executória do Conselho de Segurança, no quadro do capítulo VII

---

[31] Esta acção obriga a intervenção militar não só para patrulhamento do espaço aéreo, como para destruição no solo de infra-estruturas antiaéreas.

[32] O relatório sobre os massacres no Ruanda em 1994 é fortemente crítico da falta de vontade política do Conselho de Segurança em aumentar a força de intervenção naquele país e naquele momento.

[33] Artigo 2 da Carta das Nações Unidas: «nada na presente Carta autoriza a ONU a intervir em matérias que essencialmente pertencem à jurisdição de um Estado».

[34] J. J. Roche, *op. cit.*, p. 154.

(ameaças à paz), o que conduz não raramente a querelas de influência dos seus membros, demoras, ou bloqueios internos. Por tudo isto, um claro e extenso apoio por parte dos principais membros da comunidade internacional é decisivo para o sucesso de qualquer iniciativa de prevenção, sobretudo se esta adoptar um modelo mais musculado. Neste caso, como nota um especialista[35], estaremos perante uma situação de prevenção coerciva, entendida esta como uma variante da diplomacia preventiva e distinguindo-se pelo uso de instrumentos de coerção; ao defendê-la, salienta o caso de Timor-Leste, o qual, a seus olhos, poderia ter sido mais bem solucionado, evitando os massacres ocorridos após o referendo, se tivesse havido a vontade política do Conselho de Segurança de destacar forças militares com robusto mandato preventivo.

No plano das operações de paz, o relatório Brahimi[36] sublinha justamente a importância da clareza, credibilidade e realismo dos respectivos mandatos; no mesmo sentido, o então Secretário-Geral Kofi Annan, ao dirigir-se à Assembleia Geral após a queda de Srebrenica, confessava que «muitos dos erros (ali) praticados pela ONU resultaram de um simples e sem dúvida bem-intencionado esforço: tentámos manter a paz e aplicar as normas de manutenção de paz (*peace keeping*) quando não havia paz a proteger (...) tentámos criar — ou imaginar — uma realidade na qual os princípios de *peace keeping* (acordo entre as partes, destacamento de forças por consentimento, e imparcialidade) podiam ser honrados». Porém, como nota António Vitorino[37], o abandono, desde 1993, pela doutrina norte-americana, de olhar os conflitos como de alta, média ou baixa intensidade, para preferir incluir as operações de paz na denominação abrangente de *operations other than war*, torna possível no plano militar uma maior flexibilidade no plano da actuação, nomeadamente quanto à decisão política da utilização de forças. E Vitorino salienta «a diversidade das próprias operações de paz, como resposta a um crescendo nas ameaças (e nos próprios riscos), aconselha-nos à maior latitude possível, de modo

---

[35] Bruce W. Jentleson, *Coercive Prevention*, USIP, Washington DC, 2000.

[36] Brahimi, *Report of the Panel on United Nations Peace Operations*, United Nations, NY, 2000.

[37] António Vitorino e outros, em *Portugal e a Guerra*, p. 154, 1998, Lisboa, Edições Colibri.

a garantir também uma maior liberdade de acção ao poder político que é chamado a decidir da participação nesse tipo de operações».

Perante as dificuldades decorrentes destas situações, a experiência e as lições entretanto colhidas, e a percepção da vantagem de criar mecanismos com maior eficácia preventiva, sobretudo para evitar situações de violentos confrontos humanos, tem levado ao estabelecimento de instrumentos de alerta precoce, quer na ONU, na UE, na OSCE, na União Africana (UA), ou na ASEAN, os quais, através da colecção e análise de informações, procuram dotar os decisores políticos de dados que lhes permitam actuar adequadamente na fase embrionária de uma situação de conflito, seja este potencial ou iminente.

Ao debruçar-se sobre a diplomacia preventiva tal como ela hoje se vem fazendo, dita de segunda geração[38], dela assumindo um conceito não minimalista de gestão de crises que pode ir até à administração provisória do país (como ocorre em Timor-Leste), a maioria da doutrina distingue as providências tomadas em tempo de paz ou em períodos de pré-crise, das medidas adoptadas em plena crise ou em conflito aberto, em que a finalidade é já evitar o seu alastramento ou intensidade; ao mesmo tempo, divide as medidas adoptadas em *estruturais ou de pré-crise* (procurando-se através delas prevenir situações de crise mediante um antecipado estímulo de mudanças internas) e *medidas operacionais* (para actuar já em momentos de crise declarada). Compreende-se, aliás, que nas acções de pré-crise se tente agir sobre as raízes estruturais, por meio de uma cooperação activa, designadamente no plano do auxílio económico, bem como através de uma ajuda para reforço institucional e legal, por se tratarem normalmente de sociedades desestruturadas com claros núcleos de tensão e défices de autoridade.

Mas nem sempre é fácil evitar a sobreposição de conceitos e a própria doutrina do Departamento competente da ONU revela bem esta situação ao falar de *interacções e de zonas cinzentas* entre prevenção de conflitos,

[38] Boutros Ghali adoptava um conceito mais restrito. Para ele, diplomacia preventiva consiste em acções com o fim de prevenir disputas entre partes; enquanto a promoção de paz (*peace making*) procura obter um acordo entre elas. Mas outros autores, ao apontarem que as operações de paz (*peace building*) pretendem impedir o ressurgimento de um conflito, incluem-nas no campo mais amplo da diplomacia preventiva.

restabelecimento, manutenção, consolidação e imposição da paz. Assim, no quadro mais frequente e melindroso das situações de gestão de crises já abertas ou de pós-crise (quando afinal anteriores iniciativas preventivas terão faltado ou falhado), é costume alinhar as seguintes acções e políticas: consolidação de paz (*peace building*); restabelecimento da paz (*peace making*), para aplicar acordos de paz específicos, geralmente a curto prazo; construção do Estado (*state building*), para estabelecer, reformar ou fortalecer as instituições de um Estado; construção da nação (*nation building*), para criar ou consolidar um sentido nacional, através da superação de diferenças étnicas e mobilizar a população para um projecto de construção do Estado; estabilização, normalmente através de instrumentos militares, a fim de procurar o termo de hostilidades[39]; reconstrução, para apoiar as dimensões económicas e sociais de uma recuperação pós-conflito; ou as cada vez mais frequentes e pesadas operações de imposição da paz (*peace enforcement*), durante ou depois de um conflito armado, repartidas em acções civis, de polícia e militares, com um mandato expresso das Nações Unidas. A este propósito, como salienta um autor[40], o CS tem mostrado uma capacidade de adaptação às novas realidades políticas, o que o tem conduzido a «alargar o seu campo de acção, o campo de aplicação das disposições do capítulo VII e o da noção de ameaça à paz: ocupando-se de conflitos entre Estados ou intra-Estados, ou cumprindo os papéis de polícia, de justiceiro — pela imposição de sanções — e de *gendarme* — pela construção da paz».

Recorde-se que neste cada vez mais amplo domínio, as operações de paz decididas pelo Conselho de Segurança e conduzidas sob a autoridade do Secretário-Geral, embora tenham por objectivo principal defender a aplicação de um cessar-fogo ou de um acordo de paz, poderão sempre com autorização do Conselho empregar a força de modo limitado (táctico) para sua defesa ou do seu mandato, com o consentimento das autoridades do país em que se encontram (sobretudo se estas não têm capacidade para

---

[39] A iniciativa da ONU na antiga República Jugoslava da Macedónia (FYROM), através de negociação assente em destacamento de forças militares foi, nas palavras do então Secretário-Geral, Kofi Annan, «uma demonstração do que pode ser conseguido no domínio da prevenção de conflitos quando bons ofícios e força militar são usados com eficácia».

[40] Alexandra Novosseloff, *Crises et Conflits Internationaux*, *op. cit.*

o fazer) ou das partes num conflito interno; já as situações de imposição de paz, que implicam o uso de força em termos estratégicos, obrigam a um diferente e mais severo mandato do Conselho, respaldado pelas normas do capítulo VII. Caberá ainda insistir que a prática das operações de manutenção de paz da ONU tem evoluído na direcção de mandatos crescentemente robustos: se, de início, a doutrina defendia o princípio do consentimento das partes, entende-se que, nos casos em que não seja possível obtê-lo ou preservá-lo, o Conselho de Segurança poderá autorizar determinada operação se constatar existir uma ameaça para a paz ou para a segurança internacional que imponha uma acção de imposição de paz. Igualmente vem merecendo atenção particular um dos mais antigos princípios orientadores deste trabalho da ONU pela paz: o princípio da imparcialidade dos seus agentes e forças perante as partes envolvidas. Gerador de não poucas críticas e incidentes, considera-se hoje que, sem prejuízo de uma honesta e transparente aplicação deste princípio, importa evitar — em prudente ponderação caso a caso — que o mesmo se confunda com uma atitude de neutralidade perante comportamentos inaceitáveis que coloquem em perigo os objectivos mesmos das operações.

Por seu turno, têm sido identificadas algumas áreas como sendo prioritárias para intervenções pós-conflito, nomeadamente a segurança humana nos seus vários aspectos: seja por programas de desarme, desmobilização e reintegração de ex-combatentes; pelo desenvolvimento político: apoio a estruturas políticas e administrativas, à reconciliação, à democracia, à defesa dos direitos humanos, ao reforço da sociedade civil; ou pelo desenvolvimento social e económico: repatriação e integração de refugiados e deslocados, reconstrução de infra-estruturas e funções públicas essenciais, auxílio aos sectores da educação e saúde, bem como o apoio, no plano económico, do sector privado, do mercado de trabalho, do comércio e do investimento. A realização deste amplo leque de tarefas, envolvendo militares e civis não só das Nações Unidas como de Organizações regionais, nomeadamente da UE e da UA, ou mesmo Instituições financeiras internacionais e ONG, conduz a uma exigente necessidade de melhor as coordenar para precaver fáceis situações de tensão entre «perfis de actuação diametralmente opostos (...) como a actuação militar que tende a sobrevalorizar a segurança, a unidade de comando, a hierarquia, os resultados de curto prazo» e a actuação civil mais voltada para as tarefas de reconstrução e a privilegiar os aspectos de médio e longo prazo[41].

Porém, se existe um reconhecimento generalizado de que a segurança dos Estados não assenta apenas em meios militares, já o conceito de segurança humana para as acções preventivas está longe de recolher um consenso que lhe dê alguma força vinculativa, apesar de o Secretário-Geral das Nações Unidas ter recordado, num relatório de 2005, uma verdade que, nem por ser óbvia, tem sido esquecida no plano normativo da Organização: «a humanidade não poderá ter segurança sem desenvolvimento, não poderá ter desenvolvimento sem segurança, e não poderá ter nenhuma dos duas coisas se não se respeitarem os direitos humanos». Ou de, em outro documento anterior, o prémio Nobel Amartya Sen ter identificado sete dimensões para garantir uma adequada segurança humana que se desdobraria pelos capítulos económico, alimentar, sanitário, ambiental, físico, comunitário e político.

Além das mais mediatizadas operações militares com mandato do Conselho de Segurança, designadamente pelo dispositivo de forças de interposição ou para a protecção de corredores humanitários ou de infra-estruturas vitais, bem como em paralelas acções políticas (missões de inquérito ou de boa vontade e missões de mediação), a diplomacia preventiva no seu sentido mais amplo vem sendo chamada a intervir com frequência em diversas e delicadas situações de pós-conflito. A multiplicidade destas intervenções acompanha e reflecte os desenvolvimentos de um sistema internacional em que a consciência mais partilhada de novos problemas por parte de outros actores internacionais, nomeadamente certas ONG e os *media*, começa a favorecer o questionamento de alguns princípios consolidados ao longo do tempo, como o da soberania absoluta[42]. Aos poucos, como atrás se mencionou, vai-se lentamente elaborando uma outra concepção, que tem sido defendida na ONU para proteger vítimas de genocídio, de violações maciças de direitos humanos, ou de desastres naturais; para tanto, procura-se fazer depender as prerrogativas soberanas

---

41 G. Carvalho de Oliveira, CES, Coimbra.

42 A criação do Tribunal Penal Internacional e dos Tribunais Especiais da ONU são manifestações e conquistas que questionam um velho conceito das relações internacionais.

dos Estados da sua efectiva *responsabilidade de proteger* os cidadãos e as populações administradas, o que abre caminho a um possível — e para muitos urgente — direito humanitário de ingerência[43]. Como o seu nome sugere, trata-se de deslocar o debate da legitimidade e legalidade das intervenções humanitárias para os direitos que devem gozar as populações civis envolvidas em conflitos, bem como para a responsabilidade do seu Estado e da comunidade internacional lhe prestarem protecção quando existem actos de genocídio, crimes de guerra, contra a humanidade ou limpeza étnica perante a incapacidade ou a falta de vontade das autoridades nacionais para lhes por cobro. Os apoiantes desta iniciativa — que defendem a necessidade de completar a Declaração dos Direitos do Homem, de 1948, texto que afinal lhe daria raiz política — sublinham a sua dimensão preventiva ao procurar impedir o sofrimento humano antes que um conflito o desencadeie, embora uma intervenção militar externa deva apenas ocorrer em última instância. Mau grado as resistências políticas que tornam difícil a aceitação deste princípio pelos Estados-membros, retirando-lhe assim natureza vinculativa, pois o direito internacional continuará a assentar necessariamente nas soberanias nacionais dos Estados, desenha-se, todavia, uma tendência, ainda hesitante mas positiva, no sentido de evitar que aquelas se tornem uma barreira intransponível para políticas e acções diplomáticas preventivas. Porque estas, afinal, obedecem a uma exigência ética que deve nortear a diplomacia do presente mundo globalizado: evitar confrontações, impedir o reacendimento de conflitos, promover a paz, proteger cidadãos indefesos. Em suma, garantir o progresso humano.

Neste capítulo, caberá assinalar ainda a importância dos diversos instrumentos que a União Europeia tem utilizado no quadro de uma política de prevenção, gestão e resolução de conflitos[44]. Além do natural cumprimento

---

[43] O direito de intervenção humanitária é extensamente defendido no já citado relatório independente patrocinado em 2001 pelo governo canadiano *Responsability to Protect*, o qual continua a ser base de reflexão nas Nações Unidas, cujo princípio (mas apenas o princípio) foi aceite na Cimeira Mundial de 2005. Naquele documento citava-se a intervenção do então Secretário-Geral das Nações Unidas, Kofi Annan, que questionava: «se a intervenção humanitária é um inaceitável ataque à soberania, como poderemos responder a uma situação como no Ruanda ou em Srebrenica — a graves e sistemáticas violações dos direitos humanos que afectam cada preceito da nossa humanidade comum?»

[44] Ver https://www.eu.int.

das decisões da ONU, a União Europeia prossegue também uma diversificada e autónoma política de sanções (económicas, financeiras, interdição de vistos), além dos casos em que um Estado terceiro gozando dos seus mecanismos de apoio ao desenvolvimento incorra em actos de violação de direitos humanos (neste sentido, os respectivos Acordos de Cooperação incluem já uma cláusula punitiva específica). Recorde-se, aliás, que a assistência ao desenvolvimento e as ajudas comerciais ocupam um lugar de relevo nas suas intervenções, com vista ao longo e médio prazo, para estabilizar social e economicamente situações de tensão e de pré-conflito, através de auxílios e da gestão civil de crises[45] em sectores tão variados como a educação, estruturas de transporte, apoio macroeconómico, protecção ecológica, ou diálogo político. Mas igualmente, com o progresso da PESC (Política Externa e de Segurança Comum), instituída pelo Tratado de Maastricht, e da PESD (Política Europeia de Segurança e Defesa) e da Política Comum de Segurança e Defesa (PCSD)[46], perante a necessidade de agir a curto prazo face a situações de conflito ou pós-conflito, a UE vem lançando mão de medidas diplomáticas de prevenção (envio de Representantes Especiais, missões de observação de eleições, propostas de paz, mediações de reconciliação, sanções[47]), de missões de assistência humanitária, operações de polícia e de apoio por pessoal civil, ou de contingentes militares de desarmamento ou de interposição para evitar o alastramento de violências.

---

[45] O Conselho criou em 2000 um Comité para a Gestão dos Aspectos Civis das Crises cuja operacionalidade já foi posta à prova nos Balcãs.

[46] A crise dos Balcãs, em 1999, foi decisiva para o impulso dado no Tratado de Amesterdão à PESC, e para o estabelecimento da PESD, a qual permite à UE autonomia para gerir crises, nomeadamente pela criação de capacidades militares, e para uma maior colaboração com a ONU, de que a operação «Artemis» em Maio de 2003, no Congo, com um mandato assente no capítulo VII, foi um exemplo de sucesso. A primeira operação militar da UE em conformidade com a PESD foi lançada na Europa, no quadro das acções ditas de Petersberg, na antiga República Jugoslávia da Macedónia, em Março de 2003.

[47] Num *working paper* da *Fride*, 2005, Javier N. Perez debruça-se sobre as sanções aplicadas pela UE.

2. A diplomacia coerciva

Diplomacia coerciva pode definir-se como uma prática diplomática que, no *contexto de uma negociação*, emprega ameaças ou força limitada para *persuadir* um adversário a desistir de uma acção já iniciada — uma invasão, uma agressão, ou uma ocupação de território — e deste modo repor a situação anterior de normalidade ou de legalidade internacional. Distingue-se assim do uso da força bruta numa situação de guerra, antes dando particular ênfase à utilização, no decurso de um processo negocial, de intimações prévias que tornem credível a determinação de defender os interesses em perigo, nomeadamente pelo ulterior emprego de meios armados ou sanções (de carácter político, militar, económico, ou financeiro), se para tanto for necessário; normalmente, tais ameaças são acompanhadas por medidas compensatórias (usando a velha táctica de *sticks and carrots*), para tornar mais fácil um eventual compromisso. A diplomacia coerciva, cujo conceito foi teorizado por Thomas Schelling nos anos 1960, em plena Guerra do Vietname[48], será portanto um sinal ou a *comunicação de uma mensagem musculada*; é uma dose de *pressão psicológica* introduzida *numa das fases negociais*, implícita ou explicitamente, com o fim de reforçar a credibilidade da ameaça de recorrer a uma maior violência. A este respeito, Schelling sublinhava que «muitas situações de conflito são essencialmente situações de negociação», pelo que os decisores políticos não se deveriam preocupar «com a eficiente aplicação da força, mas com a exploração de força potencial»[49], e isto porque, no dizer de outro teorizador deste tipo de acção[50], importa «criar no oponente a consciência da dimensão dos custos (que terá de suportar) de modo a enfraquecer a sua motivação para persistir no que esteja realizando», o que pressupõe a existência — nem sempre afinal garantida, como demonstrado pela falta de resposta satisfatória de Saddam Hussein

[48] Em 1972, a Administração Nixon utilizou os bombardeamentos sobre o Vietname no apoio às negociações de Kissinger em Paris, que conduziriam à paz em 1973 (Acordos de Paris).

[49] Citado em *Force and Statecraft*, p. 200.

[50] Alexander George, *Forceful Persuasion, Coercive Diplomacy as an Alternative to War*, USIP, Washington, 1992, p. 7.

ao ultimato da ONU em 1991 — de um elemento de racionalidade por parte do adversário.

Se o uso excessivo do poderio aéreo americano para forçar uma solução política para o conflito vietnamita maculou no início este tipo de diplomacia[51], o fim da Guerra Fria contribuiu para o seu regresso frequente como instrumento diplomático, nomeadamente ao serviço da ONU nos conflitos do Golfo (provocado pela invasão do Kuwait pelo Iraque) e da NATO no Kosovo. Diplomacia detestável, no dizer do seu principal teorizador (Schelling) e fortemente criticada por Calvet, que, como vimos, a exclui das práticas diplomáticas para deslocá-la para o domínio das pressões militares, trata-se porém de um expediente usado repetidamente na procura da persuasão de um adversário; a este respeito, o antigo PM sueco Carl Bildt, ao referir-se à sua experiência durante a questão do Kosovo, recordava que a força nunca deve ser um substituto da diplomacia, mas em condições adequadas pode avantajar a busca de soluções diplomáticas; no mesmo sentido, o então Secretário-Geral das Nações Unidas, Kofi Annan, insistiu por mais de uma vez junto dos órgãos da ONU poder fazer-se bastante mais com uma diplomacia assente em efectiva força militar.

Mas como traçar a linha nem sempre clara entre coacção, isto é, entre a força contida e voluntariamente reduzida de uma acção de diplomacia coerciva e uma efectiva operação militar de guerra[52]? Para Thomas Schelling, enquanto esta tem por objectivo a derrota e a destruição dos recursos do inimigo a fim de eliminar a sua capacidade de resistir, já a coerção tem em vista obrigá-lo a aceitar uma intimação específica, nomeadamente alterando comportamentos já tomados. Outros autores, como Alexander George, tendem a circunscrever o conceito, ao apontar como seu elemento distintivo uma finalidade essencialmente *defensiva*, o que explicaria a natureza limitada do emprego da força, quando esta ocorre em certos casos.

---

[51] Jean-Jacques Roche, *op. cit.*, p. 122.

[52] O Prof. R. Barston, no seu livro *Modern Diplomacy*, Essex, 2006, p. 1, assinala a prática comum de actos diplomáticos durante um conflito, como o pedido de autorizações de sobrevoo de aviões militares para uma operação de bombardeamento, para observar que a desfocagem da linha entre actividade diplomática e violência é um dos desenvolvimentos distintivos da diplomacia moderna.

O exemplo mais citado de diplomacia coerciva bem-sucedida, utilizando *sticks* e *carrots*, diz respeito à crise provocada pela instalação de mísseis ofensivos soviéticos em Cuba (1962), durante a Administração Kennedy, a qual levaria à quarentena naval da ilha, imposta pelos EUA, acompanhada por uma clara exigência quanto ao desmantelamento do armamento já ali colocado. Tratou-se de uma situação que foi para lá da mera ameaça transmitida a Moscovo, pois empregou sinais de evidente determinação para dar às autoridades soviéticas a possibilidade de bem apreciar a sua credibilidade, quer pelas forças navais destacadas para o bloqueio, quer pelos preparativos militares americanos para uma possível invasão da ilha ou para acções de retaliação nuclear; ao mesmo tempo, avançaram-se incentivos: a promessa de não invasão de Cuba e a concessão de retirar os mísseis americanos Júpiter instalados na Turquia. É este recurso duplo a instrumentos de violência, que se situam entre uma ameaça de tipo tradicional (por vezes implícita) e a possibilidade de execução efectiva de uma verdadeira prova de força, bem como, por outro lado, a eventuais compensações, que configura os principais elementos caracterizadores de uma diplomacia coerciva.

Se o caso atrás referido constituiu um sucesso que poderá ter evitado nessa altura uma guerra nuclear, nem sempre assim ocorre: Robert Art, num colóquio em 2003, afirmava que apenas 20% das diversas acções de diplomacia coerciva até aí prosseguidas pelos EUA haviam atingido o seu objectivo[53]. Um exemplo mais recente de fracasso diz respeito à primeira Guerra do Golfo, em 1991[54]: após a invasão do Kuwait pelo exército iraquiano, o Conselho de Segurança das Nações Unidas, reflectindo um raro consenso, iniciou a aplicação de medidas de diplomacia coerciva ao exigir a retirada imediata das forças invasoras e ao impor sanções económicas, um embargo e o congelamento de recursos financeiros; perante a recusa de Bagdade

---

[53] https://www.usip.org. 2003.

[54] Nas suas memórias, o então Secretário de Estado americano James Baker refere que as iniciativas americanas tiveram como finalidade impedir qualquer acção iraquiana contra a Arábia Saudita e pôr termo à invasão do Kuwait por uma política de diplomacia coerciva (…) iniciada por pressões diplomáticas, seguidas de pressões económicas e, finalmente, pressão militar por um aumento gradual das forças americanas na área do Golfo. James Baker, *The Politics of Diplomacy*, Perigee, Califórnia, 1995, p. 277.

e o arrastamento do problema, o Conselho reforçou o nível de coerção, avançando um ultimato para a retirada com a data precisa de 15 de Janeiro de 1991, ameaçando «usar todos os meios necessários» se tal não se verificasse, o que viria a acontecer resultando na 1.ª Guerra do Golfo.

Face às dificuldades desta prática diplomática, especialistas americanos nesta matéria têm procurado alinhar as condições a observar para com ela se obter êxito. Entre outras referem as seguintes: a exigência deve ser clara, única e não ambígua; a ameaça credível, explícita e adequada para convencer o adversário na sua ponderação de custo-benefício; o prazo de cumprimento razoável, nem demasiado curto nem longo, embora com sentido de urgência (um razoável curto prazo pode reforçar o elemento coactivo); a cominação deverá ser legítima e de acordo com a lei internacional, ter em conta a opinião pública, bem como ser proporcionada ao objectivo pretendido; será útil juntar-lhe certas compensações; enfim, impõe-se ser acompanhada de diligências diplomáticas junto dos aliados ou parceiros de eventuais coligações, como ocorreu na resposta ao Iraque após a invasão do Kuwait em 1990[55], a fim de proteger ou alargar uma desejável coesão política.

Caberá entretanto assinalar que, não obstante algumas aparências sedutoras da diplomacia coerciva, dela decorrem seguros inconvenientes, pois reduz a margem de manobra negocial de quem a lance, implicando, em caso de insucesso, a efectiva execução da ameaça (sob pena de perda de credibilidade futura), e a consequente inevitabilidade de passar a eventuais acções de guerra, quando essa tiver sido a penalização estabelecida. A este respeito, Kissinger adverte que «uma ameaça de uso da força sem sucesso não faz retornar a negociação ao ponto anterior. E isto porque destrói a posição negocial, pois é uma comissão não de poder limitado, mas de impotência»[56].

Registe-se por fim que, ao contrário de uma política de dissuasão (*deterrence*)[57], na qual a parte visada pode recuar no seu intento argumentando

---

[55] Quatro meses depois da adopção de sanções pela ONU uma força militar de 400 mil homens de 29 países estava já posicionada na região.

[56] Kissinger, *Western Civilization*, p. 118.

[57] Autores, como Alexander George, dão vários exemplos de uma política de dissuasão: a doutrina de Monroe, em 1823; o reforço naval anglo-alemão antes da 1.ª Guerra Mundial;

que não o fizera sob pressão, em situações de diplomacia coerciva (*compellence*) em que, no caso de a ameaça não ter sucesso a consequência será o recurso à força, o resultado assim obtido implica uma clara atitude de submissão na alteração da respectiva conduta, com uma inevitável perda de face; e isto explicará nem sempre ser fácil obter sucesso através da aplicação da diplomacia coerciva, bem como as razões dos seus malogros ou os riscos de desastre ulterior que ela acaba por encerrar, conforme ocorreu com o Japão na 2.ª Guerra Mundial[58].

---

a NATO face à URSS; o estabelecimento de *no fly zones* no Iraque, logo após a 1.ª Guerra do Golfo, para protecção das populações Kurdas.

[58] *Force and Statecraft*, p. 206.

CAPÍTULO VI

O ESTABELECIMENTO DE RELAÇÕES DIPLOMÁTICAS

As relações diplomáticas são essenciais para a segurança e o bem-estar da comunidade internacional.

TRIBUNAL INTERNACIONAL DE JUSTIÇA

1. O direito de Legação

A doutrina clássica, nomeadamente Vattel no seu livro O *Direito das Gentes*, referia a existência de um verdadeiro direito de legação (*jus legationis*), pelo qual «todo o Estado soberano tinha o direito de enviar e receber ministros públicos». Tratava-se, a seu ver, de uma consequência da soberania dos Estados, quer no seu aspecto activo — enviar agentes diplomáticos —, como na sua componente passiva, receber os enviados dos outros Estados, entendendo-se que só por motivos válidos (guerra ou ruptura de relações) se poderia recusá-los.

Actualmente, o alcance do direito de legação é distinto e encontra-se definido de modo claro e bem mais restrito. Apesar da sua designação, que continua a ser utilizada, não se considera um direito subjectivo a que corresponda uma obrigação jurídica, mas uma mera *faculdade* de um sujeito de direito internacional que consiste na decisão discricionária do estabelecimento de relações diplomáticas e em enviar ou receber representantes, mediante entendimento prévio bilateral, sem qualquer dever de reciprocidade.

Oppenheim[1] salienta-o da seguinte maneira: um Estado não é obrigado a enviar representantes diplomáticos, nem a receber representantes permanentes. Mas pelo facto da existência de uma comunidade de nações, os Estados têm de por vezes negociar certas questões, e cada membro deve receber representantes diplomáticos que lhe transmitem uma mensagem de outro membro sobre um assunto determinado.

A doutrina adopta esta perspectiva ao chamar a atenção para os deveres e para a obrigação política decorrentes dos princípios do direito internacional, designadamente da Carta das Nações Unidas, que reclamam uma efectiva cooperação entre as nações para um adequado e harmonioso desenvolvimento dos seus relacionamentos. Nesta concepção generalizadamente aceite trata-se, porém, de uma obrigação bastante limitada, apesar de poder existir mesmo em tempo de guerra: a de, por acordo mútuo, serem recebidos agentes diplomáticos que vêem para missões específicas, o que Jean Salmon sugere ser como que «um regresso ao carácter sagrado dos antigos "arautos" gregos»[2].

Encontra-se assim bem consagrado que o estabelecimento de relações diplomáticas, seguido ou não de troca de missões permanentes, é *um acto político puramente discricionário* e por isso uma simples faculdade, pelo que o continuado emprego do termo «direito de legação» para estas situações decorre apenas da tradição. Aliás, a Convenção de Viena não lhe faz qualquer referência, sendo essa omissão deliberada, conforme se pode ver dos trabalhos preparatórios, mas também do texto do seu artigo 2.º, o qual sublinha o acordo prévio mútuo como elemento fundamental nas obrigações dos Estados neste domínio, pelo que dele resulta assentar o estabelecimento de relações diplomáticas num acto livre e discricionário das partes envolvidas[3].

---

[1] Citado por Jean Salmon, *Manuel de Droit Diplomatique*, Brulant, Bruxelas, 1996, p. 28.

[2] *Ibidem*.

[3] Como Salmon assinala, a recusa completa de relações diplomáticas é rara, apontando o exemplo clássico da Lituânia que, após a ocupação de Vilnius pela Polónia, em 1920, se recusou a ter qualquer contacto político com Varsóvia; ou em 1961, quando o governo indonésio, em ruptura com Haia, pediu ao britânico para cessar de representar em Djakarta os interesses holandeses. Salmon, *idem*.

2. Titulares do direito de legação: elementos objectivo e subjectivo

Embora se trate de uma faculdade dos Estados, continua assim a usar-se a designação tradicional de direito de legação activo e passivo e a definirem-se os respectivos titulares, como se de um verdadeiro direito se tratasse. Cabe assim perguntar: quais são os titulares do direito de legação? A este respeito, deve-se distinguir entre um elemento objectivo e um outro de natureza subjectiva: quanto ao primeiro, o titular deve ser um sujeito de direito internacional (Estados independentes ou Organizações Internacionais) e possuir uma personalidade internacional reconhecida, mesmo que reduzida (como ocorre com a Santa Sé); relativamente ao elemento subjectivo: o estabelecimento de relações diplomáticas — que não obriga à abertura consequente de Missões Diplomáticas permanentes — supõe, como já se viu, além de um prévio reconhecimento recíproco, o acordo mútuo dos sujeitos envolvidos.

Elemento objectivo

A titularidade pertence em regra a Estados independentes e soberanos, devendo por isso a independência ser efectiva, o que não acontece nos casos de ocupação militar[4], ou em situações em que se trata de uma criação política fictícia, como foi o caso dos antigos Bantustões, estabelecidos pelo regime do *apartheid* que governou a África do Sul.

Coloca-se aqui a questão do reconhecimento de Estados, momento que precede relações diplomáticas formais. Segundo os autores[5], qualquer entidade que reúna os elementos constitutivos firmados após a Paz de Vestefália (território, população e governo com um controlo nacional convincente) pode aspirar ao seu reconhecimento como Estado[6]. E este é um

[4] Como ocorreu com a ocupação da Alemanha após a sua derrota na Segunda Guerra, assumindo os aliados temporariamente a autoridade no seu território, pelo que as relações diplomáticas do Estado alemão foram suspensas e as questões relacionadas com os países terceiros geridas pelas quatro potências vencedoras.

[5] Ver nomeadamente N. Quoc Dinh, *Direito Internacional Público*.

[6] No entanto, no Acto Final do Congresso de Viena apenas foram reconhecidos 39 Estados soberanos na Europa. Por outro lado, os Estados-membros da UE reconheceram a Croácia em 1992 — por pressão alemã — apesar de na altura o respectivo governo não controlar todo o território.

acto jurídico livre e discricionário pelo qual um outro Estado, ao verificar a existência dessa situação de facto ou de direito na sociedade internacional, admite que ela lhe é jurídica e politicamente oponível. No entanto, segundo o Instituto de Direito Internacional, «o reconhecimento tem um efeito declarativo. A existência de um novo Estado, com todos os efeitos jurídicos disso resultantes, não é afectada pela recusa de reconhecimento de um ou vários Estados». Deste modo, como ensina Dinh, «a recusa de reconhecimento não impede um Estado de existir» (como ocorre com os casos de Israel e da República da China — Taiwan — não reconhecidos por vários Estados), e inversamente «a concessão de reconhecimento não é suficiente para criar um Estado» se os elementos constitutivos não estiverem reunidos, como acontece quando um Estado não tenha um território definido ou um governo efectivamente independente (os já referidos Bantustões criados pelo regime do *apartheid* ou a República Turca Cipriota).

O reconhecimento, acto unilateral e discricionário, «arma política ou instrumento de negociação»[7], poderá ser implícito (pelo estabelecimento de relações diplomáticas) ou expresso (por nota diplomática ou conclusão de um tratado bilateral), unilateral ou colectivo (o reconhecimento pelos Estados-membros da União Europeia dos Estados resultantes da dissolução da Jugoslávia e da União Soviética), ou mesmo condicional (o reconhecimento do Panamá pelos EUA foi feito sob a condição da observância dos seus direitos sobre a construção do canal); em 1991, a UE e os seus Estados-membros subordinaram o reconhecimento dos novos Estados resultantes da implosão do Império Soviético, entre outras exigências, ao respeito pela Carta das Nações Unidas, à garantia das minorias, à inviolabilidade das fronteiras, à aceitação dos compromissos assumidos em matéria de desarmamento[8]. Por seu turno, o artigo 25.º da Carta das Nações Unidas confere ao Conselho de Segurança o poder de impor um «dever de não reconhecimento» nos casos em que exista a violação de um direito internacional, como ocorreu em 1970 com a presença da África do Sul na Namíbia ou com a proclamação da independência da Rodésia do Sul (1965) ou da República Cipriota Turca (1983). A este respeito deverá

[7] C. Jönsson e M. Hall, *op. cit.*, p. 126.
[8] Lista de cinco condições elaborada pela Comissão Badinter.

ainda ser mencionada a chamada doutrina Stimson, Secretário de Estado americano por altura da ocupação da Manchúria pelo Japão, em 1932, adoptada então pela Sociedade das Nações, que assenta na recusa em reconhecer um Estado criado por uma acção de força ilícita[9].

Um Estado não reconhecido por outros da comunidade internacional poderá estabelecer todavia relações diplomáticas com os Estados que o reconheceram e apresentar a sua candidatura de adesão a Organismos Internacionais, a qual ficará na dependência de uma votação maioritária a seu favor e ao não exercício do direito de veto quando este esteja previsto, como acontece na ONU[10].

Diferente é a questão do reconhecimento de governos resultantes de uma ruptura da continuidade constitucional, nomeadamente pela mudança de regime político. A prática geral, que configura um reconhecimento tácito, assenta no princípio de que se reconhecem Estados e não os seus governos, já que o contrário poderia reflectir uma ingerência nos assuntos internos do Estado em causa[11]; deverá, porém, notar-se que, se do reconhecimento de um governo resulta igual reconhecimento do respectivo Estado, o reconhecimento de um Estado não impede, todavia, uma posição negativa quanto ao reconhecimento do governo que o represente.

Compreensivelmente, não são raros os aproveitamentos políticos quer no reconhecimento de Estados, quer no de governos. Quanto à primeira situação, poderão citar-se como exemplos o tardio reconhecimento da República Popular da China pelos EUA e as consequentes dificuldades em aceder à ONU e ao seu lugar no Conselho de Segurança (apenas em 1971); ou a chamada doutrina Hallstein, do então governo da República Federal da Alemanha, ao negar — até à *Ostpolitike* do Chanceler Brandt, em 1972 — o reconhecimento a qualquer governo que estabelecesse relações diplomáticas com a República Democrática Alemã; ou

---

[9] Já quanto à anexação da Etiópia pela Itália, em 1935, que daria lugar ao Império de Itália e de Etiópia, a Sociedade das Nações não conseguiria obter o mesmo sucesso condenatório, pois seria reconhecida por 44 Estados.

[10] Trata-se aqui, todavia, de um procedimento de adesão que tem por fim verificar as condições de acesso e a sua capacidade de cumprir as obrigações dele decorrentes e não de um reconhecimento de um Estado por parte da Organização Internacional.

[11] Trata-se de doutrina originada no México nos anos 30 do século passado, conhecida pelo nome do seu autor (Estrada).

ainda a presente posição de Pequim em cortar relações com os países que reconheçam Taiwan.

Também o reconhecimento de governos permite, mesmo se não explícito, revelar atitudes políticas quando se altera o nível de relacionamento com as novas autoridades (deixando a Embaixada dirigida por um Encarregado de Negócios se for intenção mostrar algum desconforto), ou, no caso contrário, de eventuais declarações justificativas: assim aconteceu com o reconhecimento do governo de Mao Tse Tung pelo Reino Unido, ao ser invocado por nota diplomática de Londres que aquele mantinha o efectivo exercício da sua autoridade no território chinês.

Satow recorda que o reconhecimento do 1.º governo Republicano, em Portugal, ocorreu conjuntamente por parte da Inglaterra, Espanha, Alemanha, Áustria e Itália apenas após ter sido votada a Constituição e verificadas algumas das suas normas[12].

Casos especiais

Além dos Estados, certos sujeitos de direito internacional público são titulares de um direito de legação activo e passivo. É o que ocorre com a Santa Sé, a Ordem Soberana e Militar de Malta, as Organizações Internacionais, a Commonwealth e a Autoridade Palestiniana.

A **Santa Sé** constitui uma situação internacional complexa, por não cumprir todos os requisitos de uma independência plena, embora reúna meios e condições habitualmente ligadas aos elementos constitutivos de um Estado. Acresce que o Papa se encontra à cabeça de duas personalidades jurídicas internacionais: a Santa Sé, como Chefe soberano da Igreja; e a cidade do Vaticano, de que é Chefe de Estado, vestígio do antigo e vasto poder temporal do Papado, a que a anexação pela Itália dos Estados Pontificais, em 1848, pôs termo.

Desde logo se deve considerar o problema da representação diplomática. Ora, a representação do Estado da Cidade do Vaticano face a Estados terceiros para a conclusão de tratados e para o estabelecimento de relações

---

[12] Ernest Satow, *op. cit.*, p. 71.

diplomáticas está reservada por via da sua lei fundamental à Santa Sé, pelo que o Corpo Diplomático se encontra acreditado junto da Santa Sé e não do Vaticano. Porém, no que toca à participação em Organizações Internacionais (a Santa Sé tem, por exemplo, o estatuto de observador na ONU e em outras Organizações Internacionais), ou na assinatura de tratados, a competência é exercida quer pela Santa Sé, quer pelo Vaticano, dependendo da maneira como o Papa pretenda abordar a questão — no plano espiritual (algumas reuniões internacionais), político (ONU, UE, UNESCO, FAO) ou territorial (União Postal Universal).

O estatuto da Santa Sé reflecte, afinal, um passado de efectivo poder temporal, quando — no território italiano — os chamados Estados da Igreja ou Pontificais, criados no século IX, constituíam, nomeadamente pelo extenso espaço sob o seu domínio (40 mil quilómetros quadrados) e a respectiva população, um Estado idêntico aos restantes da península, sendo o Papa o seu Chefe. Com a sua perda a favor da Casa de Sabóia, que realizaria então a unidade política italiana, e a subsequente anexação de Roma, até aí sob o domínio da Igreja, o Papa perdeu transitoriamente o poder de Chefe temporal, embora nunca tenha abandonado o exercício das suas prerrogativas diplomáticas nem visto contestada a sua qualidade de Chefe de Estado[13].

Não obstante o Reino de Itália ter procurado resolver a situação territorial resultante da anexação de Roma, equiparando o Papa ao Rei, concedendo-lhe imunidades e liberdade total na condução espiritual da Igreja, bem como reconhecendo a existência de um Corpo Diplomático residente separado, só com os Acordos de Latrão, por iniciativa de Mussolini, em 1929, o papado aceitou normalizar as relações com a Itália. Estes acordos seriam actualizados, em 1984, por uma Concordata, que confirmou o estatuto internacional da Santa Sé e da Cidade do Vaticano, enquanto a Igreja reconheceu a natureza laica do Estado italiano.

Deste acordo jurídico, que confere à Cidade do Vaticano «a aparência de Estado» (Nguyen Dinh), decorre que a Itália «reconhece a soberania da Santa Sé na Ordem Internacional como um atributo inerente à sua natureza, em conformidade com a sua tradição e missão no mundo».

---

[13] Retendo o estatuto anteriormente consagrado pelo Congresso de Viena de 1815.

Deste reconhecimento derivam o direito de exercer as funções externas do Estado e as imunidades relativas à soberania; ou seja, a Santa Sé negoceia e conclui tratados, participa activamente como observador em Organizações Internacionais, recebe e envia Embaixadores (Núncios). Por outro lado, a Santa Sé está autorizada a fazer funcionar alguns serviços públicos na Cidade do Vaticano (44 hectares) e a conceder a cidadania vaticana segundo restritas condições (a cidadãos de várias nacionalidades enquanto ali prestem funções).

Apesar das prerrogativas políticas e diplomáticas de que gozam a Santa Sé e o Vaticano, a generalidade da doutrina não é partidária de lhes conferir a qualidade plena de Estado. Para tanto destaca o seu exíguo território, a reduzida população, uma nacionalidade apenas ligada a funções exercidas transitoriamente, e a especificidade dos seus principais serviços públicos serem geridos pelo Estado italiano. Para o autor já citado, Dinh[14], tratar-se-ia antes de um *serviço público de natureza espiritual.* Com efeito, a Santa Sé tem sob sua autoridade religiosa e moral cerca de mil milhões de crentes, mas que afinal vivem em diferentes Estados soberanos e sob as suas leis.

A **Commonwealth**: pelo estatuto de Westminster de 1931, os chamados Domínios da Coroa (territórios britânicos a que era concedido um grau importante de autonomia, como o Canadá, Austrália, Nova Zelândia e África do Sul), mantendo embora a ligação ao rei, tornaram-se independentes, com direito a uma representação diplomática distinta. Com a posterior concessão da independência às diversas colónias britânicas, jornadas Repúblicas, todos os membros da Commonwealth continuaram a reconhecer o Rei de Inglaterra como Chefe desta Comunidade, embora troquem Embaixadores com o título de Altos Comissários, sendo as respectivas Missões, equivalentes às Embaixadas, designadas por Altos Comissariados.

Organizações Internacionais: dotadas de personalidade jurídica internacional podem gozar de direito de legação, activo e passivo, por convenção ou pela prática, podendo manter relações entre elas ou bilateralmente com Estados, como aliás, quanto a estes, se torna patente pela Convenção

[14] Dinh, *Direito Internacional Público*, p. 465.

de Viena de 1975 sobre a representação dos Estados nas suas relações com as Organizações Internacionais.

Movimentos de Libertação: o reconhecimento de personalidade jurídica internacional quanto a alguns destes Movimentos é um facto adquirido do direito internacional contemporâneo[15]. O estatuto das suas Missões em Estados terceiros depende todavia do diferente acolhimento político que obtenham por parte dos países que os reconhecem como sujeitos de direito internacional. Neste contexto se insere a Autoridade Palestiniana, com sede em Ramalah, considerada como concretização para-estatal de um anterior movimento de libertação, a OLP (transformado unilateralmente por Arafat em Estado, em 1989, entretanto reconhecido por noventa países), que vê hoje amplamente aceite, nomeadamente por Portugal, tanto o seu direito activo como passivo de legação[16] pela comunidade internacional.

A **Ordem Soberana e Militar de Malta**: com sede em Roma, não obstante a sua aparência de ONG internacional, é-lhe reconhecido o estatuto de observador na ONU, e mantém relações diplomáticas com mais de meia centena de Estados, entre eles Portugal (nela representado pelo Embaixador junto da Santa Sé e acolhendo uma Missão Diplomática em Lisboa).

Elemento subjectivo

Conforme se disse, o estabelecimento de relações diplomáticas implica um prévio reconhecimento mútuo entre os respectivos Estados e, por vezes, o próprio comunicado conjunto que o anuncia serve para cumprir aquela formalidade; no entanto, o reconhecimento de um Estado, o qual, como atrás se viu, decorre de uma decisão soberana e discricionária[17], uma vez realizado não significa o estabelecimento automático de relações diplomáticas, por estas configurarem uma vontade política diferente.

---

[15] Jean Salmon, *op. cit.*, p. 40.

[16] A Representação Diplomática em Lisboa tem o nome de Delegação Geral da Palestina.

[17] Como mostra bem o reconhecimento do Kosovo, em que a comunidade internacional agiu de forma diversificada.

Se o não reconhecimento de um Estado impede a existência de relações diplomáticas, a necessidade de proteger os interesses de um país e dos seus cidadãos tem conduzido a soluções pragmáticas que garantam um relacionamento limitado e oficioso, desprovido porém de estatuto diplomático, o que se vem fazendo por meio de Missões Comerciais; Representações; Delegações; Agências de Informação; ou Centros Culturais[18]. Esta via foi extensamente usada durante a última fase da guerra civil espanhola em que, perante a crescente dominação das forças franquistas, vários Estados estabeleceram representações em Burgos, capital provisória dos nacionalistas[19].

Como já se assinalou, no caso de uma mudança violenta de governo num Estado o princípio geral seguido assenta no reconhecimento de Estados e não necessariamente dos respectivos governos, o que deixa uma útil margem de manobra para melhor ponderação da sua efectiva autoridade sobre o território e populações. Neste caso, a eventual manutenção de uma Embaixada não significa o reconhecimento das novas autoridades, já que ela poderá limitar-se a contactos limitados, não oficiais, sobre questões urgentes para defesa dos seus cidadãos, ou abster-se mesmo de qualquer contacto com o governo. Esta atitude não poderá, todavia, perdurar, pois as novas autoridades poderão não a admitir, pelo que ou se encerra a Embaixada ou se estabelecem contactos oficiais. Por isso, a prática usual leva por razões de eficácia a um quase automático reconhecimento dos novos regimes se estes exercem efectivamente o poder soberano sobre o Estado. Já Vattel ilustrava bem este egoísmo das nações quando, ao referir-se à possibilidade de um Estado receber Embaixadores de um regime usurpador, afirmava que as potências estrangeiras seguem quem tem a posse (do poder), se para tanto isso convém ao seu interesse.

A este respeito, a doutrina actual traça a seguinte distinção: enquanto o reconhecimento de Estados, uma vez realizado, se mantém além de qualquer conjuntura (mesmo havendo corte de relações diplomáticas)[20], já o reconhecimento de governos resultantes de uma ruptura de regime,

---

[18] Assim acontece com o Centro Económico e Cultural de Taipé, em Lisboa.

[19] Como foi o caso de Portugal.

[20] Como ocorreu com Portugal e a Indonésia, após o corte de relações diplomáticas devido à situação de Timor-Leste.

embora geralmente pressuposto, diz respeito à vontade de continuar com as novas autoridades as relações de cooperação política antes mantidas entre dois países.

Apesar de não ser usual, já que o reconhecimento é acompanhado normalmente de relações diplomáticas, pode-se reconhecer um Estado sem imediatamente as estabelecer — a Bélgica reconheceu a Guiné-Bissau, mas só depois estabeleceu relações.

Num outro plano, também por motivos de eficácia, assinale-se que o envio ou recepção de missões especiais não conduz ao reconhecimento dos respectivos Estados, conforme estipula a Convenção de Nova Iorque sobre Missões Especiais (artigo 7.º) ou a Convenção de Viena sobre Tratados, esta última ao determinar que a ruptura ou ausência de relações diplomáticas não impedirá a celebração de tratados, nem esta pressupõe um reconhecimento mútuo. De igual modo, eventuais visitas bilaterais de membros do governo ou de funcionários governamentais, mesmo que com carácter oficial, não se devem considerar como um acto de reconhecimento diplomático. Tão-pouco a participação em reuniões multilaterais, ou a própria admissão de Estados em Organizações Internacionais, não são aceites pela doutrina como originando um reconhecimento automático por parte dos restantes membros.

Se as relações diplomáticas se estabelecem entre sujeitos que detêm personalidade jurídico-internacional, sobretudo entre Estados soberanos, no caso da perda de independência de um Estado (por guerra, fusão, anexação, ou ocupação ilegal) é geralmente automática a cessação de relações diplomáticas. Assim ocorreu, nos casos da conquista da Abissínia pela Itália; na anexação da Áustria pela Alemanha nazi; na ocupação da Alemanha pelas potências aliadas após a vitória na 2.ª Guerra Mundial; no desaparecimento da RDA como Estado devido à unificação da Alemanha.

Convirá notar que, enquanto o estabelecimento de relações diplomáticas depende da vontade soberana e mútua dos Estados, a sua ruptura decorre de uma decisão unilateral (por vezes incorporando uma táctica de pressão política), sendo um acto discricionário do Estado que a toma; nestes casos, o princípio da reciprocidade, o qual ocupa historicamente um lugar orientador da diplomacia, implica que a mesma atitude seja igualmente tomada pelo Estado a quem foi imposta. A ruptura de relações pode ser adoptada colectivamente, por iniciativa da ONU[21] ou de um grupo de Estados. Trata-se, como é óbvio, de um acto de extrema gravidade, pelo que outras alternativas existem até se chegar a essa situação limite (expulsão de agentes diplomáticos, chamada de Embaixador, redução do nível de representação da Missão, suspensão sem ruptura); no caso de ruptura, o país que tomou tal decisão pode confiar a protecção dos seus interesses a um terceiro país, mediante o prévio assentimento do Estado em que se encontra instalada a Embaixada.

Cabe ainda identificar uma outra situação: se a ocupação de um território não levar à perda de independência devido ao prosseguimento de um conflito, o governo do país ocupado pode instalar-se numa parte não ocupada do país ou partir para o exílio; neste caso, que ocorreu nas duas últimas guerras mundiais, o Corpo Diplomático pode seguir as autoridades junto de quem está credenciado, tal como aconteceu no conflito de 1914–18 (no início do conflito, perante a eminente chegada das forças alemãs, as Embaixadas em Paris acompanharam o governo para Bordéus; o soberano belga, o seu governo e o Corpo Diplomático, devido à ocupação da Bélgica pela Alemanha, fixaram-se junto ao Havre, em França); na 2.ª Guerra, alguns governos de países ocupados instalaram-se em Londres, ou, quanto à França, o Corpo Diplomático deslocou-se para junto do governo de Pétain, em Vichy, no território não ocupado pelos nazis.

Tendo lugar a ocupação total do território por tropas estrangeiras, levando ao desaparecimento de facto de um governo independente, as Embaixadas dos Estados em guerra são encerradas e postas sob protecção de um Estado terceiro; quanto às Embaixadas dos países neutros, em princípio só permanecerão para protecção dos seus cidadãos. Todavia, o país ocupante pode — de acordo com o direito internacional consuetudinário — exigir que as Embaixadas dos países terceiros cessem as suas actividades, ficando a protecção dos seus interesses a cargo das suas Embaixadas na capital do país ocupante. Esta foi aliás a posição assumida pelos Aliados após a ocupação da Alemanha depois da vitória de 1945.

---

[21] Durante o regime salazarista, a Assembleia Geral da ONU, em 1965, instou os seus membros a cortarem relações diplomáticas e consulares com Portugal; já antes, em 1963, a então Organização de Unidade Africana decidira o mesmo quanto aos Estados africanos.

Finalmente, mesmo em casos de ruptura de relações diplomáticas, os Estados poderão manter Postos Consulares nos respectivos territórios, como decorre do artigo 2.º, § 3, da Convenção de Viena sobre Relações Consulares de 1963. Assim acontece por se tratar de dois tipos de relações interestaduais diferentes, o que explica que dois Estados possam manter relações consulares sem que o façam ao nível diplomático, como ocorreu entre 1967 e 1970 entre a Espanha e alguns países do então bloco soviético[22]. E isto porque os Cônsules não são revestidos do carácter simbólico representativo dos seus Estados, pois as suas funções têm uma natureza primordialmente interna e administrativa, não sendo por isso acreditados junto do governo central do país onde se encontram, pelo que realizam os seus contactos com as autoridades locais da zona de circunscrição dos respectivos consulados. Porém, se a manutenção de um consulado num Estado, cujo novo governo não é reconhecido pelas autoridades a que pertence, pode — por razões de ordem prática e até pelo interesse político de evitar isolamentos — não levantar dificuldades, já a nomeação de um novo cônsul, por implicar o respectivo *exequatur* (autorização do exercício de funções pelo governo do Estado de residência) conduz necessariamente ao reconhecimento deste, salvo nas situações pouco frequentes em que aquele não é exigido ou que, no pedido de *exequatur*, se mencione expressamente tal não equivaler a um reconhecimento[23].

[22] Salmon, *op. cit.*, p. 516.

[23] Salmon oferece alguns exemplos neste sentido. *Idem*, p. 524.

CAPÍTULO VII

O CORPO DIPLOMÁTICO

> Os diplomatas desenvolvem uma identidade de grupo independente das suas identidades nacionais.
>
> NICOLSON[1]

O Corpo Diplomático é constituído pelo conjunto dos agentes diplomáticos acreditados junto de um Estado[2], inscritos na «Lista Diplomática» editada pelo respectivo Ministério dos Negócios Estrangeiros, nela figurando segundo uma regra protocolar precisa. Segundo Mattingly, a sua origem como grupo congregando indivíduos com idêntica formação e interesses deve ser atribuída a Roma, a meio do século XV, quando aquela cidade era «a principal escola e campo de disputas diplomáticas», bem como o destino dos mais prestigiados diplomatas. Não só a própria natureza do ambiente romano, em que quase tudo girava e era influenciado pelo que se passava na Santa Sé, como o hábito dos Enviados estrangeiros («leigos numa cidade de padres») serem por vezes recebidos pelo Papa em audiências colectivas[3], ocuparem em grupo lugares especiais em

---

[1] Nicolson, *Diplomacy*.

[2] Pode-se falar também de Corpo Diplomático das Organizações Internacionais. Não confundir, porém, com os funcionários do Serviço Diplomático de um país na sua capital. Numa acepção mais restrita, o Corpo Diplomático é limitado aos Chefes de Missão acreditados num país.

[3] Referido por Mattingly, *idem*, p. 91, embora esta informação não seja consensual entre os autores.

cerimónias, iriam ajudar a promover o sempre celebrado *esprit de corps* dos diplomatas e com ele o estabelecimento do que se chamaria mais tarde, no século XVIII[4], o Corpo Diplomático, com as suas regras e funções, sinal claro de uma crescente profissionalização.

Num livro muito lido no século XVIII (*Discours sur l'Art de Négocier*), Antoine Pecquet traça um retrato vivo — e ainda actual — do Corpo Diplomático e do seu *esprit de corps* tal como já se apresentava na primeira metade daquele século. Diz-nos Pecquet: «O corpo de enviados num determinado país forma uma espécie de sociedade independente. Vivem muito próximos e tratam-se polidamente e com honestidade, mesmo quando os seus soberanos estão em guerra. Defendem interesses e privilégios, cuja perda por um deles transforma-se em queixa para todos. Os Soberanos incorrem em grande prejuízo quando representantes de outros são ameaçados, mesmo quando os Senhores que servem estão em conflito»[5].

Sem contestar a primazia de Roma como raiz do Corpo Diplomático, G. R. Berridge[6] assinala, todavia, o papel geralmente esquecido de Constantinopla para o reforço desse sentimento de espírito de corpo e de identidade que tem atravessado séculos para ainda hoje ajudar a estreitar relacionamentos e cumplicidades dos diplomatas em posto. Baseando-se na correspondência de um Embaixador Residente inglês, *Sir* Thomas Roe, de 1621 a 1628, Berridge descreve o ambiente da capital de um Império, com influência na Europa, no Médio Oriente, no Mar Negro, no Mediterrâneo e no Oceano Índico, para assinalar que os sultões aceitavam de boa vontade Embaixadores estrangeiros, pois a sua vinda trazia-lhes prestígio, ricas oferendas e importante informação sobre um mundo exterior de que se encontravam afastados. Alguns faziam-se acompanhar de imponentes comitivas e Roe dá o exemplo de uma Embaixada Extraordinária polaca constituída por «ao menos 1200 elementos, integrando muitos Senhores e homens de qualidade». Mas para Berridge, porventura com

---

[4] A expressão terá aparecido pela primeira vez na obra de Antoine Pecquet, *Discours sur l'Art de Négocier*, citado por Keith Hamilton e R. Langhorne em *The Practice of Diplomacy*, p. 71, em 1737.

[5] Citado por G. R. Berridge e outros, *Diplomatic Theory from Maschiavelli...*, p. 119.

[6] G. R. Berridge, *Notes on the Origine of the Diplomatic Corps; Constantinopla in the 1620s*, https://www.clingendael.nl, Clingendael, 2004.

algum optimismo, certos vislumbres de um incipiente Corpo Diplomático surgiriam também ali em 1623 (não obstante as frequentes rivalidades de precedência entre franceses e ingleses), na forma como a Sublime Porta, ao procurar extorquir contribuições pecuniárias, tratou como um conjunto (um *Corpo*) os Embaixadores Residentes de Veneza, França, Inglaterra e Holanda, e, também, como estes *colectivamente* reagiram para defesa dos seus interesses.

Num outro plano, debruçando-se sobre a natureza do Corpo Diplomático, Maresca[7] escreve que ele constitui junto de um Estado «quase a imagem da comunidade internacional, considerada no seu conjunto e vista através dos seus membros singulares», não apenas como a representação do sistema de relações jurídicas internacionais que o Estado acreditador mantém com cada um dos países estrangeiros, «mas como a configuração do mais vasto sistema de relações que, num determinado momento histórico, os Estados mantêm entre si, e o espelho do mutável modo de ser que o contínuo fluir da política internacional imprime às próprias relações».

Hoje, o Corpo Diplomático é geralmente entendido como uma comunidade de membros independentes entre si e um órgão dotado de personalidade com carácter estritamente funcional, limitado aos seus fins institucionais[8]. Estão já longe os tempos em que assumia uma activa intervenção, como aconteceu em Portugal ao proteger D. João VI, em 1824, durante uma tentativa de golpe miguelista[9], ou ao protestar formalmente contra ilícitos internacionais do Estado acreditados, como ocorreu no século XIX em diligências na Sublime Porta a favor dos cristãos perseguidos, ou junto do Presidente dos EUA durante a guerra hispano-americana; na China, em 1900, durante a revolta dos Boxers, em que, após a vitória da força expedicionária internacional enviada para salvar os diplomatas sitiados há 55 dias, assumiu a inteira jurisdição e tutela do bairro das

---

[7] Adolfo Maresca, *La Missione Diplomática*, Milão A. Giuffrè, 1959, p. 277.

[8] Pode existir mais do que um Corpo Diplomático na mesma capital, como acontece em Roma (junto do Quirinal e da Santa Sé), ou quando nela se congregam Missões bilaterais e multilaterais (Roma, Bruxelas, Adis Abeba, Paris ou Washington).

[9] O relato feito pelo Embaixador francês em Lisboa ao seu ministro, o famoso escritor Chateaubriand, dá conta da rivalidade franco-inglesa por detrás desta protecção. *Trésors et Secrets du Quai d'Orsay*, J. C. Lattès, 2001, p. 432.

Embaixadas; em Tânger, a partir de 1909; ou mais recentemente em 1967, em Pequim, para defesa dos interesses das Missões Diplomáticas ameaçadas pelos Guardas Vermelhos da Revolução Cultural.

O Corpo Diplomático é presidido por um Decano que o representa (o Embaixador há mais tempo em funções, ou, nos países católicos, o Núncio Apostólico, como aliás é reconhecido pelo artigo 16.º-3, da Convenção de Viena de 1961), ao qual são devidas honras particulares, quer pelas autoridades locais, quer pelas Missões Diplomáticas. As suas presentes funções repartem-se, além da representação formal dos membros que o compõem, pela presença em cerimónias oficiais, pelo aconselhamento aos novos Chefes de Missão que chegam, pela defesa dos privilégios e imunidades dos agentes diplomáticos, pela transmissão ao Corpo Diplomático de informações especiais para que tenha sido solicitado pelo Ministério local dos Negócios Estrangeiros (geralmente ligadas a medidas excepcionais de segurança ou a abusos por parte de diplomatas de algumas das suas prerrogativas), ou ainda, embora cada vez mais raro, pela convocação dos Embaixadores para diligências colectivas sobre assuntos políticos ou para um protesto (caso em que, como Satow aconselha[10], os Chefes de Missão devem pedir prévias instruções ao seu governo quanto à atitude a tomar, já que tal declaração de vontade é imputada pelo direito internacional a cada um dos Estados nele representados[11]).

Esta função «estruturante» do Decano[12] é bem sintetizada por um autor que sublinha: «o decano encarrega-se da boa coesão do corpo diplomático, assegura a sua protecção, o respeito das suas prerrogativas. Acolhe os que chegam e integra-os no meio diplomático. Estas formas de socialização favorecem uma reconstituição local do corpo diplomático sujeito a uma descaracterização derivada da massificação do recrutamento dos embaixadores e do número das missões diplomáticas»[13].

---

[10] Satow, *op. cit.*, p. 162.

[11] Maresca, *op. cit.*, p. 281.

[12] O decano pode representar um país que não tem relações diplomáticas com outros da capital onde está acreditado, isso não impedindo que os contactos se façam ao nível de decanato, embora não no plano bilateral.

[13] Meredith Kingston de Leusse, *Diplomate. Une Sociologie des Ambassadeurs*, L'Harmattan, Paris, 1998, p. 108.

Além do quadro de relacionamento promovido em certas ocasiões pelo Decano, os membros do Corpo Diplomático numa capital tecem entre si uma rede de contactos, cumplicidades e ajudas, que depende dos países onde se encontram (e por vezes das suas específicas dificuldades) ou dos laços regionais e políticos que favorecem aproximações e camaradagens. Embora já bem longe da severa etiqueta da época moderna, após a sua chegada, é costume o Embaixador (mas também num outro plano o Cônsul) iniciar uma série de visitas aos colegas, as quais podem marcar uma futura empatia e útil cooperação, através da troca de informações e de ajustamento, ou até correcção de pontos de vista, sobre a realidade local. Mesmo o cansativo lado mundano, em que o Corpo Diplomático se mistura com elementos grados da sociedade civil local, serve de cimento a estes relacionamentos profissionais e resulta por vezes em fonte de novidades e de convenientes combinações com elementos que a ele não pertencem; porém, a este respeito, Galbraight, reputado economista que foi Embaixador americano em Nova Deli durante a administração Kennedy, após alinhar ácidas críticas ao Corpo Diplomático afirma nas suas memórias[14] (porventura numa confissão de falta de profissionalismo ou de arrogância) «nunca ter aprendido nada num *cocktail* ou num jantar que já não conhecesse ou viesse cedo a conhecer no normal desempenho do trabalho». Já para o autorizado historiador e antigo Embaixador Adam Watson, «as festas e jantares diplomáticos podem ser aborrecidos, mas a quantidade de intercâmbios úteis que neles se originam constitui surpresa para os não profissionais»[15].

[14] J. Kenneth Galbraight, *A Life in our Times*, Houghton Mifflin Company, Boston, 1981, p. 392.

[15] Adam Watson, *Diplomacy*, p. 128.

CAPÍTULO VIII
PROTOCOLO E CERIMONIAL

> O cerimonial é o fumo da amizade.
>
> ANTIGO DITADO CHINÊS

A palavra protocolo[1] provém do baixo latim *proto collum*, que significava um registo a que os documentos estavam anexados[2] e, posteriormente, a forma como aqueles eram escritos; bem mais tarde, na França, um *bureau du protocole* tinha como tarefa a elaboração dos documentos diplomáticos e a organização das respectivas cerimónias de assinatura, passando esse serviço a ser designado como Protocolo ou Cerimonial[3]. Para a generalidade dos autores, protocolo e cerimonial são, no seu sentido amplo, expressões sinónimas. Mas o autorizado Jean Serres[4] distingue: para ele, «cerimonial cria o ambiente e a atmosfera dentro dos quais os contactos pacíficos dos Estados soberanos se desenvolvem. O protocolo modifica as regras que governam o cerimonial e cujo objectivo é o de dar a cada um dos participantes as prerrogativas, privilégios e imunidades a que têm direito». De modo mais pragmático, pode definir-se protocolo como

---

[1] A palavra Protocolo designa também um documento internacional que pode revestir várias formas: registo de um acto internacional, acta de depósito, troca ou aditamento de um instrumento internacional (Tratado, Acordo).

[2] C. Jönsson *et al.* dão no seu livro *Essence of...*, p. 45, uma semelhante etimologia: para eles, derivaria de duas palavras gregas que significavam «primeira cola», designando a primeira folha colada a um manuscrito.

[3] Calvet, *Manual Diplomático*, Bizâncio, Lisboa, 2001, p. 164.

[4] Citado por Nascimento e Silva, *Diplomacia/Protocolo*, p. 146.

o conjunto de regras de conduta e procedimentos que regulam — no caso do protocolo nacional — as relações oficiais entre as autoridades de um país, ou, no que diz respeito ao protocolo diplomático («a expressão de boas maneiras entre as nações»[5]), os comportamentos que os governos e os seus representantes devem adoptar em situações oficiais, nomeadamente no plano das precedências, assim se proporcionando um quadro orientador para que os seus contactos sejam conduzidos de modo ordenado. Calvet vê no protocolo oficial dois fundamentos principais: a necessidade de resguardar a eficácia de qualquer reunião, focando-se em questões de substância e não de forma; e ainda um motivo de ordem política e legal ao garantir aos respectivos participantes o lugar que por lei ou costume tenham direito. Já para Jean Serres, o protocolo diplomático tem por objectivo primordial salvaguardar o direito de qualquer país, por mais pequeno que seja, fazer ouvir a sua voz, diferindo totalmente — por este factor de igualdade — dos protocolos nacionais «que confirmam e consolidam as respectivas hierarquias domésticas»[6]. Jules Cambon, embaixador prestigiado, que viveu numa época ainda marcada por alguns rigorosos comportamentos protocolares, deixou escrito[7], como hipótese, que a origem das normas de civilidade, entre particulares e nações, teria sido o medo, lembrando o temor com que, porventura, no tempo antigo, se revestiriam as marcas de deferência prestadas aos enviados dos triunfadores romanos, pelo que pouco a pouco se estabeleceu o uso de envolver os representantes estrangeiros de um completo aparelho de cortesias. O protocolo, a seus olhos, terá nascido quando as embaixadas se transformaram em missões permanentes, altura em que tal costume se tornou regra. E acrescenta com alguma ironia: «é uma espécie de religião; com as suas práticas e mistérios, em que os "introdutores de embaixadores" são os seus sacerdotes». Ao defendê-lo, sublinha que o protocolo impõe às nações, mesmo inimigas, cortesias recíprocas, sem ter em conta a relação de força entre elas, revelando antes um sentido de respeito pela dignidade e independência dos Estados mais fracos.

---

[5] Jean Serres, citado por Chas. W. Freeman, *The Diplomats Dictionary*, USIP, Washington, p. 242.

[6] Jean Serres, *Le Protocole et les Usages*, PUF, Paris, 1963, p. 103.

[7] J. Cambon, *Le Diplomate*, Paris, p. 83.

A história mostra-nos, entretanto, que os vários poderes (religiosos, políticos, militares) desde muito cedo estabeleceram rituais, cerimónias e solenidades — para se fazerem temidos, obedecidos ou admirados. Recorde-se que os antigos impérios orientais davam uma extrema importância ao cerimonial; que na correspondência de Amarna, no século XIV a.C. se encontram numerosas referências a questões protocolares; que na China do século VIII a.C. praticamente todos os acontecimentos mais significativos da vida de uma família reinante requeriam certas formas de representação diplomática[8]; que na Corte de Quioto, durante o século de ouro japonês (século X), o ritual era tarefa essencial para um bom governo do país; que Bizâncio o codificou — pela mão de um dos seus Imperadores —, para melhor o impor aos Enviados recebidos e através dele distinguir diferentes graus de poder; que já na segunda metade do século XV as principais chancelarias da Europa «possuíam modelos de credenciais mostrando como dirigir-se a cada um dos países vizinhos»[9]; que, na Veneza do século XVI, um *Libro Ceremoniale* definia em pormenor como receber embaixadores estrangeiros; ou que, em 1619, o *Cerimonial de França* começava por lembrar que «em todos os reinos e Estados civilizados sempre se teve em atenção que a ordem requerida para as cerimónias e para as precedências deveria ser exactamente observada (...) para evitar confusões»[10]; que a etiqueta geriu até tarde no século XIX os mínimos gestos das grandes monarquias europeias e ocasionou, sobretudo nos séculos XVI e XVII, disputas, duelos e motins entre os seus representantes quando as precedências pretendidas não eram observadas; ou, como durante séculos, da Idade Média até 1911, na China, por teimosamente se infligir aos representantes estrangeiros as regras de obediência impostas aos autóctones, constituiu uma atitude de isolamento e de degradação do anterior poder do Império do Meio, ao recusar reciprocidades, contactos e intercâmbios[11].

Mas foi seguramente na Corte do Rei-Sol, na segunda metade do século XVII, que o cerimonial foi erigido na Europa à categoria de «teatro

---

[8] C. Jönsson, *op. cit.*, p. 47.

[9] G. Mattingly, *op. cit.*, p. 38.

[10] L. Bély, *op. cit.*, p. 305.

[11] É significativo o relato da falhada embaixada da Corte britânica, descrito por Alain Peyrefitte, *L'Empire Immobile*, Paris, Fayard, 1989.

do poder», e a rigorosa «máquina de Versalhes», conforme foi descrito com impiedosa e cirúrgica atenção por Saint-Simon[12], cedo se trasladaria em cópias menores para o resto da Europa. Na magnificência do soberbo palácio e dos seus jardins, cada dia, entre o «levantar» e o «deitar» do soberano, em rituais programados com uma precisão que não admitia falhas e configurava um código de conduta hierarquizado, «dezenas ou centenas de nobres» assistiam aos vários actos de Luís XIV, «cuja acção mais simples era apresentada como revelando um significado extraordinário; os cortesãos aristocratas, os altivos diplomatas estrangeiros, todos tinham de ficar impressionados e persuadidos de que o poder do rei era absoluto, que tudo dele dependia (...) incorrer na desgraça real significava, para muitos, que a vida se tornava sem interesse, para não dizer sem razão»[13]. O cerimonial alcançava assim uma importância política bem para lá dos salões de Versalhes, impondo às restantes Cortes europeias e aos seus representantes a tarefa de descodificarem as recorrentes intrigas palacianas para melhor se defenderem da vontade hegemónica francesa que uma encenação cuidadosa pretendia empolar.

Mesmo já no princípio do século XIX, a Corte portuguesa não esqueceu a importância deste tipo de exibições para apoiar estratégias diplomáticas. Logo após o Congresso de Viena, com o intuito de alargar a sua rede de alianças através de uma aproximação à triunfante Casa de Habsburgo, a embaixada do marquês de Marialva a Viena, para escoltar a filha do Imperador para o seu casamento com o príncipe herdeiro D. Pedro, deslumbrou pelo seu fausto uma capital habituada a sumptuosidades, não sendo igualmente poucas as ofertas ali feitas, nomeadamente a Metternich; também o Conde de Funchal, ao apresentar credenciais ao Papa Pio VII, enfim regressado do seu exílio em 1815, quis marcar o estatuto de Portugal ao fazer-se acompanhar de um cortejo imponentíssimo que lembrava os aparatos dos Embaixadores do século XVIII[14].

Este é aliás um domínio onde a linguagem de sinais que caracteriza a instituição diplomática se faz ainda sentir no quotidiano das diligências,

---

12 Ver Saint-Simon, *Mémoires*, Paris, 1990, Folio-Gallimard.

13 Peter Rietbergen, *op. cit.*, p. 281.

14 Pedro Soares Martinez, *op. cit.*, que refere ainda, quanto a Viena, correspondência de Metternich sobre a imponência da esquadra portuguesa.

nas celebrações (como as dos dias nacionais)[15], nas visitas de Estado, ou mesmo nas fórmulas de saber antigo que ainda hoje se utilizam nas cartas credenciais dos Embaixadores, que começam pelo revelador vocativo «Grande e Bom Amigo» e terminam pela não menos sugestiva garantia que antecede a assinatura do Chefe de Estado: «Leal e Constante Amigo».

Também os comportamentos e rituais dos agentes diplomáticos se encontram desde há muito modificados: já em 1436, no primeiro livro sobre diplomacia, Bernard du Rosier definia a atitude a manter nos contactos oficiais, num conselho que se foi repetindo ao longo dos tempos: «O rosto sereno, o gesto sóbrio, a aparência discreta, enunciando as suas propostas de pé (...) nenhuma arrogância de tom, nem um falar demasiado rápido para que possa ser compreendido dos que o escutam, sabendo, ao explicar a sua posição, calar-se ou retomar a palavra a propósito. Defender-se-á de qualquer suspeita de duplicidade ou de incompetência, e evitará ser demasiado explícito, sendo sincero embora prudente»[16]. O Residente português em Estocolmo, Oliveira e Sousa, no seu texto de 1658 anteriormente citado, não esquece os aspectos protocolares e como lidar com festas, cerimónias e «galanteio cortês», pois «chegado um Legado a uma Corte entra em campo de peleja, onde se deve preocupar com a imagem que transmite do seu país através de um aparato sem ostentação desmedida mas gerador de prestígio»[17]. Assim aliás o iriam entender, entre outros, o Conde de Tarouca e D. Luís da Cunha no século seguinte, pelos quais Portugal procurou não ser desapossado sob o ponto de vista da paridade diplomática nas constantes contendas de cerimonial, do estatuto de média potência perdido no plano militar pelo tratado de Utreque[18].

Poderemos ainda acrescentar que as regras de protocolo sempre serviram a actividade diplomática como meio de enviar avisos com finalidades políticas: no nosso tempo, Kissinger conta como numa cerimónia na Praça de Tien An Men, no dia nacional da China, em 1970, Mao Tse Tung, que a presidia, fez colocar a seu lado na tribuna um prestigiado jornalista

---

[15] Ver a saborosa descrição de um dia nacional em Nova Deli pelo Embaixador Marcello Duarte Mathias, no seu livro *Diário da Índia*, Gótica, Lisboa.

[16] Citado por C. Villar, *Le Discours Diplomatique*, L'Harmattan, Paris, 2006, p. 114.

[17] Pedro Cardim, *Diplomatas e Diplomacia*, p. 190.

[18] Isabel Cluny, *D. Luís da Cunha*, p. 99.

americano, Edgar Snow, gesto sem precedentes e totalmente inesperado, pretendendo com isso transmitir a mensagem da sua vontade de dar atenção pessoal a um estabelecimento de relações com os EUA, subtileza que na altura, segundo confessa o antigo Secretário de Estado, não foi compreendida em Washington[19].

No registo histórico do protocolo diplomático, figura como problema controvertido e gerador de recorrentes contenciosos a ordem de precedência dos monarcas, que o Papa Júlio II procurara fixar em 1504, ao estabelecer para certa celebração na Santa Sé uma lista hierárquica em que o rei de Portugal surgia em sexto lugar, antes do rei de Inglaterra. Mas esta determinação não impediu constantes conflitos entre as grandes nações, e sobretudo entre a França e a Espanha[20], já que Luís XIV estipulara que os seus Embaixadores deveriam ter precedência sobre todos os outros. O sistema de precedências também não era pacífico em Portugal[21], levando o Marquês de Pombal a definir (em 1760) que elas obedeceriam à data da entrega das credenciais dos respectivos Enviados (sem prejuízo da primazia devida ao representante do Imperador), o que na altura provocou a oposição dos mais poderosos países europeus. Perante a persistência de querelas protocolares (as reuniões que levaram à Paz de Vestefália, em 1648, sofreram sérios atrasos devido a tais problemas), o Congresso de Viena, também ele afectado por idênticas disputas, viria afinal a adoptar em Regulamento a doutrina que Pombal havia estabelecido para o casamento da filha de D. José, na altura qualificada de «ridícula» por certas cortes estrangeiras, mas ainda hoje válida, pois seria

---

[19] H. Kissinger, *White House Years*, p. 699.

[20] Satow dá vários exemplos destes contenciosos. Também o Abade Bernis, então Embaixador de França em Veneza, conta um saboroso incidente numa cerimónia da Sereníssima quanto à precedência que lhe era devida e não concedida pelo Núncio. E assinala o que posteriormente seria Ministro dos Negócios Estrangeiros de Luís XV e Cardeal que «é nestas ocasiões que os embaixadores têm necessidade de prudência e de presença de espírito; pois, relativamente às precedências, é fácil que uma bagatela se transforme numa questão séria». *Mémoires du Cardinal de Bernis*, Mercure de France, Paris, 1986, p. 221.

[21] Em 1724, uma querela de precedência originada por altura da chegada do embaixador francês a Portugal levou ao corte de relações diplomáticas com a França. Castelo Branco Chaves, *O Portugal de D. João V visto por três Forasteiros*, Biblioteca Nacional, Lisboa, 1983, p. 136.

fixada pelo Congresso de Viena[22]. Determinava então o Regulamento de 1815 que seria «estabelecido, em cada Estado, um modo uniforme de recepção dos funcionários diplomáticos de cada classe» e que «os laços de parentesco ou de aliança de família entre as Cortes não dão precedência aos respectivos funcionários diplomáticos». Esta regra, acolhida na Convenção de Havana de 1928, viria a ser confirmada nos artigos 14.º e 16.º da Convenção de Viena de 1961.

Um outro problema relacionado com as precedências protocolares tinha a ver com a ordem da assinatura dos textos dos acordos. Aos poucos tentou-se um compromisso, através de um sistema chamado *alternat*: cada representante assinava a sua cópia em primeiro lugar; mas a querela manteve-se quanto às assinaturas em documentos colectivos, o que apenas foi resolvido no Congresso de Aix-la-Chapelle, em 1818, ao adoptar-se a ordem alfabética para os acordos das conferências internacionais.

Ao salientarem o lugar que a ritualização desde tempos remotos assumiu nas práticas diplomáticas, geralmente envolvida em simbolismos e comportamentos de precisos significados de comunicação, os autores não esquecem o papel que nela têm ocupado certas regras de protocolo, algumas delas — como ainda hoje a troca de presentes que habitualmente inicia o programa das visitas de Estado de Presidentes e Soberanos — encontram raízes em épocas recuadas do relacionamento diplomático e em hábitos de cortesia internacional (a *comitas gentium*). É uma prática que vem de longe: entre os antigos reinos da Mesopotâmia, como se pode ver nas cartas de Amarna, em que se registam numerosas referências ao valor dos presentes trocados; na Roma Antiga aceitar oferendas significava disponibilidade em iniciar um diálogo diplomático; Bizâncio notabilizar-se-ia pelo uso deste expediente, através dele procurando ganhar amigos e lealdades.

---

[22] Embora os delegados portugueses, para defenderem um estatuto de primazia, se tenham oposto ao princípio de igualdade defendido no Comité sobre as precedências diplomáticas, sobretudo por Castlereagh, preferindo a instituição de duas categorias de entidades políticas, Adam Zamoyski, *op. cit.*, p. 421.

Com a evolução dos costumes e da sociedade[23], o Protocolo diplomático tem sido crescentemente simplificado. E se entre as casas reais existe por vezes um alinhamento específico para as suas festividades específicas, num vestígio da antiga «sociedade dos príncipes»[24], o princípio da igualdade entre os Estados não reconhece descriminações no domínio diplomático, pelo que, no caso dos Embaixadores, são apenas observadas precedências por ordem da entrega das credenciais[25] (no plano bilateral) ou pela ordem alfabética (no plano das organizações multilaterais). E, se cada país é livre de estabelecer no seu próprio território regras protocolares internas, todavia nas suas relações diplomáticas deverá seguir as regras convencionais e do costume internacional, e sobretudo a Convenção de Viena de 1961, artigo 16.º, sobre as precedências dos Chefes de Missão. Mas como nota um autor, a consciência do estatuto político dos países acaba sempre por emergir (embora não ao nível de Embaixadores), pelo que nunca se vê nas habituais fotos de família das reuniões internacionais o Presidente dos EUA num lugar que não seja privilegiado[26]. Ao abordarem este aspecto, C. Jönsson e M. Hall contam a maneira engenhosa como durante os funerais do Imperador Hirohito, em 1989, o protocolo japonês torneou a linha formal de precedência dos Chefes de Estado. Ao saberem da participação do Presidente Bush (pai), recentemente eleito e devendo por isso ser relegado para a última fila da tribuna, pois a senioridade das funções definia a disposição dos lugares dos seus homólogos presentes, foi resolvido tratar o funeral como uma celebração da vida do Imperador e não como um acontecimento de Estado. Os dirigentes participantes foram

---

[23] Por exemplo, a entrega de credenciais está compreensivelmente a anos-luz do fausto das chegadas dos Embaixadores nos séculos XVII e XVIII, embora retenha em alguns países monárquicos um distinto brilho cerimonial.

[24] Como exemplo, na coroação da Rainha Isabel II a ordem de precedência foi a seguinte: representantes dos Chefes de Estado aparentados com a Rainha; irmã; representantes das três grandes potências aliadas (França, URSS, EUA); tios e tias da Rainha; representantes de outras monarquias; representante do Grão-Ducado do Luxemburgo; representante da Santa Sé; embaixadores dos Estados (não monarquias) segundo a sua ordem de precedência, etc. *Satow's Guide*, p. 33. Pierre Assouline dá no seu livro *Rosebud*, Folio, Gallimard, Paris, 2006, uma divertida descrição da cerimónia do casamento do Príncipe Carlos com a Princesa Diana.

[25] Nos restantes casos dependerá da respectiva categoria e da data da chegada ao posto.

[26] Holsti, *Taming the Sovereigns*, Cambridge University Press, Cambridge, 2004, p. 198.

então informados de que a precedência a observar assentaria prioritariamente na ordem pela qual Hirohito havia visitado os Estados estrangeiros, do que resultou uma posição central para o presidente americano[27].

Em Portugal, tal como nos outros países, existe um serviço oficial que se ocupa do Protocolo do Estado[28], inserido na orgânica do Ministério dos Negócios Estrangeiros, dependente do Secretário-Geral e dirigido por um funcionário diplomático geralmente com a categoria de Embaixador. Se «diplomacia sem ritual não é concebível»[29], estes Serviços, até por garantirem uma primeira linha de relacionamento de um Estado com as Missões estrangeiras acreditadas na sua capital, assumem uma importância para a própria imagem do país que muitas vezes erradamente não lhes é reconhecida, e ao respectivo chefe — «o mais suave dos funcionários numa profissão que não é conhecida por más maneiras»[30] —, além das mundanidades associadas à função, caberá a responsabilidade de demonstrar ser a prática protocolar um permanente desafio de bom senso, eficiência, pragmatismo, cooperação e cortesia. Ou, como alguém escreveu, que a diplomacia é uma actividade civilizada — e civilizadora.

[27] C. Jönsson, *op. cit.*, p. 58.

[28] Em alguns países este Serviço adopta a designação de Cerimonial.

[29] Kertzer, *Ritual, politics and power*, citado por C. Jönsson, *idem*, p. 66.

[30] E. Clark, *Corps Diplomatique*, *ibidem*.

CAPÍTULO IX
O DISCURSO DIPLOMÁTICO

> Na moderna era diplomática... a obsessão semântica dos diplomatas merece maior respeito do que aquele que geralmente lhe é concedido (...) O que os diplomatas dizem é muitas vezes tão vital como o que fazem (...) porque o discurso é uma forma incisiva de acção.
>
> ABBA EBAN[1]

Se, como vimos, a diplomacia e os diplomatas enfrentam velhos, mas sempre presentes preconceitos («como o óleo de uma maré negra se agarra às penas das aves marinhas»), também o discurso diplomático, isto é, o modo escrito ou oral como aquela é executada, se depara com recorrentes críticas e desconfianças.

Uns acusam-no de hermético, esquivo à clareza, cultor do que os franceses apelidam de *langue de bois*, ou seja, um discurso que esconde a sua verdadeira mensagem; outros destacam os seus eufemismos, as ambiguidades[2], a fuga a construções claras; outros ainda preferem assinalar a existência de códigos de expressão só compreensíveis para os iniciados. Ora, além da parcial justiça ou excesso de tais posições, emerge hoje um consenso sobre o reconhecimento da especificidade

---

[1] Eban, *The New Diplomacy*.

[2] Jean-Louis Quermone defende que o discurso codificado dos diplomatas contém ambiguidades que desencorajam o cidadão comum, em *L'UE dans le Temps Long*, Sciences-Po, Paris, 2008.

do discurso diplomático em relação a outros tipos discursivos e acerca da sua influência nos processos de negociação que — utilizando-o — procuram concorrer a uma ordem possível no mundo mutável dos nossos dias.

A este respeito, consideremos primeiro a língua que lhe tem servido de suporte ao longo do tempo. Se nos primórdios da civilização, na Mesopotâmia, o «acádio» foi a língua veicular e, na Antiguidade Clássica, o grego moldou os dotes oratórios e as conhecidas desavenças dos Enviados helénicos na constante conflitualidade do seu espaço e tempo, seria, contudo, o latim que, mesmo para lá da queda do Império Romano, iria dominar a comunicação diplomática na Europa. Verdadeira língua de utilização generalizada, escrita e oral, bem como decisivo instrumento para as relações das elites religiosas, políticas e civis durante a Idade Média, só lentamente após o século XVII os idiomas vernaculares começaram a ser utilizados nos documentos e contactos diplomáticos. Os Tratados que compõem a Paz de Vestefália (1648) e o Tratado de Utrecht (1713) são ainda escritos em latim, mas o francês, que desde o fim do século XV vinha ganhando espaço[3] (era a língua oficial na Corte do Imperador Maximiliano I), acompanhara a hegemonia de Paris na Europa e o declínio da Igreja de Roma, tornando-se a nova língua franca dos diplomatas até ao princípio do século XX, não obstante a persistente pressão das autoridades britânicas do tempo para alterarem essa prática a favor do inglês[4]. Hoje, apesar da utilização dos idiomas nacionais no quadro das relações internacionais constituir uma questão política sempre delicada, nomeadamente no seio das instituições da União Europeia, também aqui, tal como ocorre em outros planos dos relacionamentos da sociedade (culturais, económicos, científicos), o inglês — pela força hegemónica dos

[3] Sobre esta evolução ver M. S. Anderson, *op. cit.*, p. 100.

[4] Satow dá-nos vários exemplos desta política: em 1800, o inglês começa a substituir o francês na Corte de Londres; Castlereagh, no Congresso de Viena, escreve aos seus pares em inglês; o ministro britânico em Lisboa, em 1823, é admoestado por corresponder-se com a Corte portuguesa em francês. Na Conferência de Paris, no fim da 1.ª Guerra, as conversações entre Lloyd George, Wilson e Clemenceau decorreram em inglês (que este último dominava), já que os primeiros não falavam francês, o que abriu caminho para o estatuto de língua diplomática na Sociedade das Nações.

EUA, que a 2.ª Guerra Mundial iria aprofundar[5] —, passou a ser a língua de comunicação diplomática com estatuto universal, verdadeiro latim da nossa época.

Mas merecerá o discurso diplomático, no idioma em que se fizer, a fama de ambiguidade que foi acumulando? Decerto que se o compararmos com a clareza da linguagem utilizada pelos juristas, na formulação de conceitos ou na fixação de leis, teremos de convir quanto à sua relativa imprecisão, a qual vários autores derivam do modo de produção do próprio direito internacional (a negociação entre Estados formalmente iguais) e do seu contexto (ausência — ao contrário do que acontece no plano doméstico — de uma autoridade suprema). E isto porque, se a precisão da linguagem jurídica constitui «condição primordial da praticabilidade do direito», o direito internacional e a linguagem que o ajuda a elaborar estão sujeitos a difíceis transacções políticas e muitas vezes a penosos compromissos bilaterais ou multilaterais. Em umas e outros, a linguagem usada pelos diplomatas não só reflecte eventuais dificuldades negociais, como torna possível o seu sucesso ao deitar mão de ambiguidades que poderemos chamar de construtivas[6].

Neste sentido, e seguindo[7] o mesmo autor, para um diplomata «a gestão meticulosa das palavras obriga-o a suavizar as suas afirmações, a traçar-lhes um registo muito curto, a jogar sobre *nuances* semânticas». Porque «se ele se compromete, prevê também a possibilidade de se desligar (...) de cultivar a ambiguidade, fonte profunda de uma pluralidade de interpretações». A este respeito, cite-se o exemplo de Kissinger nos encontros atrás aludidos com o Embaixador soviético Dobrynin, ao relatar uma das formas clássicas de evitar bloqueios e experimentar o interlocutor: «com a permissão do Presidente, apresentava algumas vezes as nossas posições como minha própria ideia dizendo que "estava a pensar

---

[5] Pierre de Encrevé e Michel Braudeau, no seu livro *Conversations sur la langue française*, Gallimard, Paris, 2007, p. 31, afirmam — com algum optimismo — ter sido apenas em 1940, devido à derrota militar francesa e à salvação do país pelas tropas anglófonas, que o «francês perdeu definitivamente a sua posição de língua internacional».

[6] Constanze Villar, no seu interessante livro *Le Discours Diplomatique*, L'Harmattan, Paris, 2006, p. 48.

[7] *Ibidem*.

alto". Na mesma base sem compromisso, Dobrynin dava-me a resposta do Kremlin»[8].

Segundo Villar, trata-se para quem se exprime de o fazer de maneira suficientemente modificada para transmitir uma mensagem sem efeitos secundários negativos para si (e seus próprios interesses) ou para o destinatário (não o ferir, não lhe fazer perder a face, ou não difundir publicamente dados reservados). Caberá naturalmente ao receptor da comunicação saber interpretá-la, separando nela o que deriva do discurso aberto ou cujo significado não suscita dúvida na prática diplomática e o que representa antes um sinal mais ou menos oculto e subtil, mesmo se dito publicamente[9]. Ou, como diz Deleuze, tudo aquilo que nos ensina algo emite sinais que nos incumbe decifrar — «não há aprendiz que não seja o "egiptólogo" de qualquer coisa»[10], o que é especialmente verdade no mundo específico da diplomacia onde o tempo foi moldando expressões mais ou menos cifradas. Neste particular, a tradição do Extremo Oriente, assente em ritos e códigos de comunicação seculares que constituem afinal instrumentos para uma adequada segurança de convívio em civilizações onde «perder a face» configura profundo dano pessoal, deixou-nos interessantes exemplos de como a sua antiga diplomacia evitava o discurso directo e explícito para implicar a necessidade de uma erudita interpretação. Assim, na China fragmentada dos reinos guerreiros dos séculos VIII a V a.C. as crónicas que nos chegaram revelam que os Enviados obedeciam a rituais eufemísticos, a abordagens oblíquas, defendendo as suas posições através da citação de poemas e textos clássicos de natureza aparentemente neutra, mas carregados de sentidos furtivos que o interlocutor deveria conhecer e saber interpretar.

A esta ambiguidade, que C. Villar define como semântica, junta-se nos nossos dias uma outra que o mesmo autor qualifica de pragmática. Esta obrigará o destinatário a procurar descodificar duas interpretações possíveis da mesma mensagem, aquilo que constitui apenas um balão de ensaio, ou já uma porta para um possível compromisso, embora resguardando um

---

[8] Kissinger, *op. cit.*, p. 139.

[9] Nicolson dedica em *Diplomacy*, p. 219, um capítulo a este tema.

[10] Gilles Deleuze, *Proust et les Signes*, Quadrige-Puf, 1996, Paris, p. 31.

eventual recuo de quem a transmite (através, por exemplo, do que a prática dá o nome de *non paper*, documento diplomático sem efeitos legais). Um outro autor francês, diplomata experimentado, adverte: «num mundo onde coexistem culturas diferentes e se desenvolve um intenso movimento de globalização, o simbolismo é necessário à universalidade: uma grande parte da linguagem, do vocabulário e da prática diplomática é assim fixada e posta em código. A utilização das palavras segue uma sintaxe; a dos gestos obedece a procedimentos. Num universo de sinais, cada diplomata deve perceber e usar, mesmo se forem "cifrados", os que lhe são dirigidos, lhe dizem respeito ou o ameaçam»[11].

Vem de longe, afinal, este idioma singular para o «teatro do mundo». Sem recuarmos muito no tempo poderemos lembrar o que o autor desta última fórmula diz ao descrever a diplomacia do século XVIII: «se a acção diplomática se alimenta de artifícios, ela conforma-se a uma língua que os Estados, soberanos ou nações falam em comum: um código em que o significado pode ser escondido, em que a forma pode ser tão eficaz como a substância, em que a familiaridade é muitas vezes substituída pela solenidade e a polidez. Cada palavra pode servir de referência e ser analisada ao infinito: nenhum erro é permitido»[12]. Dois especialistas americanos, ao olharem o sistema internacional da Guerra Fria como um quadro de interacção universal ordenado» entre Estados, advertiam — com uma actualidade ainda útil apesar das mudanças entretanto operadas — que «a estratégia verbal de uma superpotência numa dada crise, mesmo se ela se destina somente a justificar uma conduta, pode ser retomada pelo adversário e utilizada, para sua vantagem, numa situação recíproca. Neste sentido, tudo o que é dito para explicar um acto concreto tem consequências sistémicas que convirá prever»[13]. Por outro lado, o excesso de prudência e de contenção no que se diz pode conduzir a omissões graves: assim ocorreu durante a 2.ª Guerra, quando o Embaixador nazi convocado pela Santa Sé, em 1944, após a detenção (e posterior deportação) de 1259 judeus de Roma pelos alemães, ouviu do Secretário de Estado Cardeal

[11] Alain Plantey, *De la Politique entre les États*, Editions A. Pedone, Paris, 1991, p. 211.
[12] L. Bély, *op. cit.*, p. 457.
[13] Thomas Frank, E. Weisband, *World Politics. Verbal Strategy among Superpowers*, Oxford Press, NY, 1972, p. 28.

Maglione a mole advertência de que «a Santa Sé não quereria ver-se na necessidade de protestar»[14].

Linguagem codificada pelo costume ou pela prática, utiliza frequentemente sinais subtis cujo verdadeiro significado se esconde aos que não pertencem à profissão. Por isso, certas palavras podem ser pronunciadas publicamente sem desvendar o seu concreto conteúdo; ou terem uma aparência obscura sem, todavia, possuírem um significado oculto; ou ainda, assentarem num dispositivo de flexibilidade que favorece ousar concessões preservando ao mesmo tempo uma possibilidade de recuo ou de rejeição. Por outro lado, pelo seu jogo de marcas próprias, permite aos diplomatas prevenirem-se de rasgos emotivos, assim separando o lado profissional dos sentimentos pessoais, constituindo uma linguagem que despersonaliza[15].

Villar sintetiza bem o porquê desta técnica, ao salientar que o diplomata visa evitar a confrontação e, para isso, «o modo operacional não é a persuasão à maneira grega do tempo clássico, em que a refutação responde directamente ao argumento precedente, mas o caminho pelo atalho ou o acesso pelos desvios». E isto porque «a linguagem diplomática tem as suas regras próprias e muito particularmente uma diferente visão do tempo (...) a duração, a solução a longo prazo, a gestão meticulosa das palavras, obriga-a a eufemizar as afirmações (...) jogando sobre *nuances* semânticas». Deste modo, «o diplomata, ao comprometer-se, prevê também desligar-se. Daí cultivar a ambiguidade, fonte fecunda para um pluralismo de interpretações»[16].

Para quem olhe com suspeita este método, caberá referir o autorizado testemunho de Harold Nicolson. Sobre este assunto escreveu que o hábito da ambiguidade diplomática pode naturalmente levar a enganos; mas, sublinha, a sua utilização é cuidadosamente avaliada, podendo afirmar-se que «as vantagens de formular comunicações entre governos, ou importantes declarações, sobre assuntos externos, em linguagem diplomática, superam de longe eventuais defeitos que o sistema possa ter»[17].

---

[14] C. Villar, *op. cit.*, p. 225.
[15] Villar, *idem*, p. 173.
[16] Jean-Louis Martres, citado por Villar, *idem*, 214.
[17] Nicolson, *ibidem*.

Recorde-se finalmente que, sendo a diplomacia um método para os Estados comunicarem entre si, a comunicação simbólica e gestual ocupa um lugar de relevo na vida em sociedade, pelo que a linguagem diplomática se realiza também em outros planos além da escrita ou do domínio oral. E se a história da instituição mostra, ao longo das idades, um particular apego ao ritual e a estritos códigos de comportamento, o nosso tempo, com o assalto explosivo dos meios audiovisuais no quotidiano das gentes, fornece um campo inédito de visibilidade às imagens diplomáticas e à sua simbologia. Neste contexto, compreender-se-á melhor a importância dada a alguns sinais que pontuam publicamente o relacionamento entre os Estados, seja no domínio protocolar (em que os programas das visitas oficiais[18] oferecem aos iniciados indicações por vezes mais úteis que os respectivos comunicados acerca do seu desenrolar), seja no plano de um gestual político de aviso (como ocorreu com frequência durante a Guerra Fria com alguns desfiles militares na Praça Vermelha, ou como acontece com a realização de ostensivas manobras navais), seja ainda por procedimentos reveladores de uma vontade política[19].

Em paralelo, na prática do ofício diplomático cedo se aprende a estar atento ao que a teoria saxónica designa de *body language*, a fim de descortinar além do que foi dito ou omitido, indícios da efectiva convicção do oponente, do simples tacticismo das declarações dos interlocutores, ou até do eco por elas obtido junto de outrem[20]. Esta, aliás, não é uma exigência

[18] Constanze Villar lembra o recorrente pesadelo dos Embaixadores na preparação de uma visita de Estado, momento para a medida do prestígio do seu país ou do relacionamento bilateral: «os detalhes são cuidadosa e penosamente tratados de maneira a idealizar a interacção e evitar qualquer nota falsa: o enquadramento protocolar, o programa ao minuto, os lugares, as listas dos participantes, das personalidades a encontrar, dos convidados, os textos dos discursos, os documentos a discutir ou a assina». *Idem*, 126. Ver como exemplo a saborosa comunicação do Embaixador francês na Noruega, em 1908, sobre o menu do banquete a oferecer pelo seu Presidente na visita oficial ao país em *Tresors et Secrets du Quai d'Orsay*, Paris, p. 655.

[19] A libertação por Pequim do dissidente Jiang Zemin tornou possível a visita do Presidente chinês a Washington.

[20] Se Homero nos deixou a descrição da *body language* de Ulisses na sua embaixada para a libertação de Helena de Tróia, a Secretária de Estado americana, Hilary Clinton, numa reunião da ASEAN (Julho de 2009), retirou dos semblantes e da postura física dos restantes delegados asiáticos indicações claras sobre o isolamento da Coreia do Norte — e disso deu pública referência aos *media*.

nova. Bély fala-nos a propósito do Congresso de Utrecht da tipologia gestual que nele imperou entre os negociadores: «a serenidade que significava o domínio pessoal e a manifestação de convicções fortes, a par de uma vontade de debater; as palavras ditas aos ouvidos de outros que mostram a partilha de um segredo, mas também a emergência de um problema ou de uma solução nova; as formas de desaprovação, pelo murmúrio, o encolher dos ombros, os olhos levantados aos céus, que exprimiam muito sem nada dizerem; enfim, as manifestações de indignação — os diplomatas levantavam-se ou protestavam»[21]. Como hoje, afinal.

[21] L. Bély, *op. cit.*, p. 518.

CAPÍTULO X
A CODIFICAÇÃO DO DIREITO DIPLOMÁTICO

O direito diplomático, como importante ramo do direito internacional, tem sido objecto, desde o século passado, de um persistente esforço de codificação, levado a cabo pela Comissão de Direito Internacional das Nações Unidas. Através dele se têm fixado as numerosas normas consuetudinárias universalmente aceites ou trabalhadas pela doutrina que desde há séculos foram regulando a acção diplomática, e bem assim dado resposta — por via analógica — às novas formas de diplomacia que o desenvolvimento das relações internacionais tem originado.

Esta foi uma tarefa que encontra como precedentes mais próximos o Regulamento do Congresso de Viena de 1815, sobretudo sobre a hierarquia e a precedência dos diplomatas; a Convenção de Havana, de 1928, de âmbito regional, sobre funcionários diplomáticos, com particular interesse quanto a regras de concessão de asilo diplomático; e um projecto sobre imunidades elaborado em 1932 pela Universidade de Harvard.

Presentemente, e entre outros, caberá apontar como textos relevantes a Convenção de Viena sobre Relações Diplomáticas, de 1961, praticamente subscrita por todos os Estados-membros da ONU, a qual, como o seu nome indica, tem por objecto a regulação das relações entre os Estados através de missões diplomáticas bilaterais; a Convenção de Viena sobre as Relações Consulares, de 1963; e, ainda, as Convenções de Viena sobre Missões Especiais (1969), sobre a Representação dos Estados nas suas Relações com as Organizações Internacionais de Natureza Universal (1975), ou a Convenção de Nova Iorque sobre a Prevenção e a Repressão das Infracções contra as Pessoas Internacionalmente Protegidas (1973).

Relativamente à Convenção de Viena sobre as Relações Diplomáticas, que Portugal publicou em 1968, deverá sublinhar-se que não só sintetiza um secular trabalho doutrinal, da jurisprudência, e de um amplo direito diplomático consuetudinário, dando-lhes coerência e clareza, como inova em vários temas, ao considerar a missão diplomática como órgão distinto do seu pessoal, ao regular a acreditação múltipla (mesmo que fosse prática antiga), ou ao dar consagração jurídica a práticas reconhecidas mas por vezes não aceites, como a necessidade de pedido de *agrément* para os chefes de missão, a possibilidade de limitar o pessoal diplomático de uma missão, ou ao traçar o âmbito do regime de isenções fiscais.

Parte II

A Prática Diplomática

CAPÍTULO I
A MISSÃO DIPLOMÁTICA

Herdeira das antigas Embaixadas bilaterais permanentes criadas pelas Cidades italianas da Renascença, a missão diplomática, regulada na sua organização interna pela Administração do seu Estado[1], constitui um órgão internacional indispensável para o exercício da diplomacia e para o desenvolvimento harmonioso da comunidade das nações.

Pode definir-se como «serviço público do Estado acreditante, instalado permanentemente no território do Estado acreditador»[2], ou, de uma forma mais abrangente, na linha de Philippe Cahier, como órgão de um sujeito de direito internacional, por ele instituído de modo permanente junto a um outro sujeito de direito internacional, com a finalidade de garantir as respectivas relações diplomáticas.

Encontramo-la sobretudo nas relações entre Estados, com o nome de Embaixada, mas também nas Organizações Internacionais, onde assume denominações diversas: Missão Permanente, Representação Permanente, Delegação Permanente, ou simplesmente Delegação; na diplomacia da Santa Sé, com o nome de Nunciatura; ou ainda, nos países da Comunidade Britânica, assumindo a designação de Alto Comissariado. O termo Missão é também usado para qualificar uma delegação *ad hoc*, enviada por um país para um acto isolado de representação noutro (tomadas de posse, funerais, etc.) ou com o objectivo de nele conduzir uma negociação específica.

---

[1] Ou pelo sujeito de direito internacional a que seja reconhecido direito de legação activo.
[2] Dinh, *Direito Internacional Público*, p. 759.

Mas ao falar-se de missão diplomática visa-se geralmente a Embaixada bilateral, chefiada por um representante diplomático nomeado por um Estado e aceite pelo Estado em que está instalado, constituída por locais diplomáticos (chancelaria e residência), e pelo conjunto de colaboradores (membros da Missão) que garantem o seu serviço, inseridos no quadro de uma estrutura hierárquica (artigo 1.º da Convenção de Viena de 1961).

Sobre a missão diplomática, os autores assinalam desde logo algumas características que a identificam: o seu estabelecimento implica o prévio reconhecimento mútuo entre dois sujeitos de direito internacional titulares do direito de legação (Estados ou entidades dotadas de personalidade jurídica de direito internacional, como, entre outros, a Santa Sé); o assentimento (*agrément*) do país receptor quanto à pessoa do Embaixador; a natureza hierárquica da sua estrutura, no cume da qual se encontra o Chefe de Missão; a sua permanência, pois o termo das funções pessoais do respectivo Chefe, ou a sua substituição, não afectam a existência da Missão, já que esta lhe é independente (a criação por algumas Cidades-estado italianas, no século XV, da figura do Secretário permanente, antecessor dos posteriores Encarregados de Negócios, foi deste modo um passo importante para a consolidação da Missão tal como hoje ainda é percebida). Outras características ainda: sendo órgão de um sujeito de direito internacional não possui em princípio personalidade jurídica distinta daquela que pertence ao seu Estado[3]; como assinala Maresca, está dotada de capacidade funcional própria enquanto órgão do Estado acreditante, pelo que actua não só através do seu pessoal, mas como órgão autónomo, conforme é reflectido no carácter impessoal das notas diplomáticas escritas na terceira pessoa e sem assinatura (notas verbais); à Missão são concedidos privilégios distintos daqueles a que têm direito os membros que a constituem; enfim, a extinção da Missão tem como consequência a cessação de funções de todo o seu pessoal[4].

---

3 A ordem jurídica do Estado que representa poderá, todavia, dispor em contrário.

4 Como já se referiu, após a derrota da Alemanha nazi na 2.ª Guerra Mundial e a consequente ocupação do seu território, as potências aliadas assumiram o poder e decidiram encerrar todas as Missões Diplomáticas alemãs. Igualmente, com a unificação alemã, as Embaixadas da RDA foram encerradas.

É esta afinal a missão diplomática bilateral a que a Convenção de Viena de 1961 se refere no seu artigo 3.º, ao traçar as suas principais funções, consagrando-a como verdadeiro eixo da respectiva acção diplomática.

1. Funções da Missão Diplomática

Cabe ao direito interno do Estado acreditante (que envia) determinar em detalhe as funções das suas Embaixadas e dos membros que nelas prestam serviço. Mas o direito internacional reconhece, de forma não exaustiva[5], na Convenção de Viena (artigo 3.º) as principais funções das Missões Diplomáticas:

- Representar o Estado que envia junto do Estado receptor;
- Informar-se, por todos os meios lícitos, das condições e evolução de acontecimentos no Estado receptor e reportá-los ao governo do Estado que envia;
- Negociar com o governo do Estado receptor;
- Promover relações amigáveis e desenvolver relações económicas, culturais e científicas;
- Proteger no Estado receptor os interesses do Estado e dos seus nacionais.

O artigo 3.º, n.º 2, esclarece ainda que nenhuma disposição da Convenção poderá ser interpretada como proibindo o exercício das funções consulares por uma Missão Diplomática (que para tal poderá dispor de Serviços Consulares ou de uma Secção Consular); tais tarefas representam o que o Embaixador Calvet Magalhães qualifica de extensão externa do serviço público de um Estado, compreendendo, entre outros, os actos de registo civil, notariado, recenseamento eleitoral, praticados pelos Consulados em

[5] A Comissão de Direito Internacional, no seu comentário ao projecto deste artigo, escreve que uma enumeração mais exaustiva se tornaria demasiado extensa, pelo que apenas ficaram indicadas «as principais».

conformidade com a Convenção de Viena sobre Relações Consulares, de 24 de Abril de 1963.

Os autores, embora salientem não impor o artigo 3.º da Convenção sobre Relações Diplomáticas uma ordem hierárquica quanto às funções que descreve, estão de acordo em considerar que a representação constitui o requisito mesmo da existência da diplomacia e a base para o exercício das restantes funções. Sem ir tão longe como o representante da Santa Sé nos trabalhos de elaboração da Convenção, o qual, com o apoio português, definia a representação como função fundamental de que as restantes afinal emanariam, os autores têm assinalado que das funções enunciadas são essenciais para a actividade diplomática a representação, a informação e a negociação, podendo qualificar-se de complementares a promoção e a protecção.

Por outro lado, caberá fazer uma outra distinção: além das funções normais que a Convenção e a prática estabelecem, as missões poderão ter funções excepcionais, como ocorre com a representação de países terceiros devido ao rompimento eventual por aqueles de relações diplomáticas com o Estado em que a missão se encontre acreditada.

Representação

A função de representação, que se desdobra por vários e diferentes modos, consiste no conjunto de acções que a Missão desenvolve, através dos agentes diplomáticos que a compõem, para assegurar a presença do seu Estado no quadro das suas relações com o país em que se encontra acreditada, bem como a defesa nele dos seus vários interesses.

Cabe ao Chefe de Missão representar o seu Estado, como «Embaixador Extraordinário e Plenipotenciário»[6], responsabilizando-o no diversificado quadro das relações políticas bilaterais, em que é responsável pelas comunicações oficiais entre o seu governo e o do país acreditador.

[6] Também como Encarregado de Negócios *ad interim* na situação frequente de ausência do país do Embaixador, ou como Encarregado de Negócios «com cartas» ou *en pied*, se for esse o nível de representação.

Num outro plano, como Salmon recorda[7], o Chefe de Missão assegura normalmente a representação do seu Estado em actividades jurídicas correntes, como na realização de contratos ou na proposição de acções por via judicial (já a doutrina não é consensual quanto a uma representação automática do Estado em tribunais para a respectiva defesa num processo que a ele seja intentado), ou ainda no caso da assinatura de acordos internacionais, em que todavia necessita de um documento outorgando-lhe plenos poderes para envolver a responsabilidade jurídica do sujeito de direito internacional que representa.

Deste carácter representativo do Chefe de Missão infere-se que está a proceder segundo instruções recebidas do seu governo, pelo que, em caso contrário e para evitar possíveis consequências negativas, este deve desmenti-lo, podendo aliás sancioná-lo[8]. O restante pessoal diplomático da Missão tem igualmente uma capacidade simbólica e política de representação, embora menor, mas, salvo mandato em contrário, não poderá adoptar em nome do Estado nenhuma obrigação jurídica.

Para Hans Morgenthau, a função de representação abrange três aspectos principais: um aspecto simbólico de substituição do Estado; um aspecto político, ao defender e executar a política externa do seu país; e um aspecto jurídico, quando profere declarações juridicamente vinculativas ou assume, em nome do Estado representado, direitos e obrigações conforme o direito internacional[9]. E se, em outras épocas históricas, o Chefe de Missão representava o seu soberano, hoje, apesar de algumas confusões que por vezes persistem nos meios de comunicação, a representação diplomática exerce-se em nome do Estado e não de elementos constitutivos deste, como o Chefe do Estado ou o Governo, não obstante certas formulações ainda utilizadas, decorrentes da tradição, por alguns países como o Reino Unido e a Bélgica[10]. Quer a Convenção de Havana de 1928,

---

[7] Jean Salmon, *Manuel de Droit Diplomatique*, Brulant, Bruxelas, 1994, p. 112.

[8] Salmon, *idem*, refere o exemplo de um Embaixador alemão que nos anos 1960 tomou a iniciativa de apresentar propostas pessoais sobre o estatuto de Berlim, pelo que foi sancionado pelo seu governo. Adverte também que a presença de um diplomata na festa nacional de um país não implica o reconhecimento deste pelo Estado do agente que nela participe.

[9] E. V. Pintos, *Derecho Diplomático y Consular*, p. 140.

[10] Respectivamente, Embaixador de Sua Majestade Britânica e Embaixador do Rei dos Belgas.

quer a Convenção de Viena de 1961, clarificam este ponto, que chegou a suscitar algum debate entre os autores, dizendo o artigo 3.º desta última ser função da missão diplomática «representar o Estado acreditante no Estado receptor». Além da representação de tipo social — imagem mundana e fonte recorrente de caricaturas, mas menos compreendido instrumento de trabalho — o agente diplomático exerce ainda a tarefa de substituir o seu Estado em numerosas cerimónias oficiais para que é solicitada a sua presença (v.g., funerais de Estado, posse de Presidentes e Governos, aberturas solenes de Parlamentos, paradas militares, dias nacionais e outras cerimónias protocolares).

Finalmente, um Estado pode pedir a outro que o represente junto da comunidade internacional. É o que ocorre com o Liechtenstein, representado desde 1919 pelas Missões da Suíça, e, em diferente medida, com o Luxemburgo, representado pelos Países Baixos, em certos países onde o Grão-Ducado não possui Embaixadas.

Também nos casos de crises conducentes ao corte de relações diplomáticas, a protecção dos interesses de um país poderá ser realizada por um terceiro Estado, geralmente através de uma Secção de Representação de Interesses[11], desde que aquele seja aceitável para o Estado acreditador conforme estipulado pelo artigo 45.º-*c)*, da Convenção de Viena de 1961. Neste contexto, tem vindo a consolidar-se a prática da Secção de Interesses ser constituída por funcionários diplomáticos do próprio país representado, alguns deles até da Missão encerrada, com a natural excepção do Embaixador, o que se compreenderá tendo em conta o carácter simbolicamente representativo da sua pessoa.

Um diferente problema que tem ocupado alguns autores, e os próprios diplomatas, tem a ver com os limites da representação e com a latitude de interpretar o seu mandato. Se, como atrás se referiu, um Chefe de Missão é suposto agir sob instruções do seu governo, coloca-se a questão de saber se

---

[11] Como exemplos, entre outros, poderão citar-se as Secções de Interesses dos EUA na Embaixada da Suíça em Teerão e em Havana. Durante os últimos anos do regime salazarista, Portugal teve algumas Secções de Interesses em Embaixadas de países amigos, como em Marrocos; mais recentemente, após o corte de relações com a Indonésia, a protecção dos interesses portugueses em Jacarta esteve entregue a uma Secção de Interesses junto da Embaixada dos Países Baixos.

estas são imperativas ou se lhe resta alguma liberdade de decisão. Decerto que estamos longe dos Núncios da Idade Média, considerados na altura como «cartas vivas», ou tão-pouco parece correcta a afirmação de alguns, que aliás Nicolson refuta, de que «o moderno diplomata é pouco mais do que um funcionário no fim da linha telefónica, executando mecanicamente as instruções do seu governo»[12], mas não faltam exemplos mais ou menos recentes de Embaixadores serem punidos por excederem o que lhes é ditado pelas suas capitais[13] ou pelos seus comportamentos nos Estados em que se encontram acreditados. O dilema é antigo e, num dos primeiros livros sobre diplomacia, no princípio do século XVII, era assim claramente exposto: «Que obrigação deve o Embaixador ao príncipe ou à república que serve e que lealdade deve ao governante para onde foi enviado? E o que deve fazer quando os dois deveres colidem? Ou quando os desejos e ordens do seu próprio governo lhe parecem contrários aos verdadeiros interesses do seu país? Ou à sua própria honra? Ou à lei das nações em que vive e pela qual é protegido? Ou quanto aos interesses da paz que é suposto servir?»[14]. A este aperto, uma resposta seria dada um século mais tarde pelo muito seguido Callières[15], para quem — nesse tempo de não poucas conspirações internacionais — um Embaixador deveria ao seu soberano «uma obediência exacta», embora pudesse recusar cumprir instruções se estas fossem contrárias às leis de Deus e da Justiça; e explicava: «Infeliz o ministro (Embaixador) quando recebe ordens do seu Senhor para fomentar cabalas perigosas no Estado em que reside, pois terá necessidade de todo o seu saber e coragem para evitar uma situação tão arriscada. Não existem serviços que um bom cidadão e ministro não devam ao seu príncipe e à sua pátria, no entanto a obediência tem limites, não podendo ir contra as leis de Deus e da Justiça, as quais não permitem atentar contra a vida de um príncipe, de ajudar à revolta dos seus súbditos, de usurpar os seus Estados ou de perturbá-los fomentando neles guerras civis». Perante esta dificuldade de conciliar lealdade e moral, Callières termina com um conselho que

---

[12] Nicolson, *Diplomacy*, p. 75.

[13] *Essence of Diplomacy*, antes citado, dá vários exemplos sugestivos, p. 103.

[14] De Vera, *El Embajador*, 1620, citado por G. Mattingly, *Renaissance Diplomacy*, p. 188

[15] Citado por L. Bély, *L'Art de la Paix*, p. 574.

sobreviveu ao tempo, ao escrever que em tais casos «um Embaixador deve procurar desviar pelos seus conselhos a realização de semelhantes iniciativas; e se não obstante o príncipe e o Estado nelas persistam, o Embaixador pode e deve pedir a sua chamada guardando, porém, o segredo do seu príncipe».

Este foi um problema também sentido pelos nossos Embaixadores da Restauração. Francisco de Sousa Coutinho escreveu em carta a D. João IV que «nos casos grandes devem muito os Reis aos Embaixadores que excedem as suas instruções, porque se o negócio que assentam convém, ganharam todo aquele tempo que era necessário para avisar, e se não convém, com não ratificar, fica tudo como se não fora»; e o seu colega José da Cunha Brochado sintetizava exemplarmente que «onde o interesse é incontestável, não é necessária instrução nem poder novo»[16]. Neste sentido, se o Cardeal Richelieu advertia os seus Enviados para respeitarem as instruções, já o futuro Marquês de Pombal, ao ser mandado em 1738 a Londres como Embaixador Extraordinário, era instruído que «no caso que vos ofereça negócio de tanta urgência que não permita a dilação de me dares conta, tomareis interinamente o arbítrio que vos parecer acertado e conveniente ao meu serviço»[17].

Christer Jönsson, ao reportar, através de vários exemplos, este debate sobre a liberdade de acção do Embaixador nas suas funções de representação, recorda palavras de Nicolson que criticava a angústia de Embaixadores tão temerosos de exceder as suas instruções que acabavam por perder a oportunidade de intervir devido à sua passividade[18]. Não foi esta, aliás, a posição seguida por Benjamin Franklin, Embaixador da nova nação americana em França, no fim do século XVIII, que, sem possibilidade de obter novas instruções, decidiu comprar a província da Luisiana aos franceses por uma soma bem superior ao que o seu mandato permitia.

---

[16] *A Diplomacia na História de Portugal*, Actas do Colóquio da Academia de Ciências, Lisboa, 1990, p. 22.

[17] Citado por A. Barbas Homem, *História das Relações Internacionais*, Almeirim, Coimbra, p. 287.

[18] *Essence of Diplomacy*, p. 107. Quanto a instruções contrárias ao direito internacional, o Tribunal Internacional de Nuremberga deixou a inequívoca orientação de que as mesmas não deverão ser cumpridas.

Justamente nesta mesma linha de assumir responsabilidades pessoais, um dos grandes Embaixadores portugueses do último terço do século passado, Vasco Futscher Pereira, perante o pesado silêncio de Lisboa e «orientações discordantes», praticou por sua iniciativa, junto do governo de Bona, em 26 de Abril de 1974, uma diligência de pedido de apoio às novas autoridades portuguesas democráticas. E, face a certas acusações de indisciplina, explica tal gesto com a clareza de escrita em que era mestre: «o protelamento por mais dois dias de uma clara tomada de posição da Embaixada não poderia deixar de comprometer a confiança e a credibilidade que me parecia indispensável que ela mantivesse aos olhos dos círculos acima referidos (*meios políticos e informativos alemães*) e da comunidade portuguesa, para poder tirar imediatamente todo o possível partido da corrente de simpatia e de apoio que o Movimento das Forças Armadas criou a todos os níveis e em todos os sectores da vida alemã, bem como entre os imigrantes portugueses»[19]. Era, afinal, o cumprimento, dois milénios decorridos, da lição de Demóstenes, em que este sublinhava serem apenas duas as armas ao dispor dos Embaixadores: as palavras e a oportunidade.

O quotidiano de um Chefe de Missão de agora levanta com alguma frequência este tema, não decerto no plano conspirativo da época moderna, mas pela inédita diversificação das responsabilidades atribuídas a uma Embaixada e pela facilidade de contactos que favorecem uma crescente interferência de Gabinetes governamentais e outros departamentos do Estado no trabalho que antes constituía, numa linha hierárquica facilmente reconhecida, prático monopólio dos Ministérios dos Negócios Estrangeiros. A este propósito, um reputado Embaixador americano escreve: «Hoje, as comunicações instantâneas transformaram todos os postos diplomáticos em divisões dos respectivos ministérios (...) Não existe praticamente nenhum detalhe de um posto, por pequeno que seja, que escape às detalhadas instruções da sua capital, mesmo em áreas onde o elemento determinante é a situação local em que o Embaixador deveria estar em melhor

[19] Telegrama n.º 219 da Embaixada em Bona, de 28 de Abril de 1974. Cumpridor das instruções que vinha recebendo antes do 25 de Abril, Vasco Futscher nunca escondeu aos seus colaboradores (entre os quais se contava o autor) o seu desalento perante a situação do país e o isolamento político que as orientações recebidas iam aprofundando junto do governo alemão.

posição para conhecer o problema»[20]. Estas palavras reflectem algum azedume, mas põem a descoberto uma crescente tendência centralizadora de alguns Gabinetes e Serviços dos respectivos Ministérios ou de certos Departamentos da Administração pública, embora tal seja menos notório em países de menor dimensão em que os postos diplomáticos se queixam não poucas vezes de não obterem as instruções devidas. Caberá, porém, sublinhar uma outra face deste tempo: e ela tem a ver com os meios tecnológicos de comunicação hoje ao dispor das Embaixadas, pois permitem uma interacção entre estas e os seus Ministérios, a qual — se bem aproveitada — pode tornar menos estática e mais dinâmica a natureza da representação e oferecer um terreno novo de influência às Missões na própria formulação das políticas que são chamadas a cumprir.

Importa enfim recordar que, para defesa da utilidade do mandato de representação que lhe é outorgado, o Chefe de Missão — para ser bem ouvido — terá de proteger o seu património pessoal de credibilidade, quer junto dos seus superiores, quer quanto às autoridades do Estado em que exerce funções. E isso apenas se consegue, nos presentes regimes democráticos, através de escrupulosa lealdade, de natural bom senso na interpretação da latitude do seu campo de manobra, de exigente honestidade no que se transmite, ou de fria ponderação no que se aconselha, comenta, ou, mesmo em última análise, se contesta, neste caso sem prejuízo de ulterior cumprimento se for outra a decisão final de quem institucionalmente dependa[21].

Informação

A história da diplomacia mostra ser a recolha de informações uma das principais tarefas das Missões bilaterais, tendo constituído um poderoso factor tanto para a sua criação como para o posterior alargamento

---

[20] J. H. Halstead, citado in *Essence of Diplomacy*, p. 108.

[21] Cabe recordar o ensinamento de Callières: se o Chefe de Missão não conseguir vencimento do seu ponto de vista e considerar que as instruções recebidas atentam claramente contra o interesse do seu país ou da sua consciência deverá pedir a remoção do seu Posto. Em 2003, vários diplomatas americanos demitiram-se em protesto contra a política de guerra de Bush.

da respectiva rede. Se as Cidades-estado italianas, ao «inventarem» as Embaixadas permanentes o fizeram com a clara percepção da vantagem de estarem adequadamente informadas sobre o que ocorria nas outras Cidades rivais para poderem antecipar os seus movimentos e ambições, nunca porventura, como hoje, sentiram os Estados essa óbvia necessidade para defesa dos seus interesses e para a própria formulação da sua política externa. E se é certo que a revolução no domínio das comunicações tem levado os governos a socorrerem-se de outras fontes de informação mais rápidas, e por vezes mais especializadas, cabe ainda às Embaixadas um lugar fulcral na triagem, no comentário, e na certificação autorizada do caudal informativo que hoje assalta os decisores políticos[22].

Vem de longe, aliás, o relevo assumido pela informação diplomática. No seu livro sobre os começos das relações internacionais, Raymond Cohen e R. Westbrook sublinham o significativo material recolhido na correspondência de Amarna, no remoto século X a.C., revelando a importância dada pelo Império egípcio à obtenção de informações sobre os movimentos e recursos militares da Babilónia (o seu Enviado junto de Hamurabi supervisionava operações de espionagem naquela Corte) ou acerca de questões de segurança do comércio que poderiam prejudicar a suserania do Faraó na região[23]. Também na Índia do século IV a.C., a mesma preocupação de estar bem informado revela-se nos conselhos do famoso livro *Arthasastra*, de Kautilia. E, bem mais tarde, como no início se referiu, a diplomacia bizantina fará da recolha de informações um instrumento importante para obviar às fragilidades militares do seu Império. Igualmente, na Renascença italiana, segundo um autor[24], os Embaixadores Residentes tinham consciência do valor de estarem bem informados, pois utilizavam a informação como uma moeda, que trocavam ou vendiam. A este respeito, Luís XIV dizia que «nada do que acontece no mundo deve ser desconhecido de um

---

[22] A dificuldade dos Ministérios dos Negócios Estrangeiros digerirem a numerosa informação recebida das suas Embaixadas tem vindo a agravar-se com as actuais facilidades de comunicação. Mas já em 1917, o celebrado escritor Paul Morand, que dava então os seus primeiros passos na diplomacia francesa, escrevia que os telegramas cifrados que chegavam ao Quai d' Orsay tinham passado de vinte mil em 1913 para cinquenta mil três anos mais tarde. Paul Morand, *Journal d'un Attaché d'Ambassade*, Gallimard, Paris, 1996, p. 269.

[23] R. Cohen, *Amarna Diplomacy*, p. 85.

[24] M. Mallet, *Diplomacy and Statecraft*, p. 66.

bom embaixador»[25], e o Enviado inglês que em 1685 partiu para Paris para representar a Corte de Saint James, foi instruído no sentido «de manter uma boa relação *com todos os outros embaixadores e representantes de príncipes e Estados amigos*, para, sempre que possível, *penetrar nos desígnios dos respectivos superiores, e* do que *assim for* descoberto dar-nos constante conhecimento»[26]. Aliás, ainda no princípio do século XVIII, o nosso já conhecido e respeitado Callières, forte da sua experiência como diplomata, considerava legítima a obtenção de informações por todos os meios, tendo deixado escrito que «existe bem uma diferença entre corromper os súbditos de um príncipe para os mobilizar em rebeliões contra ele, *e ganhá-los apenas para ser informado sobre o que se passa no (seu) Estado*; esta última prática tem sido sempre permitida a um ministro estrangeiro, pois só aquele que se deixa corromper deve ser condenado e castigado»[27]. E, quanto à qualidade da informação a transmitir, aconselha que um Enviado «à medida que vai conhecendo o estado da Corte e das questões do país onde se encontra, deve descrevê-los nos seus despachos, e nestes assinalar a situação dos estados de ânimo daqueles que ali gozam de maior crédito, e dos ministros com quem trata, das suas ligações, paixões e interesses, fazendo-o de modo tão claro que o príncipe ou o ministro que recebam os seus despachos possam conhecer as coisas de que lhes é dada conta *da mesma maneira como se eles próprios estivessem nesse lugar*»[28].

Compreende-se, por outro lado, que tal afã informativo tenha levado à preocupação de procurar saber o que Embaixadores e Enviados comunicavam aos seus soberanos, dando assim lugar quer aos célebres *cabinets noirs*, aos quais cabia a tarefa de, com engenho, ler a correspondência dos diplomatas estrangeiros[29], quer ao aperfeiçoamento da criptografia.

---

[25] Citado por M. S. Anderson, *The Rise of Modern Diplomacy*, p. 43.

[26] *Ibidem*.

[27] Citado por L. Bély, *La Paix...*, p. 571.

[28] *Ibidem*.

[29] M. S. Anderson refere que à volta de 1650 toda a correspondência dos diplomatas em Londres era violada, numa prática que outros países seguiam com maior ou menor habilidade. A recente e maciça exposição de telegramas das embaixadas dos EUA pela organização WikiLeaks veio, neste começo do século, colocar um problema inédito quanto à segurança da correspondência oficial, com pesados prejuízos para a normalidade da prática diplomática.

A informação diplomática atravessou assim séculos, mudanças de regimes, métodos, técnicas e conjunturas políticas que não raramente a descaracterizaram ao fazerem-na conviver com a espionagem, designadamente entre as duas guerras mundiais[30] e sobretudo no período tenso da Guerra Fria. Hoje, trata-se cada vez mais de uma actividade extremamente vasta e diversificada, que implica, pelo carácter torrencial do material informativo, uma cuidadosa avaliação da credibilidade das fontes, uma crescente filtragem do que se noticia ou conhece, uma aguda selecção de prioridades do que se comenta e explica sobre a diversa realidade do país onde a Missão se encontra acreditada.

A Embaixada deve, pois, informar de modo rigoroso sobre: o desenvolvimento de questões (políticas, militares, económicas, culturais, científicas) existentes no relacionamento dos dois Estados; sobre aspectos relevantes da vida quotidiana do país anfitrião; das suas posições em política internacional; e, naturalmente, dos reflexos que nele colheram situações ocorridas no próprio país representado. Tarefa nova? Talvez não, se lembrarmos o muito lido Jean Hotman que, em 1603, no seu livro *L'Ambassadeur*, a propósito do dever de informação do Embaixador, aconselhava conhecer a personalidade do soberano do país para onde fosse enviado «os seus humores e daqueles que o influenciam; saber o descontentamento que o povo dedica aos seus excessos, os ciúmes e acções dos Grandes, as facções que existem no Estado e se elas são por motivos de religião ou por outro assunto» e, sobretudo, «estar atento aos campos para descobrir se neles se conspira contra o Senhor ou seus aliados»[31].

Por outro lado, embora não se encontre referido no artigo 3.º, alguns autores entendem que esta função abrange ainda o dever de informação às autoridades do Estado receptor e à própria opinião pública das posições e sensibilidades do Estado que envia (neste último caso se incluindo o frequente direito de resposta a artigos ou a programas dos meios de comunicação locais), o que hoje ocupa principalmente a chamada diplomacia pública.

---

[30] O grande escritor francês, também diplomata, Paul Claudel, Embaixador em Copenhaga em 1919, dirigiu na sua Embaixada uma importante rede de espionagem sobre a Alemanha e a Rússia antes da Revolução. *Tresors et secrets du Quai*..., p. 725.
[31] L. Bély, *op. cit.*, p. 144.

A tarefa de informar surge-nos assim como uma responsabilidade que, mais do que qualquer outra, tem acompanhado a evolução da instituição diplomática e a modernização das tecnologias de informação: não se espera agora das Embaixadas, como antes era uso, a notícia de uma ocorrência (no que é batida em tempo real pelas agências noticiosas e TV internacionais), mas antes prioritariamente a sua análise, sem prejuízo da tradicional obtenção paralela de informações privilegiadas e confidenciais junto de fontes oficiais ou civis. Ao mesmo tempo, a par desta observação de carácter geral sobre o país, que também inclui comentários ao relacionamento bilateral de outros Estados ali representados, bem como às posições por aquele adoptadas no quadro multilateral, restará sempre a recolha de informações com interesse vincadamente bilateral ligadas aos diversos assuntos que compõem o relacionamento entre o Estado acreditante e o receptor. Calvet, ao abordar esta matéria, recorda que a informação diplomática deve ser breve, altamente selectiva, corajosa e honesta, evitando tentações de agradar ao Governo, quer por acção, quer por omissão[32].

A função de informar tem-se ajustado também à complexidade das relações internacionais, ao crescente aumento dos seus sujeitos e actores não estatais, à crescente diversidade de matérias da agenda mundial, pelo que a recolha de informação obriga — conforme a importância dos postos — à nomeação de pessoal especializado: adidos de imprensa, militares, económicos, culturais, científicos. Ela, porém, deve ser obtida por meios lícitos — como estipula o artigo 3.º da Convenção de Viena — o que exclui os meios ilegítimos, como a espionagem[33], que procede à recolha clandestina de informações, muitas vezes sob a capa de nomeações com estatuto diplomático.

Sublinhe-se, de novo, que o extenso e crescente progresso tecnológico no sector das comunicações coloca às Embaixadas um peculiar problema: se é certo que a obtenção de informações se tornou bem mais fácil, quer na

[32] Cita a propósito a recomendação do diplomata britânico Lord Trevelyan sobre a redacção de telegramas de informação: «como devessem ser levados à estação de correio pelo próprio e por ele pagos» em *A Diplomacia Pura*, p. 152.

[33] Recordem-se as definições de Embaixador dadas por Callières, «um honorável espião», ou por Condillac, «um espião autorizado pelo direito das gentes», que reflectem o sentimento de desconfiança que a novidade dos Embaixadores Residentes então suscitava.

qualidade, quer sobretudo quanto à quantidade, impõe-se hoje um esforço inédito de inteligente selecção e escrutínio do cada vez mais amplo material a analisar e comentar para transmissão às suas autoridades, o que, além de uma adequada capacidade de contacto com os governos locais, exige também um amplo esforço de relacionamento com os vários sectores da respectiva sociedade civil.

Poder-se-á, por fim, dizer uma palavra sobre a valia específica da informação diplomática face ao que é reportado pelos diferentes meios de comunicação. Sem menosprezar a indispensável utilidade e importância do que em muitos deles se obtém, cabe recordar o diferente e singular acesso (se for bem promovido e valorizado) das Embaixadas aos canais oficiais e a alguns sectores da sociedade civil, bem como o património de memória e de contactos que cada Missão, pela sua permanência, vai construindo, assim habilitando-a a uma visão porventura mais correcta da realidade[34]. A isto acresce a útil troca de sensibilidades e conhecimentos com as restantes Missões, ou ainda a esperada neutralidade que se espera dos seus comentários, porque não contaminados por motivos ideológicos, ou pelos interesses ocultos que, com frequência, se escondem nas análises dos *media*.

Negociação

Para muitos autores, a negociação é, bem para lá de uma das funções da Missão Diplomática bilateral, a mais conhecida característica da diplomacia, que de resto chegou a ser definida durante muito tempo como *a arte de negociar*; para outros, configura a sua própria essência, pois constitui o método adequado para superar conflitos mediante acordos; para outros ainda, ela constitui «a forma fundamental da comunicação diplomática»[35]; e Adam Watson, reserva-lhe um valor proeminente ao definir

[34] Ao comentar a crise dos mísseis de Cuba, Robert Kennedy elogiou a informação do então Embaixador americano em Moscovo, escrevendo que «o seu conselho e previsões sobre o que os russos fariam foram superiormente exactos (...) que ninguém ultrapassou», in *Essence of Diplomacy*, p. 111.

[35] Stearns, citado em *Essence of Diplomacy*, p. 82.

diplomacia como «negociações entre entidades políticas que reconhecem a sua mútua independência»[36].

As definições insistem sobre o aspecto de uma negociação consistir na harmonização de interesses em conflito. Nessa linha, um autor americano, A. Lall, olha-a como «o processo de consideração de uma controvérsia ou situação internacional por meios pacíficos, *distintos do processo judicial ou arbitral*, com o objectivo de promover ou alcançar, entre as partes implicadas ou interessadas, algum entendimento, progresso, combinação ou solução para uma controvérsia ou situação»[37]. Outros salientam que a negociação procura superar uma *imobilidade* ou um conflito, porque — recordam — tem lugar, tanto para pretender alcançar um acordo político, como para estabelecer acordos jurídicos (tratados internacionais). Outros ainda, como o respeitado F. C. Iklé, defendem ser «o processo pelo qual propostas explícitas são apresentadas ostensivamente com o objectivo de alcançar um acordo pela troca ou pela realização de um interesse comum onde existem interesses opostos ou em conflito»[38]; e, para tanto, sintetiza «sem interesse comum nada há para negociar, sem conflito nado existe sobre que negociar»[39].

Assinale-se, todavia, que a negociação diplomática, num sentido informal, abarca ainda a actividade quotidiana das missões diplomáticas para defesa de interesses específicos do seu Estado, como para protecção de certos interesses dos seus nacionais. Por tudo isto, parece mais abrangente a definição de Calvet[40], ao considerar a negociação diplomática como: «contactos entre Estados para concertarem entre si a resolução de interesses comuns ou recíprocos». Com esta abordagem vai-se além de situações de conflito, pois é frequente efectuarem-se negociações quando não existem interesses divergentes, como é o caso dos pedidos de apoio diplomático para candidaturas ou nomeações internacionais ou, noutro plano,

---

[36] Adam Watson, *Diplomacy*, p. 33.

[37] E. V. Pintos, *op. cit.*, p. 153.

[38] Fred C. Iklé, *How nations negotiate*, Kraus Reprint Co, NY, 1976, p. 3.

[39] *Ibidem*, p. 2.

[40] Calvet dedica um desenvolvido capítulo a esta função diplomática em *Manual Diplomático*, p. 155. Entre numerosas obras que abordam este tema, G. R. Berridge, no seu livro *Diplomacy*, Palgrave, 2002, oferece uma excelente síntese dos vários momentos de uma negociação diplomática.

nos casos de realização de um acordo de assistência mútua para procurar prevenir uma eventual e posterior agressão.

Saliente-se ainda que na negociação diplomática poderemos distinguir um conceito amplo: todos os contactos entre Estados para uma concertação de posições (negociação informal); e uma concepção restrita: os contactos entre Estados apenas para a celebração de um acordo, geralmente escrito, sobre uma questão específica de interesse comum (negociação formal). Poderá também ser, conforme o seu nome, negociação bilateral (entre dois Estados) ou multilateral (entre três ou mais Estados), obedecendo — consoante estes casos — a técnicas diversas e a diferentes procedimentos. Trata-se muitas vezes de um labor constante e discreto que um distinto Embaixador português assim descrevia: «todos sabem que se dá mais pelos êxitos ou desastres da diplomacia em situações de conflito ou de divergências. Mas nem todos se dão conta de que sem o *glamour* das primeiras páginas dos jornais, os agentes diplomáticos vão, o melhor que podem, sedimentando convergências, esbatendo dificuldades, espoletando crises, permeando confiança, procurando entendimentos. E que é desse semear de confiança e desse desbravar de dificuldades que emerge tantas vezes o sucesso das chamadas negociações directas ou conferências cimeiras, e se preparam até os documentos que naquelas negociações e tais conferências vêm a ser espectacularmente assinados»[41].

Calvet, ao sintetizar alguns dos mais importantes momentos da negociação, sublinha que a respectiva preparação pode ser elemento fundamental para o seu sucesso, o que requer uma antecipada e completa recolha de informações sobre o assunto, mas igualmente sobre a provável posição da parte contrária, dos seus interesses essenciais, objectivos e até do seu estilo negocial, a fim de se fixar a estratégia e a táctica a cumprir. Já quanto à condução da negociação, será indispensável proteger a credibilidade e autoridade do próprio negociador e, naturalmente, evitar cair no erro que contaminou os Embaixadores da antiga Grécia, presos da volatilidade de instruções, da falta de unidade de direcção, ou de conflitos de ordem pessoal (como ocorreu também com os dois principais negociadores franceses durante os trabalhos dos Tratados de Vestefália).

---

[41] Albano Nogueira, *Diário de Notícias*, 16–11–82.

Um outro aspecto que desde Demóstenes tem ocupado a reflexão dos especialistas em teoria diplomática tem a ver com o modo de apreender e decidir o momento oportuno para iniciar, suspender ou apressar o curso das negociações, sejam estas bilaterais ou multilaterais. Já em 1512, o celebrado Historiador Guicciardini, então Embaixador de Florença em Espanha, aconselhava escolher bem a ocasião, o «tempo exacto» para negociar[42]; e isto, porque se, antecipando-o, ele não for o adequado «não só se falha como muitos vezes se tornará impossível obter sucesso mesmo se o momento favorável posteriormente se apresentar. Por isso, importa não apressar insensatamente ou precipitar as coisas, mas antes esperar que elas amadureçam, esperar a estação certa». Estas advertências de senso comum, hoje desenvolvidas pelo que os autores chamam «doutrina da oportunidade» são agora complementadas por tácticas negociais, nomeadamente pela fixação de prazos simbólicos, artificiais ou mesmo rigorosos (data-limite, *deadline*, *date butoir*), que procuram evitar que uma excessiva prudência conduza a perigosos bloqueios ou à estagnação de conversações.

Também as qualidades de um bom negociador têm merecido ao longo da história diplomática uma extensa bibliografia, em que Callières ocupa lugar destacado. Nela encontramos advertências quanto à necessidade de actuar de boa-fé, de possuir uma inquebrantável paciência, de ser dono de um hábil espírito de compromisso que evite arrogâncias e vaidades, de revelar um adequado espírito de firmeza que não se confunda com rudeza, ou de saber definir linhas de flexibilidade em conformidade com concessões obtidas.

Promoção

O artigo 3.º refere como função das Missões Diplomáticas a promoção de relações amigáveis e o desenvolvimento das relações económicas, culturais e científicas entre o Estado acreditador e o acreditante. Trata-se de uma tarefa óbvia da missão diplomática, a qual, se num sentido amplo poderá abranger toda a sua actividade (por fazer valer os variados interesses do

---

[42] G. Berridge e outros, *Diplomatic Theory from Machiavelli to Kissinger*, p. 39.

Estado que representa), na acepção restrita e mais adequada consiste no conjunto de actividades exercidas pelos agentes diplomáticos com o objectivo de criar ou desenvolver relações positivas entre os dois Estados, afinal a razão mesma do estabelecimento de relações diplomáticas.

Esta função — que deve constituir um factor dinâmico do trabalho da Missão (Calvet considera-a como elemento impulsionador da actividade diplomática) — está geralmente ligada ao fomento das relações económicas, culturais e científicas, embora não se esgote naturalmente nos domínios enunciados a título meramente exemplificativo pelo artigo 3.º, pois deve visar o incremento do relacionamento global bilateral, designadamente através de oportunas iniciativas negociais. Nela se inclui também a tarefa de informar as opiniões públicas do Estado receptor das políticas e da realidade do Estado acreditante, o que durante muito tempo se designou por propaganda, palavra que os regimes autoritários do século anterior desacreditaram[43]. Hoje, este trabalho de defender as políticas e a imagem de um país, sobretudo junto de sectores seleccionados da opinião pública, corporiza o que se chama «diplomacia pública», a qual, como na primeira parte deste livro se assinalou (pp. 161–162), vem assumindo, perante a multiplicidade de novos problemas e tensões internacionais, importância crescente na actividade das missões, designadamente no plano da chamada diplomacia económica. Trata-se assim de uma tarefa que não se confunde com o trabalho de recolha de informações previsto na alínea *d)* do atrás referido artigo 3.º.

Protecção

Embora responsabilidade clássica e também abrangente da instituição diplomática, no seu sentido restrito, ocupa lugar complementar das funções essenciais da Missão e consiste na defesa de certos interesses do Estado acreditante e na protecção genérica dos seus nacionais junto do Estado receptor.

---

43 Calvet recorda que a palavra propaganda foi utilizada pela primeira vez, no século XVI, pela Igreja Católica, para disseminação da fé cristã através de uma Congregação chamada «Propaganda *Fidei*» a qual, seguindo a tendência do tempo, dá hoje pelo nome de Congregação para a Evangelização dos Povos.

É uma função que a Missão realiza, seja para procurar fazer cumprir obrigações do Estado receptor para com o próprio Estado que ela representa, seja para defesa de interesses patrimoniais do Estado acreditante no Estado receptor, seja, ainda, para defender direitos dos seus nacionais ou empresas, aqueles residentes ou de passagem no Estado receptor, quando as autoridades deste não lhe dêem o tratamento a que legitimamente tenham direito, seja, por fim, quando — devido a emergências várias — se torna necessário assistir cidadãos nacionais em dificuldades, quer por repatriação, quer por apoio pessoal (desde o Tratado de Maastricht que os cidadãos da UE têm a possibilidade de gozarem da protecção da Missão de um dos Estados-membros nos casos em que não exista representação diplomática nacional no país em que se encontram).

Para que a Missão possa exercer este direito de protecção diplomática, torna-se indispensável preencher certos condicionalismos: comprovar a nacionalidade do país protector dos cidadãos ou das empresas a proteger, com a excepção atrás aludida dos cidadãos da UE que não tenham representação diplomática ou consular do seu país no Estado de residência; outro requisito exigido tem a ver com o incumprimento por parte deste Estado de obrigações internacionais, tanto no plano das decisões governamentais (designadamente no campo dos direitos humanos), como no quadro legislativo (lei laboral discriminatória, incumprimento de normas convencionais), ou judicial (denegação de justiça); ou o esgotamento ante as instâncias judiciais do Estado receptor sem obter a reposição do seu direito. Ao realizar esta função, importa sublinhar que o Estado quando protege diplomaticamente um seu nacional (ou empresa) faz valer o seu direito e não o da pessoa física ou jurídica prejudicada, pelo que *não existe* aqui uma situação de representação directa da pessoa reclamante.

A protecção diplomática tem ainda um *carácter discricionário*, cabendo ao Estado inteira liberdade de ponderação e de decisão acerca dela, podendo não iniciar uma reclamação, abandoná-la ou aceitar compromissos, sem necessidade de consultar a parte requerente. Isto a distingue da protecção consular, que diz respeito não a um ilícito internacional, mas a uma não aplicação, ou aplicação incorrecta das leis locais, sendo titular não o Estado, mas — neste caso — a pessoa física ou jurídica a que os Serviços Consulares devam prestar assistência.

Nesta função de protecção se inserem também as acções a que Calvet chama extensão externa de serviço público, que têm em vista responder a necessidades dos cidadãos nacionais residentes ou em trânsito para exercício dos seus direitos ou cumprimento de obrigações. E, afinal, toda a actividade consular que poderá ser prestada pela missão diplomática, como reconhecido pelo n.º 2 do artigo 3.º da Convenção de Viena. Mas nestes casos, *diferentemente da protecção diplomática*, não implica uma diligência oficial de Estado a Estado, com a importância política que de tal decorre, mas simplesmente uma eventual intervenção junto das autoridades locais da área da circunscrição do caso a proteger. E isto porque, se a protecção diplomática assenta no não cumprimento de normas de direito internacional (devendo ser levada a cabo por reclamação junto do Ministério dos Negócios Estrangeiros do Estado receptor), já a protecção consular se funda, como se assinalou, na não observação pelas autoridades do país das suas próprias leis.

CAPÍTULO II

O ESTATUTO DIPLOMÁTICO

1. Imunidades, Privilégios e Facilidades

Os Estados devem assegurar às Missões que acolhem no seu território, para o sucesso do seu trabalho, um tratamento privilegiado, que lhes garanta, bem como ao pessoal que as constitui, condições de independência, liberdade e segurança, o que alguns autores designam de estatuto diplomático[1]. Este é composto por imunidades, privilégios e facilidades, constituindo uma prática cuja necessidade cedo se fez sentir e se foi consolidando ao longo do processo de desenvolvimento do direito diplomático, principalmente por via consuetudinária, para posteriormente se ver clarificada, face a dúvidas que o continuado progresso das relações entre os Estados começara a levantar, pela Convenção de Viena de 1961.

Compreende-se que tenha levado tempo a cristalização desta prática, sobretudo quanto ao tratamento a dar aos Embaixadores e aos restantes agentes diplomáticos, quer no plano concreto da sua observância casuística, quer na respectiva justificação jurídica, pois dela resultavam derrogações ao poder dos soberanos e, mais tarde, dos Estados, tal como haviam sido consolidados pela arrumação política ocorrida após a segunda metade do século XVII.

Se, como logo no início se assinalou, a protecção das pessoas dos mensageiros e enviados remonta aos mais recuados tempos da comunicação

---

[1] E. V. Pintos, *op. cit.*, p. 233.

entre grupos humanos, só mais tarde, na Idade Média, nomeadamente por influência do direito canónico, as imunidades se foram alargando, embora tal prática, ainda no tempo posterior de Grotius, não fosse geralmente reconhecida, exigindo-se nalguns casos o expresso consentimento do Estado anfitrião[2]. No seu Manual[3], extensamente lido na época, Bernard du Rosier escrevia em 1434 que «os Embaixadores, durante o período da sua missão, têm imunidade quanto às suas pessoas e propriedades, como de qualquer outra forma de interferência (...) é-lhes garantida completa liberdade de acesso, trânsito e saída, e perfeita segurança em relação a todo o embaraço e violência». E sublinhava: «estes privilégios estão contidos nas leis civil e canónica, sancionados pelo costume universal, e garantidos pelas autoridades dos Estados»[4]; isto porque «um Embaixador trabalha pela paz e pelo bem comum (...) A rápida finalização da missão de um Embaixador é do interesse de todos (...) Um Embaixador é sagrado, pois actua para a segurança geral»[5].

Não obstante a doutrina, a realidade, quer no plano civil, quer sobretudo no campo penal, nem sempre a confirmava; tanto mais que a rápida disseminação dos Embaixadores Residentes a partir do século XVII trouxe inéditos problemas aos dirigentes e juristas dos países que os recebiam, obrigados a gerir excitados credores face às recorrentes dificuldades de pagamento de dívidas de chefes de missão (resultantes do fausto que lhes era exigido e dos atrasos dos seus vencimentos), bem como uma irresistível tendência de representantes de algumas potências para a conspiração e espionagem[6]. Foi assim lento o caminho de consolidação das prerrogativas diplomáticas, o qual, no início do século XVII, teve em Grotius um útil defensor, ao procurar racionalizar através da doutrina da extraterritorialidade as imunidades de jurisdição civil, ou, na sua compreensão do que bem mais tarde justificaria a inteira consagração do tratamento privilegiado

---

[2] K. Hamilton, *The Practice of Diplomacy*, p. 42.
[3] *Ambaxiator brevilogus*.
[4] G. Mattingly, *op. cit.*, p. 39.
[5] *Ibidem*, p. 42.
[6] Como ocorreu, entre outros, com o Embaixador de Espanha em Paris, em 1718, que conspirou para que a regência da França passasse para o seu Rei, o que levou à sua prisão e a uma curta guerra com Espanha; ou com o Embaixador espanhol em Londres envolvido numa conspiração contra Isabel I, em 1584, em que lhe foi concedida imunidade.

dos diplomatas, ao sublinhar ser a segurança dos Embaixadores necessária para o sistema internacional, o que exigiria serem estes apenas responsáveis perante os seus soberanos. E, se o seguimento desta doutrina dependeu durante anos da boa vontade pessoal de monarcas assentes no seu poder absoluto, a imunidade civil e penal dos Embaixadores começou a ser mais extensamente reconhecida e observada a partir de 1700[7]. Montesquieu, no seu *Espírito das Leis* (livro XXVI), escreveria nesse mesmo sentido que «o direito das gentes quis que os príncipes enviassem Embaixadores entre si, e a razão, colhida da natureza das coisas, não permitiu que eles dependessem do soberano junto de quem foram enviados, nem dos seus tribunais. Eles são a palavra do seu Príncipe e esta palavra deve ser livre; nenhum obstáculo os deve impedir de agir».

Mais tarde, nesta mesma linha, perante o desenho de um mundo alterado pelo impulso descolonizador e pela necessidade de lhe fixar regras claras, a Convenção de Viena de 1961, cujas normas são hoje universalmente seguidas, veio alinhar as várias prerrogativas diplomáticas, tanto para a própria Missão, como para o seu pessoal, mesmo o não diplomático, sendo nelas costume distinguir entre imunidades, facilidades e privilégios. É, pois, tempo, de definir e descrever umas e outros.

As *imunidades*, inteiramente fundadas no direito internacional, subtraem a missão diplomática — e os membros que a compõem — do cumprimento de obrigações e das normas das jurisdições civil, penal e administrativa do Estado receptor, a que estão sujeitos os cidadãos nacionais e os estrangeiros nele residentes, não podendo a Missão e os seus agentes serem por isso traduzidos em tribunal, nem lhes ser aplicadas medidas de coacção.

Exemplos: imunidade de execução ou inviolabilidade; imunidade de jurisdição civil, penal e administrativa e a imunidade fiscal[8].

Os *privilégios* consistem em concessões a favor da Missão e do seu pessoal de um tratamento particular e já não de uma subtracção ao ordenamento jurídico local.

---

[7] Para mais desenvolvimentos ver K. Hamilton, *op. cit.*, p. 46; relativamente a Portugal, os privilégios dos Embaixadores foram reconhecidos por decreto de 1646 e lei de D. João V de 1748 (ver transcrição do decreto em António Barbas Homem, *História das Relações Internacionais*, Almedina, Coimbra, p. 288).

[8] E. V. Pintos, *op. cit.*, p. 233.

Exemplos: concessão de matrículas especiais para as viaturas da Missão e do pessoal diplomático; reserva de lugares especiais em cerimónias públicas; tratamento especial quanto a inspecções de natureza alfandegária.

As *facilidades* têm também um carácter positivo como o nome indica, pois por meio delas o Estado receptor deverá facilitar o exercício das funções da Missão e do seu pessoal; poderão por isso configurar diversa natureza, pelo que, devido ao seu carácter diversificado, não estão reguladas de forma detalhada na Convenção, como acontece com as imunidades e privilégios.

Exemplos: as menções dos artigos 25.º: «o Estado receptor dará toda a espécie de facilidades para o desempenho das funções da missão»; 21.º (facilidades para aquisição de locais) e 44.º (rápida evacuação dos membros da missão em caso de conflito armado).

Fundamento jurídico

No seu *Manual de Direito Internacional Público*, Nguyen Dinh assinala[9] que enquanto alguns autores consideravam apenas as imunidades fundadas no Direito Internacional (ao contrário dos privilégios e facilidades que decorreriam do «belo prazer dos Estados»), outros — como Verdross — recusavam qualquer distinção quanto à respectiva base jurídica, por todas elas resultarem da aplicação daquele mesmo direito. Para Dinh, a Convenção de Viena adoptou uma solução intermédia. Assim, manteve a distinção, mas clarificando melhor o seu âmbito: as imunidades são fundadas no Direito Internacional, impondo-se aos Estados, ao passo que, se alguns privilégios e facilidades dependem desse mesmo Direito (caso das isenções fiscais, artigo 34.º), outras derivam de simples normas de cortesia dos Estados, e por isso necessitam para a sua própria existência e delimitação de textos internos. E isto, segundo Dinh, porque em tais casos o Direito Internacional assume apenas valor permissivo e não imperativo, como acontece com as isenções aduaneiras, que guardam ainda aspectos

[9] Dinh, *op. cit.*, p. 762.

da sua natureza inicial de cortesia pela regulamentação nacional a que se encontram também sujeitas — artigo 36.º)[10].

Razão de Ser

Três teorias procuram explicar a finalidade e razão destas imunidades, privilégios e facilidades:

Teoria da extraterritorialidade: lançando mão de uma ficção jurídica, os autores do século XVII, seguindo Grotius, consideravam que tanto os locais da missão como os seus agentes se mantinham no território do seu próprio país. Dizia Grotius (*Direito da Guerra e da Paz*): «segundo o direito das gentes, como um Embaixador representa por uma espécie de ficção a própria pessoa do seu Senhor, ele é olhado, por uma ficção idêntica, como estando nas terras da potência a que presta serviço: e por isso não é obrigado a observar as leis civis do país estrangeiro onde se encontra». Embora esta doutrina persista frequentemente em certos sectores e até no sentimento colectivo, que vêem uma Embaixada como parte do território do país que representa, encontra-se hoje abandonada pelos autores. Ao criticá-la, Salmon[11] assinala que a sua lógica conduziria a consequências bizarras: assim, se um crime fosse cometido numa Embaixada, aquele, pela teoria da extraterritorialidade, deveria ser julgado pelas leis do Estado acreditante (que envia), só o podendo ser no Estado receptor após a respectiva extradição da pessoa que o cometera.

Teoria assente no carácter representativo: «vestígio da era monárquica», no dizer de Dinh, em que os diplomatas representavam o seu soberano, esta teoria afirma que tanto a missão, como os seus agentes, *representam o Estado acreditante e o seu Chefe*, pelo que deveriam beneficiar das imunidades garantes de dignidade, independência e soberania. De acordo com vários autores, tal fundamentação explicaria alguns aspectos protocolares que ainda hoje distinguem os Chefes de Missão,

[10] Dinh, *ibidem*.
[11] Salmon, *op. cit.*, p. 176.

mas mostra-se desadequada ao tempo presente, já que os Embaixadores, mesmo dos países de regime monárquico, representam o Estado (artigo 3.º da Convenção de Viena de 1961).

Teoria funcional: hoje aceite, considera que as imunidades e privilégios se fundam na necessidade de assegurar um exercício independente e eficaz da função diplomática. Neste sentido, o preâmbulo da Convenção de Viena refere que «o objectivo dos referidos privilégios e imunidades não é o de favorecerem os indivíduos, mas assegurar o cumprimento eficaz das funções das missões diplomáticas enquanto representantes dos Estados». Salmon, na obra já citada, defende esta teoria e recorda a sua importância prática no campo da interpretação jurisprudencial, assinalando, todavia, que, a par de privilégios claramente ligados ao exercício da função, outros existem de carácter acentuadamente de cortesia, apenas explicáveis como herança da História.

Por seu lado, o autor espanhol Eduardo V. Pintos sublinha[12] que, na ordem dos princípios, as prerrogativas diplomáticas, além da sua raiz funcional (*ne impediatur legotio*), que lhes garante o exercício livre das respectivas funções, assentam na regra essencial da *não discriminação de tratamento decorrente da igualdade dos Estados*; porém, adverte não existir discriminação se um Estado — aplicando a reciprocidade — restringir a aplicação de uma norma a outro que faça dela também uma interpretação restritiva (desde que não ilícita), ou se, igualmente em reciprocidade, dois Estados se concederem, normalmente por acordo, um melhor tratamento.

Dinh, por seu turno, salienta que a teoria da funcionalidade, ao acentuar o interesse da função, abre caminho útil à limitação de privilégios e imunidades, visando obter um equilíbrio entre as necessidades do Estado acreditante e as do acreditador. E vai mais longe quando considera ser de compromisso o texto do preâmbulo da Convenção, por reunir elementos ligados ao carácter representativo dos agentes diplomáticos (as prerrogativas são concedidas enquanto representantes do Estado). Tal facultaria, a seus olhos[13], fazer *recuar* eventualmente os limites que a teoria funcional

---

[12] E. V. Pintos, *op. cit.*, p. 236.

[13] Dinh, *op. cit.*, p. 763.

proporciona; mas ao mesmo tempo, porque a Convenção, ao haver tido em conta a actividade global da Missão enquanto entidade representativa, não determinou as necessidades da função em conformidade com o estatuto individual dos seus membros e permitiu a extensão de privilégios e imunidades mesmo ao seu pessoal técnico e administrativo, acabou por favorecer os Estados dotados de maiores recursos, o que explicaria a forte oposição dos restantes países durante a sua elaboração em 1961.

No seu Manual, Dinh sublinha a este propósito o acórdão de 1979 do Tribunal Internacional de Justiça relativo ao pessoal diplomático e consular dos EUA em Teerão feito refém das autoridades locais, por ele ter sublinhado a natureza funcional dos privilégios e imunidades, bem como o carácter representativo dos diplomatas. Vale a pena transcrevê-lo pela autoridade da sua jurisprudência num tempo em que não são raros os ataques às Missões Diplomáticas; diz o TIJ: «da condução das relações entre Estados, não existe exigência mais fundamental que a da inviolabilidade de diplomatas e embaixadas e, ao longo da história, nações de todas as crenças e culturas observaram sempre as obrigações recíprocas a este respeito; e as obrigações assim assumidas para garantir a segurança pessoal dos diplomatas e a sua isenção de toda a perseguição são essenciais, não comportando qualquer restrição e são inerentes ao seu carácter representativo e à sua função diplomática. A instituição da diplomacia, com os privilégios e imunidades que lhe são próprios, resistiu à prova dos séculos e revelou-se um instrumento essencial de cooperação eficaz na comunidade internacional, que permite aos Estados, não obstante as diferenças dos seus sistemas constitucionais e sociais, atingir a compreensão mútua e resolver as suas divergências por meios pacíficos»[14].

O carácter funcional dos privilégios do estatuto diplomático é ainda salientado por Calvet, ao advertir *não serem benesses atribuídas a uma classe* para vantagem pessoal, mas antes tratamentos especiais necessários para as funções que desempenham, devendo ser gozadas nesse espírito, sob pena de se faltar a um dever fundamental da profissão[15].

---

[14] *Ibidem.*

[15] Calvet, *Manual Diplomático*, Bizâncio, Lisboa, 2001, p. 109.

CAPÍTULO III

TITULARES DAS PRERROGATIVAS DIPLOMÁTICAS E SUA DURAÇÃO

O titular das prerrogativas diplomáticas é o *Estado acreditante* ou o sujeito de direito internacional acreditante (que envia); só ele, portanto, pode renunciar a esse direito, embora os beneficiários directos sejam a Missão e os seus membros (este é o sentido do parágrafo do preâmbulo da Convenção sobre o carácter dos agentes diplomáticos como representantes dos Estados), e bem assim o seu artigo 32.º (relativo ao poder de renúncia). Esta natureza restritiva reflecte-se, aliás, na não concessão aos agentes diplomáticos de tratamento privilegiado em matérias desligadas da sua função, como a aquisição, em proveito próprio, de propriedades.

Por seu turno, é titular da obrigação de *as respeitar o Estado receptor e os Estados de trânsito*, conforme estipulado, respectivamente, nos artigos 4.º e 40.º da Convenção. A este respeito cabe referir, como caso especial, a obrigação assumida pelo Estado italiano (desde o Tratado de Latrão) em conceder privilégios e imunidades às Missões junto da Santa Sé, todas elas instaladas em Roma devido à exiguidade do território da Cidade do Vaticano.

Como decorre da natureza e da finalidade das prerrogativas concedidas à Missão e aos seus membros, elas manter-se-ão durante a existência da Missão (cobrindo instalações e bens) e do exercício por aqueles das funções que nela prestam. Sendo este o princípio inscrito no artigo 39.º da Convenção de Viena, nesta se clarifica, pela mesma norma, o momento em que, para os membros da Missão, tal tratamento especial se inicia (a entrada no território ou a comunicação formal ao respectivo Ministério dos Negócios Estrangeiros, no caso de o agente já ali se encontrar) ou cessa (termo das funções, mantendo-se todavia durante um prazo razoável para deixar o posto, mesmo em situação de corte de relações ou guerra, ou, relativamente à família e bens, por razão de falecimento).

Relativamente aos locais da Missão (Chancelaria e Residência do Embaixador), a sua imunidade cessa com o fim da sua utilização, embora também aqui se deva prever um período razoável, quanto à sua protecção, nomeadamente durante os trabalhos de mudança dos respectivos bens (os arquivos gozam, todavia, de inviolabilidade própria e permanente). Numa situação de ruptura de relações diplomáticas, ou de encerramento definitivo ou temporário da Missão, a Convenção, pelo seu artigo 45.º, determina o procedimento a seguir, prevendo nomeadamente que as instalações da Missão, bens e arquivos possam ser confiados à guarda de um terceiro Estado aceitável para o Estado anfitrião.

1. As Prerrogativas da Missão

Os locais da Missão

Importa, antes de mais, para efeitos do gozo das respectivas prerrogativas em que avulta o princípio da inviolabilidade, determinar o que devem ser considerados locais da Missão. O artigo 1.º da Convenção de Viena define-os como «os edifícios ou partes dos edifícios, e terrenos anexos, seja qual for o proprietário, utilizados para as finalidades de Missão, inclusive a residência do Chefe da Missão». É uma definição que cobre a sede da Missão, quer no que diz respeito à Chancelaria (escritórios da Missão, mesmo destacados de um edifício principal), quer quanto à Residência do Embaixador, incluindo os jardins ou os espaços da respectiva propriedade para estacionamento, tanto no caso de pertencerem ao Estado representado, como simplesmente alugados ou cedidos.

A Missão deve instalar-se na capital do Estado receptor, embora ocorram algumas situações especiais: nos Países Baixos, o Corpo Diplomático encontra-se em Haia e não em Amesterdão; em Israel, as Missões estão instaladas em Telavive, pois Jerusalém, sede do governo, situa-se em território ocupado devido a uma anexação considerada internacionalmente ilegal; atendendo ao limitado espaço da Cidade do Vaticano, as Missões junto da Santa Sé localizam-se em Roma; por seu turno, como já atrás se referiu, em caso de guerra as Missões podem seguir o governo, como aconteceu durante o último conflito durante a ocupação alemã de parte de França (primeiro instalando-se em Bordéus, depois em Vichy), ou quando alguns governos, face ao avanço nazi, se exilaram em Londres (Países Baixos, Dinamarca, Noruega, Polónia).

Situação diferente, e que ocorre com frequência, diz respeito às Missões Diplomáticas que representam o seu país em outros Estados distintos do Estado da residência, numa múltipla acreditação prevista no artigo 6.º da Convenção.

O Estado acreditante não pode estabelecer unilateralmente os locais da sua Missão. A este respeito, a Convenção nada prevê, ao contrário do que ocorre com a dimensão do respectivo pessoal (artigo 11.º). Porém, o Estado receptor pode invocar o artigo 12.º, que exige o seu consentimento prévio e expresso para recusar uma eventual designação diplomática para determinados edifícios ou escritórios distintos da sede da missão (modo de limitar as suas obrigações, por vezes pesadas, de protecção), ou de impor restrições políticas indirectas, como aconteceu durante a Guerra Fria. Geralmente, os problemas colocam-se com serviços abertos ao público fora da sede da Missão: bibliotecas, serviços culturais, centros de informação ou de turismo, delegações comerciais. Salmon, no seu Manual, oferece alguns exemplos: Londres recusou a qualificação diplomática a uma escola da embaixada líbia; a Suíça não concedeu à então URSS privilégios diplomáticos para um museu na casa onde viveu Lenine; já em sentido contrário, durante a Guerra Civil espanhola, o governo Republicano permitiu que diversas embaixadas, ao concederem numerosos asilos políticos, alugassem várias instalações para esse efeito.

Neste domínio, e como gesto disciplinador, o Reino Unido, em 1987, comunicou às Embaixadas acreditadas em Londres a descrição precisa do que reconhecia como locais diplomáticos.

A imunidade não é atribuída a um imóvel ou terreno comprado pelo Estado acreditante para estabelecer uma Embaixada nos casos em que aqueles estejam demasiado tempo sem ser concretizada a respectiva afectação.

Como já anteriormente se disse, ela é concedida logo que a Missão se instale e disso dê conhecimento ao Ministério dos Negócios Estrangeiros local, cessando a atribuição de imunidade quando terminar a respectiva utilização, embora a protecção dos locais diplomáticos deva ser garantida durante um período razoável após o termo da sua afectação (a situação decorrente de uma ruptura de relações diplomáticas é regulada pelo artigo 45.º da Convenção).

Os locais da Missão são muitas vezes propriedade do Estado que envia (acreditante), tendo a expansão da comunidade internacional obrigado muitos dos novos países a alugar instalações ou a comprar terrenos para os edificarem. Não é indicado pela Convenção o modo jurídico de aquisição e instalação, já que alguns Estados não permitem a aquisição de direitos reais sobre imóveis; noutros, o território pertence ao Estado acreditador; noutros ainda, as condições de aluguer são extremamente onerosas. Por estes motivos, a Convenção prevê no artigo 21.º, para o Estado receptor, um dever de ajuda, o qual no plano concreto e jurídico tem hoje expressão limitada[1].

Importará ainda salientar que a imunidade não interfere com o regime jurídico aplicável à aquisição, aluguer ou construção dos locais da Embaixada, o qual será o do Estado receptor.

Facilidades concedidas à Missão

A formulação geral do artigo 25.º, ao determinar que «o Estado receptor concede todas as facilidades para o desempenho das funções da missão», pretende resolver casos não previstos expressamente pela Convenção, e só estes; trata-se de um apelo à cooperação entre a Missão e o Estado acreditador perante dificuldades materiais que possam surgir. Por seu turno, Calvet assinala que o carácter genérico desta disposição habilita

---

[1] Não foi assim num passado ainda recente: o Brasil e o Paquistão, ao mudarem as respectivas capitais, ofereceram terrenos aos países que possuíam Embaixadas na anterior sede de governo; nos anos 1950, a Índia, atendendo às dificuldades do mercado imobiliário de Nova Deli, reservou uma área para a edificação de Missões e residências do Corpo Diplomático.

um Estado a reclamar, junto do Estado receptor, contra qualquer obstáculo colocado quanto ao exercício das suas funções, podendo retaliar com base no artigo 47.º se a sua reclamação não for atendida; este é, aliás, um campo privilegiado para o cumprimento de um dos princípios básicos da tradição diplomática: o da reciprocidade.

Número de membros da Missão

Vêm de longe os problemas relacionados com o número de membros das Missões. Já no século XVII, porque o prestígio de um soberano deveria ser reflectido por quem o representasse, algumas Embaixadas eram numerosas: Nascimento e Silva[2] refere um conflito por motivos de precedência entre os Embaixadores francês e espanhol em Londres, em 1661, de onde se vê que o primeiro era acompanhado por um séquito de 150 homens armados e o segundo por quarenta; o mesmo autor informa que a Embaixada dos EUA no Rio de Janeiro, em 1967, era composta por 924 funcionários diplomáticos e mais de 1300 brasileiros com diversas funções. Não obstante as inovações tecnológicas no domínio das comunicações ou os apertos financeiros, esta é uma situação que, sobretudo em relação às maiores potências, não tem revelado mudanças muito significativas.

A Convenção, acordada num tempo — o da Guerra Fria — em que o problema do tamanho das Embaixadas suscitava desconfianças e melindres políticos, procurou, no seu artigo 11.º-1, conciliar dois interesses contraditórios: as necessidades do Estado acreditante e a relutância do Estado acreditador, sobre quem afinal pesam diversas obrigações, na concessão de imunidades e de protecção. Assim, segundo aquele artigo, o Estado receptor poderá exigir que os efectivos de uma Missão «sejam mantidos *dentro dos limites que considere razoável e normal*, tendo em conta as circunstâncias e condições existentes nesse Estado e as *necessidades da Missão*». Embora a apreciação de tais circunstâncias e necessidades pertença ao Estado receptor, no plano prático, eventuais problemas (que por suspeitas

[2] G. Nascimento e Silva, *A Missão Diplomática*, Cia Editora Americana, Rio de Janeiro, 1971, p. 137.

de espionagem se multiplicaram durante o período da Guerra Fria, levando à utilização frequente da declaração indevida da figura de *persona non grata*), resolvem-se geralmente por compromisso e prévio acordo.

Inviolabilidade dos locais da Missão

Trata-se da mais importante regra de imunidade da Missão, naturalmente indispensável para o exercício da função diplomática, que o costume internacional consolidou no século XVIII, pondo assim termo às diferentes práticas que até aí se registavam nas várias capitais e a numerosos incidentes, um dos quais afectou a Embaixada portuguesa em Londres, em 1653[3], quando a guarda de Cromwell não só não protegeu a Missão assediada por gente hostil como obrigou o Embaixador a entregar-lhe o seu irmão, também diplomata, que ali se tinha refugiado após uma rixa. Também em 1642, o Embaixador português em Haia viu a sua residência invadida e saqueada por uma multidão enfurecida por nela ter detido um cidadão holandês num contencioso com a Missão[4].

Em algumas capitais, como Roma, Veneza, e Madrid, certas Embaixadas gozaram durante bastante tempo de uma inviolabilidade que se estendia ao bairro onde se encontravam instaladas (a chamada *franchise de quartier*), o que favoreceu não poucos abusos do seu pessoal e das pessoas que disso se aproveitavam para se subtraírem às autoridades locais. Esse privilégio, de que encontramos testemunho numa queixa do Embaixador português em Roma devido à sua violação por gendarmes do Vaticano[5], subsistiu até 1690, quando Portugal, Inglaterra, Espanha e Veneza a ele renunciaram.

A Convenção de Viena, no artigo 22.º, viria dar força universal ao princípio da inviolabilidade que protege os locais da Missão (Chancelaria e

---

[3] Calvet, *op. cit.*, p. 86.

[4] *A Diplomacia na História de Portugal*, Actas, p. 139, Wicquefort, já nosso conhecido autor holandês, embora criticasse o Embaixador por não ter direito de deter na Embaixada um cidadão, condenou o seu governo por não ter reparado os prejuízos por aquele sofridos, como era seu dever — pelo direito das gentes — fazer.

[5] Teresa Leonor Vale, *Diário de Um Embaixador Português em Roma*, Horizonte, Lisboa, p. 109.

Residência) e bem assim os domicílios particulares dos seus agentes diplomáticos. Esta prerrogativa não cessa com a retirada ou termo da Missão, mesmo em caso de guerra, já que o artigo 45.º-*a)* estatui que nestas situações o Estado acreditador está obrigado a respeitar e a proteger os locais da Missão, bem como os seus bens e arquivos.

A inviolabilidade da Missão (artigo 22.º, n.º 1) é um princípio que se declina num *aspecto passivo* (o Estado receptor não deve actuar, através dos seus agentes, contra a Missão ou seus membros) e num *aspecto activo* (garantir, pelas suas forças de segurança, a defesa da missão face a acções perpetradas por pessoas ou grupos). Para tanto, desdobra-se em vários artigos: artigo 22.º-2: dever de protecção; artigo 22.º-3: proibição de medidas de execução dos bens; artigo 24.º: protecção dos bens e arquivos; artigo 33.º-1: proibição de entrada de agentes de autoridade.

O artigo 22.º é claro ao proibir a entrada nos locais da Missão aos agentes do Estado receptor para nela desempenharem qualquer acção de força ou de execução, salvo se tiverem o consentimento expresso do Chefe de Missão, o qual funciona como renúncia à imunidade. Esta proibição abrange as acções derivadas das funções oficiais de qualquer funcionário do Estado receptor, e Salmon[6], no seu já citado Manual, dá o exemplo dos oficiais de diligências que não poderão entregar citações ou notificações às Missões (o canal a utilizar pelas autoridades locais para este fim de comunicação deve ser a via diplomática, através do MNE, por nota da Embaixada do país interessado acreditada na capital do Estado receptor; pela mesma razão, a Embaixada pode escusar-se a receber cartas registadas para fins judiciais, pois a interdição visa o acto e não a forma como é executado). A mesma interdição abrange compreensivelmente forças de polícia ou militarizadas, sendo uma prática generalizadamente respeitada, e raros os incidentes.

Considera-se existir violação deste princípio no caso da instalação de escutas nos locais da Missão, o que foi frequente durante a Guerra Fria, sendo numerosos os exemplos, geralmente visando acções de espionagem da então URSS e países satélites, mas também por parte dos EUA e de outros Estados ocidentais.

---

[6] Trata-se de um detalhado e autorizado manual sobre direito diplomático, pelo que o acompanharemos de perto.

Não existe violação quando a entrada das autoridades se efectua *a pedido* do Chefe da Missão, pois presume-se que tal acto equivale a renúncia permitida pelo seu governo. A este respeito, Salmon coloca a questão controversa dos casos de extrema urgência, como para eventual socorro durante um acidente, atentado ou catástrofe natural, citando Vattel, que em 1758 previa a seguinte excepção: «só em casos de necessidade imperiosa, em que o bem público esteja em perigo e não permita demoras»; porém, ao referir que, por evidentes razões políticas, o esclarecimento cabal desta posição não fez vencimento no debate da Convenção, conclui que mesmo nestes casos de imperiosa necessidade, designadamente em situações de incêndio, se deve procurar obter o consentimento prévio do Chefe de Missão para prestar o devido auxílio.

Protecção dos locais diplomáticos

O princípio da inviolabilidade dos locais da Missão Diplomática implica para o Estado receptor uma responsabilidade precisa: *a sua protecção*. É o que o artigo 22.º-2 da Convenção claramente dispõe ao dizer que «O Estado receptor tem a obrigação especial de tomar *todas as medidas apropriadas* para impedir que os locais da Missão sejam invadidos ou danificados, a tranquilidade da Missão afectada ou a sua dignidade ofendida.»

Este dever desdobra-se em duas obrigações para o governo local: a de prevenção (*não fazer*), isto é, impedir a violação da Missão por agentes seus; e a de repressão (*não deixar fazer*), ou seja, prevenir essa violação por cidadãos seus nacionais ou por estrangeiros.

O dever de prevenção configura assim um dever particular, o qual exige medidas especiais de garantia da ordem pública (segundo o artigo: «*todas as medidas apropriadas*»)[7]. Para o cumprimento desta responsabilidade, que implica uma clara obrigação de resultado, é importante o grau de previsibilidade de uma situação que possa afectar a Missão, pelo que

[7] Estas medidas de protecção não deverão ser utilizadas — como por vezes ocorre em Estados de regime autoritário — para controlar os contactos da Missão com os nacionais do Estado receptor.

esta deve prevenir o Ministério dos Negócios Estrangeiros local de eventuais ameaças ou de pressentidos riscos. A protecção deve ser imediata e apropriada, e prestada pelas competentes forças da ordem; quanto à esperada eficácia da acção destas, Salmon[8] sublinha que as respectivas capacidades de protecção devem ser aferidas por um «*standard* internacional mínimo», defendendo que a Missão deverá ser responsável por actos de negligência relativos ao que dela se espera quanto a uma adequada segurança dos seus locais, dando como exemplo uma eventual colocação de bomba no seu interior.

Relativamente à indemnização de danos causados à Missão afectada, a prática habitual, mas nem sempre seguida (dependendo de um eventual grau de conflito nas relações bilaterais) revela que o Estado receptor assume essa obrigação, tal como aconteceu com Portugal por altura do incêndio e saque da Embaixada de Espanha em Lisboa, em 1975.

Um caso particular que ocorre com certa frequência tem a ver com a ocupação dos locais da Missão por manifestantes, geralmente cidadãos do país representado, para protestos políticos. Também aqui as forças da ordem só poderão entrar na Missão se para tanto autorizadas pelo Embaixador[9], o que, na prática ocidental, raramente acontece.

Já em relação às manifestações, normalmente legais nos Estados democráticos, por existir um direito de liberdade de manifestação, cabe às autoridades locais a responsabilidade de traçar por prudência um perímetro de segurança que proteja a Missão.

Além de desculpas diplomáticas formais ou da reparação dos danos provocados por acções inadequadas de agentes seus ou por actos ilícitos de cidadãos, o Estado receptor tem o dever de punir disciplinarmente os funcionários responsáveis por eventuais violações, bem como levar a tribunal para julgamento e condenação os culpados de exacções realizadas contra os locais da Missão.

---

[8] Salmon, *op. cit.*, p. 214.

[9] A ocupação da Embaixada de Espanha na Guatemala, em 1980, por camponeses locais, levou à investida da Missão pela polícia, contra a vontade do Embaixador, do que resultaram mortes, o incêndio do edifício, o corte de relações diplomáticas e um enérgico protesto do Corpo Diplomático.

Inviolabilidade dos bens, arquivos e documentos

Os bens e os arquivos encontram-se protegidos pelo princípio da inviolabilidade, não porque se encontrem no interior da Missão, mas por gozarem de inviolabilidade própria. Dos bens, caberá destacar o mobiliário, contas bancárias, meios de transporte, isto é, tudo o que seja necessário para o bom funcionamento da missão, onde quer que se encontrem. É o que estatui o artigo 22.º-3: «o mobiliário e restantes bens (...) assim como os meios de transporte, não poderão ser objecto de busca, requisição, embargo ou medida de execução». Sublinhe-se, entretanto, que os locais visados no artigo são apenas aqueles que a Missão ocupa (o resto de um imóvel alugado não é naturalmente protegido). Daqui resulta que são *interditas* quaisquer medidas de execução ou de penhora, à excepção de navios comerciais pertencentes ao Estado, já não o sendo quanto a navios de guerra ou outros bens, que são protegidos pelas imunidades diplomáticas[10].

Seguindo exemplos dados por Salmon, a jurisprudência tem abordado alguns casos controvertidos. Assim, em relação às contas bancárias mistas da Missão, utilizadas para fins oficiais e comerciais, não obstante certas decisões minoritárias em contrário, os tribunais vêm decidindo no sentido da imunidade, já que a conta bancária é um bem do Estado, protegido pelo n.º 3 do artigo 22.º por razões funcionais. Aliás, na Convenção de Viena sobre as Relações Consulares, de 1963, esta interdição está especificamente prevista («bens do posto»), o que permite aqui uma interpretação *a fortiori*. Uma outra situação diz respeito a uma eventual penhora de vencimentos; nestes casos tem-se entendido que ela só poderá ser considerada quanto aos salários dos funcionários de serviço com a nacionalidade do Estado receptor, os quais por isso não gozam de imunidade. Todavia, a melhor doutrina considera que, no plano prático, esta solução é duvidosa, pois a penhora iria afinal incidir sobre um bem do Estado acreditante (a conta da Embaixada), protegido pela inviolabilidade até ser entregue ao funcionário a que se destinaria.

---

[10] Ver exemplos da vária jurisprudência em J. Salmon, *idem*, p. 200, nomeadamente, a decisão do Supremo Tribunal de Inglaterra que, apesar de renúncia expressa à imunidade de execução pelo Iémen, considerou tais medidas não aplicáveis ao edifício e bens da Embaixada.

Finalmente, importará atender à questão colocada por uma eventual expropriação por utilidade pública. Durante os trabalhos preparatórios da Convenção de Viena chegou a ser discutida uma proposta permitindo o fim da imunidade nestas situações, mas acabou por não ser acolhida. Também a execução de obras públicas municipais ou outras pode colocar problemas, registando-se por vezes alguns incidentes. Estas questões são, por isso, normalmente resolvidas em clima de bom senso[11] e de colaboração mútua, em geral mediante contrapartidas ou indemnizações.

A prática seguida obedece à determinação do artigo 24.º — «os arquivos e documentos são invioláveis, *em qualquer momento e onde quer que se encontrem*». Embora fosse tarefa fácil, a Convenção de 1961 não definiu o que se deveria entender como arquivo, o que foi feito na Convenção sobre Relações Consulares de 1963, aplicando-se igualmente esta definição, por maioria de razão, às Missões Diplomáticas: «todos os papéis, documentos, correspondência, livros, filmes, fitas magnéticas, registos, material de cifra, ficheiros e móveis».

Estamos aqui perante uma imunidade com *alcance absoluto*, implicando uma muito ampla protecção, pois deve *ser garantida a todo o tempo* (ao contrário dos locais da missão que apenas o são enquanto ocupados ou conterem justamente os arquivos), bem como assegurada *em qualquer local*, mesmo que os arquivos e documentos se encontrem fora da sede da Embaixada ou *em trânsito* para novo destino. Persiste também em caso de conflitos armados ou de ruptura de relações: o TIJ (Tribunal Internacional de Justiça) no acórdão proferido pela violação, em 1979, dos locais da Embaixada dos EUA em Teerão, aborda o tema da violação dos respectivos arquivos para reafirmar que a sua inviolabilidade subsiste mesmo em caso de guerra ou de corte de relações.

Quanto a arquivos, a doutrina aborda igualmente, quanto à inviolabilidade do arquivo, a possibilidade de concorrência de governos: neste caso, cabe ao Estado receptor continuar a reconhecer ou não o governo inicial. Se continuar a reconhecê-lo, só os diplomatas deste poderão ter

---

[11] Em 1966, na construção de uma nova linha de metro em Londres, a Foreign Office não procedeu a qualquer medida de expropriação do direito de superfície das Embaixadas envolvidas, antes obtendo o acordo prévio dessas Missões.

acesso ao arquivo; se o antigo governo desaparecer ou um novo não for reconhecido, o arquivo é selado; se o novo governo for reconhecido, tem o direito de reivindicar o arquivo que esteja nas mãos dos diplomatas que até aí representaram o antigo, tal como ocorreu na altura em que diversos países deixaram de reconhecer o governo de Taiwan, cessando relações diplomáticas com ele e estabelecendo-as com as autoridades da República Popular da China.

Meios de transporte

De acordo com o artigo 22.º-3 da Convenção, os veículos oficiais da Missão estão também *protegidos de qualquer medida de execução*, busca, coacção ou requisição, onde quer que se encontrem (segundo Salmon, que dá um exemplo de violação no Chile de Pinochet, este artigo proíbe a acção de agentes da autoridade contra cidadãos perseguidos que se encontrem eventualmente no interior de um veículo da Missão). De notar, porém, que o veículo não deverá ser utilizado como meio de asilo diplomático para facilitar eventuais fugas para o estrangeiro.

O crescimento exponencial do número de Missões Diplomáticas tem levado alguns países receptores a actuar em casos de infracção por mau estacionamento de viaturas oficiais ou de serviço das Missões, rebocando-as, mas não impondo qualquer multa à Missão. Todavia, Salmon considera acto contrário à Convenção o bloqueio de viaturas oficiais, por a seus olhos essa acção revestir de carácter penal.

Liberdade de comunicação

A liberdade de comunicação da Missão é uma prerrogativa diplomática inscrita no artigo 27.º da Convenção: «o Estado acreditador permitirá e protegerá a livre comunicação da missão para todos os fins oficiais».

Alguns autores distinguem neste artigo dois campos de aplicação: *pessoal* (com quem e para que fins esta liberdade é protegida) e *material* (por que meios ela se exercita).

Quanto ao primeiro, a Missão deve ter a liberdade de comunicar com as diversas pessoas físicas e morais, nacionais ou internacionais, a fim de desempenhar as suas funções, nomeadamente com o seu governo e as restantes missões do seu Estado, onde quer que se encontrem (Consulados, Embaixadas); com as Missões e Consulados estrangeiros, e Organizações Internacionais; com os seus nacionais que se encontrem ou transitem no território onde está instalada. O artigo nada diz sobre a liberdade de comunicação com as autoridades do Estado receptor, mas, por esta ser essencial para o exercício das funções da Missão, não poderá ser negada sem consequências políticas bilaterais.

Relativamente ao campo de aplicação material, o artigo 27.º, nos seus vários parágrafos, refere-os de forma directa ou indirecta (correio, cifra, correios e malas diplomáticas, rádio), numa descrição que naturalmente deve hoje ser ajustada às novas tecnologias de comunicação.

Correspondência oficial e Malas diplomáticas

A correspondência oficial, na sua totalidade, goza de absoluta inviolabilidade, prescrita pelo n.º 2 do artigo 27.º da Convenção, o que consequentemente exclui não só que seja retida ou violada, como a sua eventual utilização como meio de prova em tribunal.

As malas diplomáticas constituem um outro e antigo meio utilizado para garantir a liberdade e confidencialidade de comunicação das Missões, e entre estas e o seu governo, estando o seu uso regulado pelo artigo 27.º-3 e 4.

Embora o artigo não seja inteiramente explícito, a doutrina — em conformidade com um relatório de 1989 da Comissão de Direito Internacional — entende como mala diplomática *qualquer embalagem* (são geralmente sacos ou caixas) contendo documentos ou objectos com fins oficiais, e *com marcas exteriores visíveis que a identifiquem como tal (desde logo, um rótulo especial), devendo ser acompanhadas de documento oficial que o confirme*[12].

[12] Em 1985, um opositor do então regime da Nigéria deveu a sua liberdade à falta das marcas distintivas apropriadas da respectiva mala diplomática, pois encontrava-se encerrado e drogado num contentor para embarque num avião nigeriano, no aeroporto de Stansted, no Reino Unido, tendo sido descoberto numa inspecção de rotina. John Dickie, *Inside the Foreign Office*, p. 161.

Segundo a prática, além de documentos, a mala pode conter livros, filmes, objectos de arte para uso da missão ou promoção do país em exposições, material rádio e criptográfico, etc. Nenhum elemento quer da definição, quer da prática pode levar à limitação do peso e volume da mala, *a qual tanto pode consistir num simples envelope, como em vários contentores.*

Embora o artigo não refira a sua natureza inviolável, diz expressamente, no seu n.º 3, que «a mala diplomática não poderá ser aberta ou retida» pelas autoridades do Estado receptor. Dos trabalhos preparatórios da Convenção colhe-se que vários países procuraram, através de emendas, permitir a inspecção das malas ou a recusa da sua entrada. O não acolhimento que tiveram estas propostas reforça a prática consensual que protege a inviolabilidade das malas: *estas só poderão ser abertas com o consentimento do Estado a que pertencem e na presença de um funcionário diplomático da Missão a que se destina* ou de *onde parte*, o que raramente ocorre, pois em caso de litígio sobre o conteúdo de uma mala esta deverá antes ser devolvida à procedência e nunca aberta.

As malas podem ser acompanhadas por funcionários (correios diplomáticos), devidamente identificados por um documento especial, que gozam de inviolabilidade durante o seu trânsito, conforme estabelecido no artigo 27.º-5. Este mesmo artigo permite que uma mala seja entregue a um comandante de um avião de linha.

Uso da bandeira e do escudo nacionais

De acordo com o artigo 20.º da Convenção: «A Missão e o seu Chefe terão o direito de usar a bandeira e o escudo do Estado acreditante, nos locais da Missão, bem como nos meios de transporte.» Trata-se de uma prerrogativa que hoje, relativamente ao hasteamento da bandeira, e tendo em conta a crescente indisciplina da sua ostentação por particulares, perdeu grande parte do seu pretendido alcance.

Neste capítulo, convirá referir a prática seguida pelas Missões junto da Santa Sé, as quais, estando instaladas em Roma, e para se distinguirem das suas congéneres acreditadas junto do Estado italiano, ostentam ao lado do escudo nacional o brasão do Papa em funções.

2. A Imunidade de Jurisdição

A Missão diplomática goza de imunidade de jurisdição, pelo que *não pode ser submetida aos tribunais em que se encontra estabelecida*, embora, ao contrário da imunidade de jurisdição atribuída aos agentes diplomáticos (artigo 31.º), a Convenção de Viena não o refira explicitamente. Esta imunidade decorre do facto de a Missão *não ter em princípio personalidade jurídica distinta do Estado* ou dos sujeitos de direito internacional que representa, pois actua *em vez deles* no exercício das suas funções.

Aquela lacuna, apesar de colmatada pelo direito consuetudinário, como prescrito no preâmbulo da Convenção, ou pelas normas relativas à imunidade de jurisdição dos Estados, tem dado origem a numerosa e pouco consensual jurisprudência, pois os tribunais vêm tendo dificuldade em distinguir *os actos de soberania dos Estados* (*iure imperii*), em que estes prosseguem a sua acção internacional e portanto gozam de imunidade absoluta, *dos actos de simples gestão* (*iure gestionis*), regidos não pelo direito internacional, mas pelas regras do direito interno. Os autores costumam também separar os actos praticados pela Missão como órgão para as relações externas dos Estados (como a sua actividade de negociação formal ou informal, o envio de notas ou memorandos, o exercício de actos consulares, a contratação dos funcionários com estatuto diplomático ou procedentes do país da Missão) sobre os quais, porque sujeitos ao direito internacional, os tribunais do país receptor não têm jurisdição (não se trata aqui de imunidade mas de uma não competência de jurisdição); e os restantes actos, os quais, embora submetidos ao direito interno do Estado receptor (aquisições, contratos de trabalho de nacionais do país anfitrião, obras), se encontram geralmente abrangidos pela imunidade de jurisdição da Missão.

Todavia, para outros, não caberá fazer esta distinção, pois quaisquer actos que a Missão realize no quadro das suas funções é afinal o próprio Estado que actua através deste seu órgão para as relações internacionais; aliás, assinalam, se a Convenção reconhece a imunidade aos agentes diplomáticos, por maioria de razão o deverá fazer quanto às Missões. Tanto mais que, relativamente aos actos praticados no quadro do direito interno do Estado receptor, sempre se poderá recorrer aos tribunais do

Estado acreditante demandando não a Missão ou o seu Chefe, mas o próprio Estado. Poderá, porém, dizer-se que, perante o aumento dos Estados-membros da comunidade internacional, a jurisprudência tende a não aceitar a teoria da imunidade absoluta. Com efeito, multiplicam-se os actos de gestão pelas Missões em que os tribunais têm vindo a restringir crescentemente a imunidade de jurisdição: contratos de aquisição de imóveis a que não é dada imunidade, problemas de responsabilidade civil, vendas de imóveis, e sobretudo contratos de trabalho. Neste contexto, os contratos de arrendamento e as questões laborais ocupam compreensivelmente a maior parte das decisões da jurisprudência. Importa, porém, assinalar que, no respeitante a acções ligadas a contratos de trabalho, os tribunais distinguem os casos de pessoal da nacionalidade do Estado acreditante, geralmente com funções já de alguma responsabilidade e contratados de acordo com a lei do seu país (em que se reconhece a imunidade), daqueles em que os contratos visam ocupações mais simples (pessoal de serviço), cidadãos de nacionalidade local, em que os tribunais se consideram competentes para decidir acções dirigidas contra o Estado de envio e não contra a sua Embaixada.

Salmon[13], ao referir a Convenção do Conselho de Europa sobre a imunidade dos Estados de 1972, considera não ter ela resolvido o problema, o que se reflectiria na jurisprudência contrária posterior. E adianta três opções para resolver estes casos: não imunidade em caso de um acto de gestão da Embaixada; imunidade para os actos *iure imperii* ou de finalidade diplomática da própria Missão; imunidade nos casos em que ficaria em jogo a capacidade da Missão para exercer as suas funções. Todavia, não obstante Salmon considerar esta última solução pouco recomendável pela imprecisão que comporta ao colocar nas mãos do juiz a apreciação discricionária da natureza da acção, não se vê como as duas anteriores possam dar melhores garantias a uma questão que permanece afinal controversa.

---

[13] Salmon, *op. cit.*, p. 277.

3. A Imunidade Alfandegária

Esta imunidade, com raiz no costume internacional, concede isenção de direitos aduaneiros para os objectos importados pela Missão *para o seu uso oficial*. Está regulada no artigo 36.º da Convenção de Viena: «*O Estado receptor permitirá a entrada livre de pagamentos aduaneiros, taxas e outros encargos conexos que não constituam despesas de armazenagem, transporte e outros relativos a serviços análogos:*

a) dos objectos destinados ao uso oficial da missão
b) ...»

Este artigo, que não exige reciprocidade, embora sobretudo em caso de eventuais dificuldades de aplicação ela muitas vezes acabe por ocorrer, comporta a faculdade de a Missão importar mercadorias com a isenção de direitos e taxas. Esta isenção é, todavia, subordinada a duas condições: às «disposições legislativas e regulamentares do Estado receptor» e ao «uso oficial dos objectos pela missão» (note-se que o *artigo não isenta as mercadorias de inspecção*). Porém, a doutrina considera que o artigo 41.º da Convenção, que obriga ao respeito das leis e regulamentos do Estado receptor, não deve anular esta prerrogativa da Missão, devendo ser protegido o direito desta importar bens necessários ao seu bom exercício[14]; e este deverá ser o critério a obedecer em casos duvidosos, como o legítimo direito de um país não permitir a importação de objectos proibidos pela legislação nacional (armas, drogas), mas já não de filmes, jornais ou livros localmente interditos (desde que não se destinem a exibição pública). Um caso particular coloca-se quanto à importação de bebidas alcoólicas nos países muçulmanos, sendo generalizadamente aceite que as autoridades locais imponham restrições quantitativas, as quais, porém, devem ser razoáveis: o que impõe afinal a uns e outros um diplomático exercício de bom senso.

[14] Menos consensual é a isenção de direitos para material de construção das Missões, parecendo-nos ser este um campo privilegiado para o princípio da reciprocidade.

4. A Imunidade Fiscal

A «isenção de todos os impostos e taxas nacionais, regionais ou municipais sobre os locais da missão, exceptuando os que representem pagamento de serviços prestados» está prevista no artigo 23.º da Convenção, consagrando uma regra que o costume foi consolidando.

São sujeitos da isenção o Estado que envia quanto ao edifício da Embaixada e o Chefe de Missão quanto à Residência, não abrangendo, todavia, os imóveis onde residam outros agentes da missão, mesmo que o seu Estado seja proprietário; igualmente, quando o Estado é arrendatário, o proprietário dos locais não está isento.

A formulação do artigo deixa dúvidas sobre quais os serviços prestados a que não se aplica esta imunidade. Não sendo consensual a prática, nem a doutrina (no Reino Unido considera-se como critério distintivo para a isenção a não existência de um elemento de benefício particular que esteja fora dos deveres públicos do Estado receptor), afigura-se de boa política não invocar a imunidade quanto a serviços requeridos pela Missão e quanto àqueles de que ela beneficie directamente (taxa de esgotos, serviços de limpeza, utilização de auto-estradas pagas pelo veículo da Missão).

Por outro lado, tem-se entendido que a Missão diplomática *não está isenta* do pagamento de impostos indirectos, sobretudo quanto a bens de baixo preço, não sendo, porém, exigível, na generalidade dos casos, o pagamento do IVA relativo a materiais de construção ou de mercadorias.

A Missão goza ainda desta imunidade fiscal quanto a quantias recebidas por actos realizados pelas suas Secções Consulares (artigo 28.º).

CAPÍTULO IV
ASILO DIPLOMÁTICO

A Convenção de Viena de 1961 *não prevê* o direito de asilo diplomático[1], o que leva a generalidade da doutrina a considerá-lo como uma instituição do direito convencional sul-americano e não universal, pois só naquele continente foram elaboradas convenções para a sua concessão e regulamentação.

A este propósito, a doutrina sublinha que a inviolabilidade dos locais diplomáticos, de que decorre no plano prático a possibilidade de concessão de asilo, não *configura uma situação de extraterritorialidade, sendo apenas reconhecida para garantir a eficácia das funções da missão*, as quais, naturalmente, não incluem o asilo, até por este poder ser entendido como uma quebra das obrigações do artigo 41.º da Convenção sobre a não interferência nos assuntos internos do Estado acreditador. Com efeito, pelo facto de não estar previsto na Convenção, a concessão de asilo diplomático — para cidadãos acusados de delitos políticos ou vítimas de perseguição política — provoca compreensível dificuldade e tensões políticas bilaterais, pois as autoridades do Estado receptor tendem a considerá-la como uma ingerência ou como violação do Estado que envia do seu dever de observar as leis locais.

Apesar destas reservas no domínio jurídico, a sua origem vem de tempos antiquíssimos, mesmo antes de a Igreja, através do direito canónico,

[1] Importa distinguir do direito territorial de asilo, o qual é concedido por um Estado a candidatos a asilo que se apresentem nas suas fronteiras.

ter disciplinado a sua concessão nos respectivos templos ou instituições religiosas, a qual foi sendo reduzida a partir do século XIV para desaparecer formalmente do Código de Direito Canónico de 1983. Para isso contribuiu a emergência e o rápido desenvolvimento das Embaixadas bilaterais permanentes, para as quais aos poucos se foram transferindo algumas das protecções eclesiásticas, delimitando-se igualmente — logo após a Revolução francesa — o princípio de concessão de asilo apenas aos delitos ou motivos políticos[2].

No plano jurídico, embora a doutrina tenda a considerar o direito de asilo como uma instituição latino-americana, não obrigando os outros Estados, já a prática diplomática mostra que no quadro da realidade política esta é uma questão controversa, em que normalmente primam razões humanitárias e a defesa dos direitos humanos. Nesta linha, mesmo se a história mostra que ainda nos séculos XVIII a XX os próprios países ocidentais invocaram este direito, a generalidade dos países não o reconhece e o próprio Tribunal Internacional de Justiça (TIJ) considerou que a sua concessão constituía uma derrogação à soberania do Estado receptor, apenas admissível em cada caso particular e segundo costume local ou regional bem estabelecido. Estas posições ecoam afinal o próprio artigo 41.º-3, da Convenção de Viena, quando procurou, de forma algo sibilina, não excluir a tradição latino-americana, ao estabelecer que «os locais da Missão não devem ser utilizados de maneira incompatível com as suas funções, tais como são descritas na Convenção, ou em outras normas de direito internacional ou em acordos especiais em vigor entre o Estado acreditante e o Estado acreditador».

1. A Prática Latino-Americana

Possuidores de uma tradição que reflectia antigas situações de instabilidade política do subcontinente, os países da América Latina dotaram-se, desde 1899, de vários textos convencionais reguladores do asilo.

[2] Para maior desenvolvimento da evolução histórica pode-se ver E. V. Pintos, *op. cit.*, p. 252.

Neste contexto, haverá sobretudo a sublinhar a Convenção de Havana de 1928 e a Convenção sobre o Asilo Diplomático de Caracas, de 1954, assinada pelos Estados-membros da OEA.

A Convenção de Havana estabeleceu entre as Partes o direito de concederem asilo a perseguidos políticos, estipulando as seguintes condições ainda hoje orientadoras da respectiva prática: só deverá ter lugar em casos de urgência e para um curto período de tempo necessário para garantir a segurança do asilado; obrigação de transmitir a situação ao Ministério dos Negócios Estrangeiros local; abandono do país pelo asilado, a quem deve ser passado, pelas autoridades do país receptor, um salvo-conduto que proteja o seu trânsito.

Refira-se, desde logo, que sendo convencional o fundamento do direito de asilo, o mesmo só poderá ser invocado pelos Estados-parte das Convenções e não por terceiros que delas não façam parte. Trata-se, assim, de uma prática quase unicamente seguida pelos Estados da América Latina e, mesmo assim, com várias limitações. Com efeito, da Convenção de Caracas de 1954 decorre já que o asilo é uma *faculdade* e não um direito ou dever, apenas a ser concedido em casos de urgência a determinar pela Missão que o conceda. Trata-se, porém, de uma decisão eminentemente política, naturalmente facilitada pela tradição de um país (refira-se, como exemplo, em 1959, durante o regime salazarista, a concessão de asilo pelas Embaixadas do Brasil e da Argentina em Lisboa ao General Humberto Delgado e ao Capitão Henrique Galvão, respectivamente), bem como por uma imperiosa necessidade de evitar a morte ou uma credível ameaça à segurança de um foragido político, o que pode ocorrer em caso de guerra civil (como em Espanha, onde foi largamente usado), ou em situações revolucionárias, como no Chile.

2. O Direito de Refúgio

Se os países ocidentais não reconhecem o direito de asilo diplomático, praticam, porém, o que alguns autores qualificam de direito de refúgio humanitário ou direito de asilo de facto, para salvar vidas em perigo em casos de convulsão política, o qual poderá apresentar-se como individual ou colectivo. Foi o que aconteceu no Chile, em 1973, por ocasião do golpe militar de Pinochet, em que numerosas pessoas encontraram refúgio em Embaixadas ocidentais e na própria Nunciatura.

Para que tal ocorra, tanto da doutrina do Instituto de Direito Internacional, como da prática seguida por vários países, se colhe tornar-se necessário existir uma situação em que as violências sejam perpetradas pelas autoridades locais; ou que estas não controlem a ordem pública; que os poderes públicos de um país se encontrem desorganizados e impotentes para garantir a segurança de cidadãos; ou que os tribunais não ofereçam garantias de um processo regular. Este refúgio é *temporário*, pois termina desde que o perigo de morte cesse ou que a pessoa possa ser julgada em condições normais.

Pelo exposto, o fundamento da concessão deste direito assenta, segundo uns, numa noção de Estado de necessidade, e segundo outros, em considerações humanitárias cujo carácter universal deve sobrepor-se ao direito nacional, decorrendo — num plano mais concreto e tal como o asilo diplomático — da *inviolabilidade da missão diplomática*. Por isso, a distinção nem sempre é fácil, pois o refúgio obedece a idênticos motivos humanitários e, no plano prático, ao mesmo princípio de inviolabilidade. A diferença mais clara em contraposição do asilo diplomático estará contudo no conteúdo da protecção: enquanto neste o asilado pode esperar por um salvo-conduto que garanta a sua segurança ao sair da Embaixada até à partida para o país de exílio, já num caso de refúgio, o Estado em que se encontra a Embaixada não se encontra obrigado a fazê-lo, podendo deter a pessoa transitoriamente protegida se abandonar o recinto da Missão, o que obrigará a delicadas diligências diplomáticas para o evitar.

Entretanto, a prática mostra-nos casos de refúgios individuais e colectivos. E, quanto a eles, Salmon salienta com razão que nem todos obedecem às condições teóricas que o pretendem justificar e recorda a similitude com os casos de asilo diplomático tradicional, dando deles alguns exemplos:

- Refúgio individual:
  - o refúgio do Cardeal húngaro Mindsenty, durante 15 anos na Embaixada dos EUA em Budapeste (1956 a 1971);

- o refúgio de um cientista chinês, após a repressão de Tien An Men, durante um ano, na Embaixada dos EUA em Pequim (1989–90).

- Refúgio colectivo:
  - o caso mais célebre ocorreu durante a Guerra Civil espanhola, em 1937, em que chegaram a estar refugiados em anexos das Embaixadas, a que o governo Republicano concedeu qualidade diplomática, cerca de 8 mil pessoas;
  - mais perto de nós, o refúgio de 4600 dissidentes, em 1990, nas embaixadas em Tirana.

Recordadas estas situações, assinala Salmon, no seu manual, «muitas vezes o refúgio é concedido sem que exista um verdadeiro perigo iminente de vida para as pessoas, prolonga-se de uma maneira contrária ao seu carácter pretensamente temporário; é praticado por razões cuja natureza é menos visível do que a motivação política. Enfim, este refúgio, em vez de cessar quando termina o perigo iminente, termina frequentemente, como no caso do asilo, com a partida do refugiado». Decerto que é assim, mas ainda bem que de modo ínvio se protegem vidas; não obstante o seu mérito, esta prática esconde mal a tentativa dos Estados de responderem a inafastáveis obrigações humanitárias ou morais sem correrem o risco de reconhecer um verdadeiro — e por isso mais abrangente e responsabilizador — direito de asilo diplomático.

CAPÍTULO V
OS MEMBROS DA MISSÃO DIPLOMÁTICA

A organização das Missões comporta dois aspectos: de natureza *nacional* (cada Estado organiza como entende os respectivos serviços, nomeadamente quanto à forma de recrutamento do pessoal) e *internacional* (a Convenção de Viena estabelece determinadas categorias de agentes diplomáticos). Assim, o *artigo 1.º da Convenção* define — sobretudo para a atribuição de imunidades e privilégios — as várias categorias do pessoal da Missão, estabelecendo uma divisão que separa os agentes diplomáticos dos restantes funcionários. Aquele artigo distingue entre membros da Missão (Chefe da Missão e os membros do pessoal da Missão), membros do pessoal da Missão (membros do pessoal diplomático, pessoal administrativo e técnico, e pessoal de serviço); membros do pessoal diplomático (pessoal da missão com a qualidade de diplomata); agente diplomático (Chefe da Missão e qualquer membro do pessoal diplomático); membro do pessoal administrativo e técnico (membros empregados no serviço administrativo e técnico da Missão); membros do pessoal de serviço (pessoal da Missão empregado no serviço doméstico); criado particular (pertencente ao serviço doméstico de um membro da Missão e que não seja empregado do Estado acreditante).

A identificação do pessoal da Missão para efeitos das suas prerrogativas junto das autoridades locais deverá ser feita por cartão de identidade emitido pelos Serviços de Protocolo do Ministério dos Negócios Estrangeiros anfitrião (os passaportes diplomáticos ou de serviço têm a natureza de documentos de viagem, não devendo servir de meio de prova definitivo da qualidade de um membro do pessoal da Missão).

1. Os Chefes de Missão

Tratando-se a Missão Diplomática de um órgão com uma estrutura hierarquizada é compreensível que o artigo 1.º da Convenção de Viena comece por referir-se ao Chefe de Missão, dando dele uma definição óbvia: «a pessoa encarregada pelo Estado acreditante para actuar como tal».

Por seu turno, o *artigo 14.º* estabeleceu a seguinte classificação por ordem degressiva dos Chefes de Missão: Embaixadores ou Núncios, e outros chefes de missão de categoria equivalente (esta formulação tem em vista os Altos Comissários dos países pertencentes à Commonwealth); Enviados, Ministros ou Internúncios (designações entretanto caídas em desuso); e Encarregados de Negócios. Estes últimos, acreditados junto dos Ministros dos Negócios Estrangeiros e não do Chefe de Estado, podem ter a designação de *en pied* ou «com cartas de Gabinete», se representam permanentemente o país, ou *ad interim*, quando substituem temporariamente o Embaixador (artigo 19.º, n.º 1). O artigo citado estipula ainda que, salvo em questões de etiqueta e precedência, nenhuma distinção separará os Chefes de Missão da mesma classe.

Nomeação e acreditação do Chefe de Missão

A nomeação e a acreditação do Chefe de Missão impõem a necessidade do Estado que envia obter previamente, através da sua Embaixada no país para onde deseja designar um novo Embaixador, o respectivo consentimento do Estado acreditador (*agrément*), conforme estabelecido no artigo 4.º da Convenção de Viena. Trata-se de um momento de um processo confidencial iniciado, segundo as leis nacionais, pela indicação de um nome para exercer tais funções, podendo o Estado para onde se pretende nomear o Chefe de Missão recusar a pessoa proposta, sem obrigação de cumprir qualquer prazo de resposta (embora uma demora excessiva seja já um sinal de reserva), nem justificar a sua atitude (do restante pessoal da Missão, apenas para os adidos de defesa ou militares o artigo 7.º faculta ao Estado receptor a possibilidade de exigir conhecer antecipadamente, para aprovação, os respectivos nomes). Uma vez obtido o *agrément* do Estado a que se destina o Chefe de Missão, poderá ser publicado o respectivo decreto de nomeação e emitidas, pela Chefia do Estado respectivo, as cartas credenciais, que deverão ser entregues em cerimónia oficial ao Chefe de Estado do país receptor, momento que determina a precedência junto dos homólogos ali também acreditados[1] (relativamente aos outros agentes diplomáticos da Missão, a precedência, segundo a categoria, é estabelecida pela data em que nela assumiram funções e foi por nota verbal da respectiva Embaixada transmitida ao Ministério dos Negócios Estrangeiros local).

Nada a Convenção prevê directamente sobre a nacionalidade do Chefe de Missão, dizendo apenas no seu artigo 8.º que os membros do pessoal diplomático da Missão deverão ter a nacionalidade do Estado acreditante, não se referindo especificamente ao respectivo Chefe, parecendo aliás no artigo 6.º, ao permitir a acreditação conjunta (um Chefe de Missão representar vários países), admitir que um Estado seja representado por um cidadão de outro país. Ao contrário do que historicamente já ocorreu, nomeadamente no século XIX, não tem sido esta a prática que vem sendo adoptada e que, a poder concretizar-se num ou outro caso, sempre dependerá do assentimento do Estado receptor; diferente é já a situação que decorre da nomeação de Núncios pela Santa Sé: estes têm uma nacionalidade transitória complementar da sua própria, enquanto desempenharem tarefas eclesiásticas, mas ao serem enviados a um Estado (e a reconhecida sabedoria da Cúria não designará um Núncio para o seu Estado de origem) será todavia a nacionalidade da Santa Sé que prevalece.

O Chefe de Missão cessa funções quando o Estado que envia notifica em conformidade o Estado receptor por nota verbal da respectiva Embaixada quando promove a sua substituição. Naturalmente são de diferente natureza os casos de cessação de funções quando, invocando o artigo 9.º, o Estado receptor considerar o Chefe de Missão *persona non grata*, ou nas situações de ruptura de relações diplomáticas.

---

[1] O artigo 13.º não exclui que um Estado considere a apresentação das cópias figuradas das credenciais ao Ministério dos Negócios Estrangeiros como determinante da precedência, mas a regra geralmente seguida liga esta à apresentação formal ao Chefe de Estado. Durante o período que mediar entre a sua entrada no país e a cerimónia de apresentação, o Chefe de Missão poderá já realizar contactos oficiais, exceptuando naturalmente com o Chefe de Estado.

Como se viu no início, a palavra Embaixador levou tempo a consolidar--se, só começando a ganhar aceitação generalizada a partir do século XIII. Hoje registam-se ainda os seguintes casos especiais[2]:

A diplomacia pontifícia:

- Enviados extraordinários:
  - legado *a latere*: cardeal membro da Cúria enviado para missões muito especiais, com honras de Chefe de Estado.
  - cardeal legado: cardeal que não pertence à Cúria e representa o Papa em certas cerimónias.
  - legado pontifical: representante do Papa em diversas cerimónias, não sendo cardeal.
- Chefe de Missão: Núncios (as Embaixadas da Santa Sé chamam-se Nunciaturas. As Pronunciaturas, criadas por Paulo VI nos países em que o Núncio não fosse Decano, foram abolidas por João Paulo II e transformadas em Nunciaturas).

Países da Commonwealth:

- em vez de Embaixadores têm o título de Altos-Comissários.

Embaixadas da Líbia:

- foram transformadas a partir de 1980, por vontade do governo líbio, em *Bureau Popular*, tendo o Chefe de Missão o título de Secretário do *Bureau*. Os Estados receptores conferem-lhe o estatuto de Embaixada.

---

[2] Após a vitória da revolução comunista na Rússia, um decreto de 1918 de Trotsky aboliu todos os títulos diplomáticos, substituindo-os por «representante plenipotenciário» (*polpred*), iniciativa que o seu sucessor abandonou para retomar as tradicionais designações da diplomacia europeia. Este teve igualmente de pôr de pé o serviço diplomático soviético que Trotsky desmantelara inteiramente. Aspaturian, citado por Jönsson, conta que Trotsky, ao tomar posse do seu cargo de Comissário para os assuntos externos, na primeira visita que fez ao Ministério dos Negócios Estrangeiros, juntou todo o pessoal no átrio e perguntou quem apoiava o novo regime. Ninguém o fazendo, pediu as chaves e demitiu imediatamente todos os funcionários. Em C. Jönsson, *Essence of Diplomacy*, p. 132. Significativamente, posição oposta ocorreu com os novos países independentes saídos do processo descolonizador, os quais — como sublinham Hamilton e Langhorn — assumiram «os maneirismos, métodos e práticas dos Estados europeus».

Acreditação múltipla

Um Estado pode, por razões de economia ou de graduação do interesse das suas relações bilaterais, acreditar o mesmo Chefe de Missão em outros Estados que não sejam o da sua residência oficial. Trata-se de uma longa tradição histórica, prevista no artigo 5.º da Convenção de Viena, requerendo, todavia, a não oposição dos respectivos Estados receptores.

Esta prática, muito utilizada por quase todos os países, depara, porém, com alguns limites. Assim, ela só é possível se existirem e forem normais as relações diplomáticas entre o Estado em que o Chefe de Missão reside e aqueles onde será concorrentemente acreditado. Igualmente, a tradição impede que uma dupla acreditação se faça entre a Santa Sé e a Itália, ou que Portugal aceite um Chefe de Missão ou agente diplomático que tenham a sua sede em Madrid.

Pode ainda haver — em conformidade com o §3 daquele artigo — cúmulo de funções por um agente diplomático acreditado num país e numa Organização Internacional[3].

No caso de uma acreditação múltipla, portanto em vários Estados, o Chefe de Missão deslocar-se-á com diferente frequência aos Estados em que não reside, disso dependendo o grau de importância das respectivas relações. Certos países adoptam também a prática de manter na sua capital o Embaixador não residente designado para um determinado Estado, com o qual manterá contactos pessoais conforme for adequadamente programado em relação aos interesses bilaterais.

O artigo 6.º da Convenção permite ainda que dois ou mais Estados possam acreditar a mesma pessoa como Chefe de Missão junto de um outro Estado, desde que este a isso não se oponha (acreditação múltipla activa). Esta foi uma prática utilizada nos anos 60 do século passado, logo após o período das descolonizações e o aparecimento de novos Estados, então sem estruturas e recursos humanos diplomáticos, hoje apenas utilizada em algumas Organizações Internacionais.

---

[3] É o que ocorre em Bruxelas quanto à UE por parte de vários Estados não membros; em Washington, quanto à OEA; em Roma, quanto à FAO e ao PAM.

2. O Agente Diplomático: Imunidades e Privilégios

Por agente diplomático entende-se, conforme o artigo 1.º-*e)* da Convenção, o Chefe ou qualquer membro do pessoal diplomático da Missão (não estão assim incluídos os funcionários com funções administrativas ou outras, mesmo se enviados pelo respectivo Estado, os quais não gozam de todas as prerrogativas de um estatuto diplomático pleno).

Tal como ocorre com a Missão Diplomática, as imunidades correspondem a uma obrigação do Estado receptor de não agir, subtraindo assim os agentes ao ordenamento jurídico local; já os privilégios configuram concessões do Estado receptor aos agentes diplomáticos, com excepção do princípio da inviolabilidade que impõe um dever de protecção às autoridades do Estado receptor.

Inviolabilidade da pessoa do agente

Segundo o artigo 29.º da Convenção, «a pessoa do agente diplomático é inviolável...» não podendo, assim, ser objecto de qualquer medida de coacção directa: *detenção*, *prisão*, *extradição*.

Como logo no início se salientou, a inviolabilidade do agente diplomático acompanhou historicamente e tornou possível a própria instituição da diplomacia. Encontramos desde a antiguidade remota, e ao longo dos séculos, sinais e textos que a ilustram ou prescrevem quanto aos Enviados: nas Cidades — templo da antiga Mesopotâmia e na correspondência de Amarna, ou nas descrições gregas e romanas. Já também se referiu que mesmo nas sociedades primitivas, o mensageiro (afinal predecessor dos diplomatas) era protegido por um tabu, sendo-lhe atribuído um poder de natureza religiosa; ou que, na época romana, uma clara ilustração deste princípio se encontra na descrição de Júlio César sobre a severa punição que infligiu a uma tribo da Gália, por ter atentado «contra os direitos dos legados». Como nota Barbas Homem[4], a inviolabilidade dos Embaixadores era reconhecida até em guerras contra os infiéis; e o mesmo autor recorda

[4] A. Barbas Homem, *op. cit.*, p. 260.

que na época moderna «ao reconhecimento de que os Embaixadores representam o monarca, acrescenta-se a extraterritorialidade», ou seja, no dizer de Wolff, por ele citado, «a ficção pela qual os ministros públicos, com o seu séquito, as suas bagagens e as coisas que lhes pertencem se supõem fora do território». Todavia, ao longo dos séculos, não obstante o labor doutrinal de autores como Grotius e Vattel, ou o próprio costume que se foi desenvolvendo, registaram-se diversas violações a esta regra, até porque o princípio deparava com as inevitáveis dificuldades de afirmação da soberania dos Estados, designadamente em casos de participação de diplomatas em conspirações nos países de residência, sobretudo nos séculos XVII e XVIII. A este propósito, recorde-se a já citada referência de Calvet à violação deste princípio cometida no século XVII por Cromwell, de que foi vítima um diplomata português na Inglaterra, detido e posteriormente executado na Torre de Londres. Infelizmente, a segunda metade do passado século registou também várias violações, que originariam a morte de diversos diplomatas, o que levou à elaboração de duas Convenções específicas para reforço da sua protecção: a Convenção da OEA de 2 de Fevereiro de 1971 para a prevenção e punição de actos de terrorismo, e a Convenção adoptada pela Assembleia Geral das Nações Unidas, em 14 de Dezembro de 1973, para a prevenção e repressão de infracções contra pessoas gozando de protecção internacional, incluindo os agentes diplomáticos.

Se dúvidas, no entanto, houvesse, a Convenção de 1961, no seu artigo 29.º, já determinara que o agente diplomático é inviolável, não podendo ser objecto de qualquer forma de prisão ou detenção, devendo ser tratado com o devido respeito pelo Estado acreditador, que — como sujeito da obrigação — deverá adoptar todas as medidas adequadas para impedir qualquer ofensa à sua pessoa, liberdade ou dignidade.

Trata-se de um princípio com *carácter absoluto*, que impõe ao Estado anfitrião *dois deveres*: o primeiro, consiste em *não permitir violações pelos seus órgãos e funcionários*, os quais, além do comportamento respeitoso a que estão obrigados, não poderão exercer medidas de coacção relativamente ao agente diplomático (designadamente revistá-lo ou obrigá-lo a um teste de álcool), violar a sua residência, bens e documentos (artigos 29.º e 30.º); já o segundo, implica a *responsabilidade de proteger* os agentes diplomáticos (artigo 29.º), mesmo que estes não o solicitem. São afinal obrigações semelhantes às que a Convenção estipulou quanto aos locais da Missão, embora se note no plano da protecção uma menor exigência de grau, já que o artigo 29.º se limita a determinar que o Estado receptor adoptará *todas as medidas adequadas* e não, como no artigo 22.º se dispõe para os locais, «terá a obrigação especial» de tomar essas medidas. Esta diferença é compreensível, pois a capacidade efectiva de protecção é distinta face a edifícios ou perante o número, cada vez mais numeroso, de agentes diplomáticos a proteger de acções não só imprevisíveis, como diversificadas.

Sendo o Estado receptor responsável pelos actos das suas autoridades, uma eventual violação ou clara omissão[5] por parte delas[6] implicará reparação pessoal, pedido formal de desculpas, e a possibilidade de instauração de processos disciplinares aos funcionários faltosos.

A inviolabilidade é um princípio *absoluto*, mas, além do dever do agente de respeitar as leis e regulamentos do país onde se encontra acreditado, a doutrina tem aceitado limites em certos casos: assim ocorre em situações de legítima defesa de particulares por actos violentos perpetrados por agentes diplomáticos ou em casos de flagrante delito cometidos por estes[7], em que poderão ser brevemente detidos para suster o delito ou para cabal identificação, após a qual deverão ser libertados.

Nestas situações, o Estado receptor — não podendo exercer qualquer medida de coacção — deve informar o Estado que enviou o diplomata da situação incorrecta em que este tenha incorrido, quer para pedir eventualmente a sua chamada, quer para iniciar o processo de declaração de

---

[5] No caso de agentes diplomáticos feitos reféns, a doutrina tende a atenuar a responsabilidade do Estado receptor em obter a respectiva libertação (nomeadamente face a exigências políticas que geralmente acompanham tais actos), sugerindo antes um entendimento de acção entre as autoridades do Estado receptor e aquele a que pertence o agente.

[6] Situações existem em que não sendo o agente diplomático obrigado a cumprir o que lhe possa ser exigido (testes de álcool, controlo em aeroportos), espera-se, todavia, que oriente a sua atitude por um desejável bom senso e pela natural aceitação das regras gerais. Já em caso de óbito, é vedada a autópsia ao corpo do agente, mesmo que autorizada pela família, a não ser que o seu governo renuncie ao princípio da inviolabilidade.

[7] O TIJ, no seu acórdão de 1980 já citado sobre o pessoal diplomático americano em Teerão, defende esta linha ao salientar que «um agente diplomático surpreendido no acto de cometer um delito de agressão ou outra infracção (...) pode em certas circunstâncias ser brevemente detido pela polícia (...) para prevenir a realização do delito».

persona non grata, ou para posterior e rápida expulsão (o que costuma acontecer quanto a delitos de espionagem).

Inviolabilidade de residência e bens

De acordo com o artigo 30.º da Convenção de Viena, «a residência privada do agente diplomático goza da mesma inviolabilidade e protecção que os locais da Missão», seja a mesma propriedade sua ou do Estado de envio, ou apenas alugada, caso em que a protecção cessa quando terminar o arrendamento (esta inviolabilidade abrange também o pessoal administrativo e técnico que não seja da nacionalidade do Estado receptor: artigo 37.º, 2.º).

Se, tal como ocorre com os locais da Missão, fica proibida a entrada de autoridades do Estado receptor na residência do agente diplomático (artigo 22.º)[8], salvo renúncia formal que poderá ser dada pelo seu Chefe de Missão; de igual modo, eventuais citações e notificações judiciais deverão ser feitas por via diplomática. Por este mesmo princípio, não são passíveis de confisco, penhora, execução ou de outras medidas de coacção a correspondência, as contas bancárias ou os veículos do agente diplomático (onde quer que eles se encontrem, salvo reboque por estacionamento ilegal).

Liberdade de circulação

As funções do agente diplomático impõem que tenha *liberdade de movimentos* no país em que as exerce. Isto mesmo é reconhecido pelo artigo 26.º da Convenção, ao determinar que o Estado acreditador assegura a todos os membros da Missão a liberdade de circulação e trânsito sobre todo o seu território. Porém, o mesmo artigo *insere uma limitação*: o que estiver disposto nas leis e regulamentos que interditem ou regulamentem

---

[8] Em caso de incêndio ou sinistro não é exigível — como para a Missão — a permissão prévia do agente (o número de agentes tornaria tal requisito factor de insegurança).

o acesso a zonas por razões de segurança (não só militares, como religiosas[9], ecológicas ou arqueológicas).

Esta possibilidade de restringir os movimentos dos agentes diplomáticos foi amplamente usada durante a Guerra Fria e ainda hoje é aproveitada, de forma discriminatória e, portanto, não lícita, por regimes de natureza autoritária. Todavia, os autores consideram lícitas as restrições impostas por governos de países onde se registam guerras civis e zonas de fortes tensões, quando invocados motivos de segurança.

Convirá finalmente assinalar que, se o agente diplomático está dispensado de observar os regulamentos de imigração ou de controlo de entrada de estrangeiros, nos casos em que não existam tratados bilaterais de isenção de vistos, mantém-se a obrigação de obter visto diplomático para entrada no Estado em que vai servir, bem como nos países de eventual trânsito.

Imunidade de jurisdição

A imunidade de jurisdição é uma *consequência do princípio da inviolabilidade* do agente diplomático, pela qual este não poderá ser submetido ao poder judicial do Estado receptor, aplicando-se *quer no plano penal (em que em princípio é absoluta), quer nos planos civil e administrativo (em que se registam certas restrições).*

Esta imunidade é de natureza *processual* e não substantiva, pelo que se aplica apenas à competência dos tribunais, não *apagando o crime* ou negando direitos e obrigações de terceiros, até porque os agentes ficarão sempre submetidos à lei do Estado receptor após cessarem funções, no caso de haver renúncia, ou ainda quando incorrem em responsabilidade civil e administrativa nas situações excepcionais previstas pelo artigo 31.º (nomeadamente em acções reais ou sucessórias); por outro lado, pelo artigo 31.º-4, esta imunidade *não o isenta da jurisdição do seu Estado*.

---

[9] A interdição de não muçulmanos penetrarem nas cidades santas de Meca e Medina, na Arábia Saudita, é o caso mais evidente e considerado lícito por não discriminar as nacionalidades, nem a origem dos cidadãos afectados.

Imunidade de jurisdição penal

A história diplomática revela-nos que este é um princípio que se foi consolidando lentamente a partir do século XVI; e, embora nesse tempo se tenham registado vários casos de detenção de diplomatas, geralmente por conspirações, a sua não submissão posterior a tribunais locais foi generalizadamente assente.

Ao contrário de certas questões do domínio civil ou do administrativo, resultantes de estarem ligadas a um interesse individual do agente, a Convenção, pelo seu artigo 31.º, não prevê *nenhuma* limitação. É, pois, uma imunidade absoluta, qualquer que seja o crime ou delito, *ou que seja praticado ou não no exercício das suas funções*. Isto foi aliás confirmado pelo TIJ, em 1980: ao julgar a questão do ataque à Embaixada dos EUA em Teerão, e perante a intenção das autoridades iranianas de promover um julgamento contra os agentes diplomáticos americanos, advertiu que tal atitude «constituiria uma violação grave das obrigações do Irão decorrentes do artigo 31.º-1, da Convenção de Viena».

Porque nenhum agente diplomático deverá ser submetido à justiça do Estado receptor, não poderá também receber *qualquer citação* para eventual investigação ou inquérito. A polícia local poderá, todavia, proceder a investigações, sem ouvir o agente diplomático, devendo nesse caso o resultado da investigação ser transmitido à sua Embaixada por via diplomática. Segundo a jurisprudência, este princípio de protecção abrange inclusivamente os casos de morte do próprio diplomata, em que uma investigação que o envolva requer uma renúncia da imunidade pelo seu governo.

Uma outra situação, que sublinha o carácter absoluto desta imunidade, diz respeito a uma eventual queixa-crime colocada pelo agente diplomático; para o prosseguimento do respectivo inquérito, o qual requererá em princípio a sua participação, torna-se indispensável a renúncia pelas suas autoridades à imunidade, o mesmo ocorrendo nos casos em que o agente tiver a intenção de participar como parte civil numa acção penal.

Não obstante o carácter absoluto da imunidade de jurisdição penal, os autores sublinham porém o interesse superior da justiça em não deixar delitos impunes, pelo que o agente poderá ser julgado *por actos pessoais* e *não realizados no exercício das suas funções* no Estado receptor, se ali voltar já *sem estatuto diplomático*; o mesmo ocorrerá, nos mesmos limites e no seu próprio país (desde que a respectiva legislação reconheça a acção delituosa), quer por iniciativa das suas próprias autoridades, quer por solicitação por via diplomática do Estado em que o delito se praticou, quer ainda por acção interposta pelos ofendidos.

Embora a Convenção nada estipule, alguma doutrina vem defendendo que as situações ligadas a crimes contra a humanidade devem ser punidas, anulando o artigo 31.º e o direito consuetudinário anterior. Existe aliás o já firme entendimento de que esta imunidade não é oponível aos tribunais internacionais especiais estabelecidos no quadro de decisões da ONU ou ao Tribunal Penal Internacional.

Imunidade de jurisdição civil

De início a imunidade de jurisdição civil apenas cobria os actos praticados no exercício das funções, mas já no século XVIII o princípio foi-se afirmando e alargando[10] mesmo quanto a actos fora desse exercício, recebendo consagração no *artigo 31.º* da Convenção.

Todavia, o artigo 31.º, 1.º, prevê três excepções:

- acções sobre *imóveis privados* situados no território do Estado receptor, salvo se o agente for proprietário por conta do Estado acreditante;
- acções relativas a uma *sucessão* em que o agente figure a título individual e não em nome do seu Estado;
- acção relativa a uma *profissão liberal* ou *actividade comercial*, exercidas fora das funções oficiais;

• *Acções reais*: esta restrição à imunidade, relativamente ao título de uma propriedade ou de parte dela, era já prevista por Grotius e Vattel, mas a jurisprudência revelava alguma imprecisão que só a Convenção de Viena procurou esclarecer.

[10] Salmon oferece vários exemplos no seu excelente Manual, p. 306.

Abrange assim *a titularidade de uma propriedade privada e não o aluguer*, podendo aplicar-se mesmo ao edifício de residência do diplomata, salvo se aquele tiver sido adquirido por conta do Estado acreditante para fins da Missão, caso em que se aplica a imunidade.

A doutrina salienta que um contrato de arrendamento realizado por um agente diplomático *está abrangido pela imunidade*, já que não existe aqui a titularidade da propriedade arrendada, por parte do agente.

- *Acções de sucessão*: aplica-se esta restrição relativamente a uma *herança* quando o agente diplomático actue *a título privado*, como executor testamentário ou herdeiro.

  Pelo contrário, aplica-se o princípio da imunidade nos casos em que o agente actue como representante do seu Estado para garantir a aplicação de cláusulas testamentárias favorecendo o Estado que representa, ou quando agir por motivos de funções consulares, para protecção de uma herança de um cidadão do seu país.
- *Actividade profissional ou comercial*: O artigo 42.º da C.V. proíbe ao agente diplomático uma actividade profissional ou comercial para ganho pessoal, pelo que esta restrição parece sem utilidade. Existem casos, porém raros, em que os agentes poderão excepcionalmente estar autorizados pelo país que envia e pelo receptor a manter uma actividade profissional (Salmon dá o exemplo de um Embaixador dos EUA junto da Santa Sé, em 1985, na Administração Reagan). Porém, importará assinalar que aquela proibição não se aplica aos membros da sua família, os quais, se exercerem tais actividades, perderão a imunidade de que gozam.

  Para caracterizar melhor esta excepção, a jurisprudência considera não existir imunidade desde que a actividade do agente diplomático assuma uma *natureza voluntária continuada* (caso em que poderá ser penalizado e eventualmente considerado *persona non grata*) e, por isso, não configure um mero acto isolado[11]; pelo

---

[11] E. V. Pintos aborda o caso, afinal não raro, de investimentos particulares realizados no Estado anfitrião pelo agente, para concluir que, não havendo rigorosamente uma actividade comercial, não poderá ser invocada a imunidade, *op. cit.*, p. 300.

contrário, tem considerado que o agente diplomático gozará de imunidade se realizar um acto comercial em nome do seu governo, como ocorrerá na celebração de um contrato de prestação de serviços. Perante a frequência de questões que se colocam quanto a acidentes de viação, valerá a pena citar a tese de Salmon[12], segundo a qual o agente diplomático tem direito a invocar a imunidade de jurisdição civil, mesmo nos casos em que aqueles se produzam fora do exercício das suas funções.

Haverá ainda a distinguir entre a imunidade que resulta da sua qualidade pessoal (*ratione persona*) e a que deriva das funções que exerce (*ratione materiae*) em que ela fica *limitada aos actos exercidos no seu respectivo exercício*, o que se encontra previsto claramente nas excepções do artigo 31.º relativas à imunidade de jurisdição civil que não se aplica a actos de finalidade privada. Esta distinção projecta-se no plano concreto das acções judiciais civis por vezes postas contra o Chefe de Missão (designadamente quanto à celebração de contratos de serviços) ou outros membros da Embaixada (aquisição de um edifício para fins oficiais). Ora, sempre que o agente diplomático actue em representação do seu Estado é este que deve ser accionado[13].

Imunidade de testemunhar

Pelo artigo 31.º-2, o agente diplomático não tem «nenhuma obrigação de testemunhar». Trata-se, aliás, de tradição histórica bem estabelecida por via consuetudinária e adoptada pela Convenção. É uma imunidade de natureza *absoluta*, só podendo ser renunciada desde que o Estado acreditante assim o decida, mesmo nos casos em que o seu agente é parte afectada. Porque a renúncia cabe ao próprio Estado acreditante, deve ser feita formalmente. Pelas mesmas razões, *qualquer pedido das autoridades*

---

[12] Salmon, *op. cit.*, p. 314.

[13] Salmon, *op. cit.*, p. 323, dá como exemplo uma acção movida em Bruxelas contra o Estado português a propósito de um contrato de prestação de serviços.

do Estado receptor nesse sentido deverá ser feito por via diplomática e não judicial.

A doutrina tem chamado a atenção para o dever dos agentes de colaborarem com a justiça do país receptor, sobretudo em casos — não relativos às suas funções — em que o seu depoimento poderá ser decisivo. Assim, começa a estabelecer-se a prática de um tribunal enviar por via diplomática (por intermédio do Ministério dos Negócios Estrangeiros) ao agente diplomático eventualmente envolvido uma lista de perguntas que este poderá responder voluntariamente com a reserva de que o faz sem renúncia à sua imunidade.

Renúncia à imunidade de jurisdição

O princípio está inscrito no artigo 32.º da Convenção de Viena: *só o Estado acreditante poderá renunciar*, devendo fazê-lo de modo expresso e escrito, geralmente através do Chefe de Missão ou, no caso deste ser o agente envolvido, pelo seu Ministério dos Negócios Estrangeiros, podendo incidir sobre todas as imunidades de natureza jurisdicional e, por similitude, às restantes imunidades do agente (de notar todavia que a renúncia de uma determinada imunidade não prejudica as outras prerrogativas do agente diplomático).

Já no século XVIII, Vattel[14], e, posteriormente, a jurisprudência anterior à Convenção, indicavam as linhas gerais deste caminho. Com a Convenção, tanto o seu preâmbulo (a finalidade dos privilégios e imunidades está ligada à eficácia do exercício de funções) como o artigo 32.º são claros. Isto obriga a que os tribunais se assegurem de que o agente obteve autorização do seu governo para renunciar (presumindo-se que o tenha feito se for o Embaixador a declará-lo), sem o que a sua renúncia não é válida. Daqui resulta também que o respectivo governo — por ser afinal o Estado o titular — possa renunciar à imunidade sem *o consentimento do seu agente*,

[14] Vattel no seu *Direito das Gentes*: «se o Embaixador deseja renunciar em parte à sua independência e submeter-se à jurisdição do país para assuntos civis, poderá fazê-lo sem dúvida, desde que seja com autorização do seu Senhor. Sem este consentimento, o Embaixador não tem o direito de renunciar a privilégios que dizem respeito à dignidade e serviço do seu soberano».

nomeadamente em matéria penal; num sentido contrário, não terá validade qualquer cláusula de contratos em que o agente renuncie à imunidade sem autorização expressa das suas autoridades.

O artigo 32.º-4, distingue, quanto às acções civis e administrativas, dois momentos: o da propositura da acção e o da execução da sentença condenatória, para a qual *nova renúncia* será necessária. Por outro lado, a jurisprudência tem entendido que, uma vez autorizada, a renúncia não poderá ser revogada.

As imunidades jurisdicionais e os direitos de terceiros

Sabe-se que este regime de imunidades jurisdicionais pode favorecer indesejáveis abusos, a que o aumento exponencial do corpo diplomático após a Segunda Guerra tem dado dimensão infelizmente apreciável.

Existem porém diversos meios para obviar a este inconveniente: desde logo, durante a elaboração da Convenção foi recomendado aos Estados acreditantes para renunciarem às imunidades dos seus agentes relativamente às acções cíveis contra eles intentadas por pessoas do Estado receptor, desde que isso não resultasse em obstáculos para o bom funcionamento da Missão; geralmente, no caso de infracções graves do foro penal, o Estado receptor pede a renúncia à imunidade, ou pode decidir, no limite, declarar o agente *persona non grata*.

Esta chamada ao país de origem ou o termo das suas funções levam à cessação da imunidade do agente e ao termo da incompetência dos tribunais do Estado receptor, pelo que, no caso de terminar funções, se o agente continuar a residir ou voltar ao país onde possuía imunidade, poderá responder perante a justiça, mas apenas *se os actos em causa não foram praticados no exercício das suas funções*.

Existe igualmente a possibilidade para eventuais lesados intentarem um processo no país de origem do agente ou promoverem, com a possível assistência do Ministério dos Negócios Estrangeiros local, uma solução amigável; em casos graves ou repetidos, restará sempre o recurso às sanções diplomáticas previstas no artigo 9.º da Convenção (pedido de retirada do agente ou declaração de *persona non grata*).

Imunidades fiscais

Estas imunidades estão habitualmente ligadas a uma atitude de *reciprocidade*, ou a tratados bilaterais, tratando-se de uma antiga tradição de cortesia (que encontramos já no Império Bizantino) e de costume diplomático a que a Convenção de Viena veio dar força de lei, pelo seu artigo 34.º. São beneficiários das isenções fiscais (que abrangem todos os impostos e taxas, pessoais ou reais, nacionais, regionais ou municipais) os agentes diplomáticos e os membros da sua família que *não sejam naturais* do Estado acreditador (artigos 34.º e 37.º), bem como o pessoal administrativo ou técnico que *não tenha a nacionalidade* ou *residência permanente* no país anfitrião (artigo 37.º).

As excepções estão previstas no artigo 34.º: impostos indirectos, nomeadamente IVA (embora alguns Estados concedam certas isenções), taxas incluídas nos bilhetes de comboio, avião; impostos e taxas sobre imóveis da sua propriedade pessoal; direitos de sucessão sobre bens imóveis pessoais; impostos e taxas derivados de serviços particulares (isto é, não serviço público geral), designadamente água, electricidade, portagens; direitos de registo; impostos sobre rendimentos e investimentos privados que tenham por fonte o Estado acreditador; direitos de registo, de hipoteca, custas judiciais e impostos de selo de bens imóveis, salvo o Chefe de Missão, sobre imóveis da Missão (artigo 23.º).

Imunidades alfandegárias

Igualmente com raiz em antigas tradições de cortesia internacional, a Convenção de Viena deu consagração jurídica a isenções alfandegárias no seu artigo 36.º, o qual especifica este tipo de isenção para os agentes diplomáticos, nele se salientando todavia que o Estado receptor, tal como vimos para a Missão, pode regulamentar esta matéria («de acordo com as leis e regulamentos que adopte»); também a exemplo do que ocorre com a Missão, *não* estão isentas eventuais taxas de armazenamento e outros serviços semelhantes. Por outro lado, o Estado receptor poderá *impor limites* quanto à quantidade de bens a importar e *determinar prazos* para a isenção quanto a determinados bens (período de instalação) ou revogar a isenção em caso de venda posterior dos bens importados, sendo, todavia, questão controversa a possibilidade da proibição de importação de produtos sujeitos a um boicote unilateral. O pedido de isenção de direitos alfandegários para os agentes diplomáticos é feito pelo Chefe de Missão aos Serviços do Protocolo do Ministério dos Negócios Estrangeiros local.

Neste capítulo, haverá a referir que a Convenção permite ao Estado receptor inspeccionar a bagagem do agente diplomático (artigo 36.º-2), se existirem motivos sérios para crer que contenha objectos que não sejam para seu uso pessoal ou da Missão; trata-se de uma quebra do princípio da inviolabilidade, sujeita porém a uma regra: tal inspecção *apenas* poderá ser feita na presença do agente diplomático ou de um seu representante.

Outras imunidades

O agente diplomático goza ainda de outras imunidades de menor relevo, como no plano de prestações sociais (artigo 33.º) e, segundo o artigo 35.º, de eventuais prestações pessoais (requisições de residência, obrigação de ser jurado, prestação de serviço em acções de protecção civil).

Imunidades em Estados terceiros

A Convenção, no seu artigo 40.º, estipula que o agente diplomático goza de imunidades enquanto estiver em *trânsito* para o Estado em que se encontra acreditado ou ao regressar ao seu país de origem. Terão igual tratamento os membros da família que o acompanha em posto, mesmo que viajem separadamente; por seu turno, ao pessoal enviado, administrativo ou técnico da missão, também em trânsito (artigo 40.º-1 e 2), não deverá ser dificultada a passagem. Como é natural, podem não ser concedidas facilidades ou imunidades quando o agente ultrapasse o tempo razoável de trânsito. Igualmente, não existe obrigatoriedade de conceder privilégios e imunidades a um agente diplomático que aproveite o trânsito por um Estado terceiro para praticar actos ilícitos.

Imunidades e privilégios para os membros da família dos agentes diplomáticos

A Convenção confirmou, no seu artigo 37.º-1, a tradição de atribuir ao agregado familiar do agente idênticos privilégios e imunidades, desde que as pessoas que o componham não sejam nacionais do Estado receptor. Compreende-se a razão desta concessão: ela procura evitar que o agregado familiar seja vítima de eventuais pressões ou chantagens que possam prejudicar o livre exercício das funções do agente.

Durante os trabalhos preparatórios desistiu-se de definir uma lista da composição da família para estes efeitos. Assim, o conceito de família ou de agregado familiar presta-se a imprecisões, até por não ser consensual, dada a diversidade de culturas, sociedades e a evolução dos costumes; por outro lado, apesar da definição deste estatuto relevar da lei do Estado que envia e não da lei do Estado receptor, os variados sistemas familiares correntes na comunidade internacional implicam que a jurisprudência e a doutrina venham restringindo a amplitude do conceito. Se o agregado familiar mais próximo que viva com o agente (cônjuge, filhos menores, filha maior celibatária) não coloca problemas, já outros casos haverá (cônjuge divorciado, uniões poligâmicas, uniões de facto, ou uniões homossexuais) que poderão levantar dúvidas e resistências em alguns Estados, sendo certo que sempre caberá à Missão transmitir ao Ministério dos Negócios Estrangeiros do Estado acreditador a lista dos seus membros e o respectivo agregado familiar.

Como norma geral, os membros do agregado familiar do agente gozam das diversas facetas do princípio da inviolabilidade, bem como das restantes prerrogativas que àquele são concedidas enquanto for membro da Missão, e durante um breve e razoável período após o termo das respectivas funções, ou em caso de óbito.

Todavia, os familiares dos agentes diplomáticos só poderão reivindicar tais prerrogativas se, como indicado no artigo 37.º, *não forem nacionais* do Estado acreditador ou se, mesmo que tenham a naturalidade do Estado que envia, não possuam no país anfitrião *residência habitual*.

Nos casos em que o familiar exerça uma profissão remunerada ou comercial no Estado receptor *não está isento* de obrigações administrativas (carteira laboral, p. ex.); retendo, entretanto, algumas imunidades (como a penal).

A Convenção impõe ainda algumas restrições: o artigo 31.º-1-*c)* exclui as imunidades de jurisdição civil e administrativa; o artigo 31.º-3, a imunidade de execução; o artigo 34.º-*d)* a isenção de taxas e impostos sobre rendimentos.

Membros do pessoal administrativo e técnico e sua família

O artigo 1.º-*f)* da Convenção adianta uma definição óbvia ao dizer que os membros do pessoal administrativo e técnico da Missão são os membros empregados (…) «no serviço administrativo e técnicos». Na falta de uma maior clareza, tende-se a ligar esta qualificação à natureza das suas funções, configurando um carácter mais exigente em qualificações: chanceleres (chefes de secretaria), secretárias, assistentes, técnicos administrativos, tradutores. Também aqui, o Estado que envia deve notificar por nota da respectiva Embaixada o Estado receptor da concreta qualidade dos membros da missão e da data da sua entrada em funções.

Relativamente aos privilégios e imunidades, Salmon recorda que antes da adopção da Convenção se opunham duas tendências: uma mais liberal, estendendo-lhes o regime dos agentes diplomáticos e outra, pelo contrário restritiva, que o recusava, como foi o caso da posição portuguesa. O artigo 37.º-2 da Convenção passou a determinar que estes membros, bem como o respectivo agregado familiar, *desde que não sejam nacionais do Estado anfitrião ou ali tenham residência permanente* (salvo acordo bilateral em contrário), gozam das mesmas prerrogativas do agente diplomático, com as seguintes limitações: a imunidade de jurisdição civil e administrativa prevista no artigo 31.º-1, só se aplica a actos realizados *no exercício das suas funções*; os privilégios aduaneiros estipulados no artigo 36.º-1 apenas poderão ser invocados aquando da *primeira instalação.*

Pessoal de serviço

Segundo o artigo 11.º-*g)* da Convenção, o pessoal de serviço é composto pelos membros da Missão que nela prestem serviço doméstico, o que abrange nomeadamente porteiros, motoristas, jardineiros e empregados de mesa, como tal qualificados pela Missão através da necessária comunicação ao Estado receptor. De acordo com o artigo 37.º-3, da Convenção, goza de imunidade de jurisdição quem não seja nacional do Estado anfitrião ou nele resida em permanência, mas apenas *para os actos praticados no exercício das suas funções*; são ainda passíveis de isenção de impostos e taxas sobre os seus salários e de prestações para o regime de protecção social, desde que, neste particular, estejam protegidos pelo Estado de envio, não necessitando, por outro lado, de obter autorização de trabalho durante o período em que prestem *serviço na Missão.*

Quanto às pessoas empregadas no serviço doméstico de um membro da Missão e por este contratadas, e não pelo Estado que envia, desde que não sejam nacionais do Estado anfitrião ou nele residam permanentemente, pelo disposto no artigo 37.º-4 apenas estão isentas dos impostos e taxas sobre os respectivos salários; *não gozam, por isso, de quaisquer imunidades e outros privilégios, a não ser que tal seja admitido* pelo Estado anfitrião em acordo bilateral.

Também aqui se coloca naturalmente o dever da Missão de informar o Estado acreditador da existência deste tipo de pessoal ao serviço de um dos seus membros.

3. Início e Termo de Imunidades e Privilégios

O artigo 39.º-1 da Convenção de Viena estipula que os privilégios dos agentes diplomáticos poderão ser reivindicados logo que o beneficiário entre no território do Estado em que vai exercer funções ou, se nele já se encontrar (caso, por ex., da contratação de um conselheiro cultural ou científico), quando a sua nomeação for notificada pela Embaixada ao Ministério dos Negócios Estrangeiros.

A notificação oficial ao Estado receptor, por nota verbal da Embaixada, é necessária não só para regularização da situação dos membros da Missão no Estado acreditador, como para por ela ficarem protegidos os seus direitos (artigo 10.º). De qualquer modo, uma vez informadas as autoridades do Estado anfitrião, a jurisprudência e os especialistas têm entendido que a imunidade de jurisdição *suspende não só as acções entretanto em curso contra o agente diplomático, como se aplica tanto a factos anteriores como posteriores à sua entrada em funções, desde que o agente não tenha a nacionalidade do Estado receptor ou ali resida permanentemente.*

Por seu turno, a imunidade *cessa com o fim da missão* para que o beneficiário foi nomeado. E isto tanto por desaparecer a razão de atribuição (eficácia do serviço), como por uma exigência de não impunidade. O fim das funções suprime assim a incompetência dos tribunais do Estado receptor. Importa, porém, salientar que, *mesmo após o termo das funções*, a imunidade *subsiste*:

- por prazo de tempo razoável para que o agente organize o seu regresso (artigo 39.º-2); ou, quanto à sua família, em *caso de óbito* (artigo 39.º-3 e 4);
- quanto aos actos realizados no *exercício das suas funções* (artigo 39.º-2).

4. Deveres dos Membros da Missão

A par de imunidades e privilégios, o agente diplomático deve cumprir determinados deveres, e estes encontram-se definidos nas Convenções de Viena de 1961 e de 1975 (Convenção sobre a prevenção e repressão de crimes contra pessoas gozando de protecção internacional, incluindo os agentes diplomáticos), as quais estabelecem o quadro normativo ao nível internacional. Acresce que o artigo 41.º-2 sublinha que os locais da Missão não devem ser utilizados de maneira incompatível com as respectivas funções.

Desde logo, os agentes diplomáticos têm o dever de respeitar as leis e regulamentos do Estado receptor, salvo se, por acordo bilateral, um privilégio ou imunidade concretos disso os isentar. Mas caberá recordar, que mesmo nestes casos, as imunidades têm natureza processual, *paralisando* os meios que a lei prevê em caso da sua violação, *mas não evitando a sua aplicação.* O artigo 41.º da Convenção de 1961 é claro a este respeito, bem como os artigos 75.º e 78.º da Convenção de 1975.

A principal doutrina sublinha, porém, que este princípio geral de obediência apenas sofre excepção nos casos em que as leis e regulamentos do

Estado receptor sejam contrários às imunidades e aos privilégios constantes daquelas Convenções, o que por vezes ocorre no domínio fiscal, aduaneiro, ou relativamente a regras de imigração.

Tais deveres cobrem todas as leis e regulamentos do país em que o agente estiver acreditado, nomeadamente as disposições de direito penal, já que — recorde-se uma vez mais — *a imunidade não apaga o crime ou delito*, pois a sua natureza está ligada à não competência territorial de uma jurisdição.

Por maioria de razão, o restante pessoal da Missão sem estatuto diplomático encontra-se ligado à mesma observância das leis do Estado em que presta serviço.

5. Dever de não ingerência nos assuntos internos do país receptor

O dever de não ingerência nos assuntos internos do Estado acreditador decorre do princípio de direito internacional que regula as relações entre os Estados (ainda hoje norma relevante das Nações Unidas), mas que neste caso, pelo seu carácter pessoal, impõe uma obrigação mais ampla ao agente diplomático do que aquela que geralmente impende sobre os respectivos governos. Com efeito, se a prática internacional nos mostra que os governos criticam e condenam aberta, e por vezes, contundentemente, procedimentos de certos Estados, já uma iniciativa pessoal do agente diplomático em posto comporta o risco de ser considerada pelo Estado receptor como ingerência condenável.

Trata-se de matéria de evidente melindre político, até porque o conceito de ingerência tende a variar, segundo o tempo e a geografia políticas, não sendo possível definir com segurança a sua amplitude, cuja imprecisão está de resto patente na prática atrabiliária dos regimes autoritários.

Os autores costumam entretanto alinhar, entre outras, as seguintes recomendações:

- não fomentar perturbações políticas e sociais, em associação com as oposições;
- nos contactos com a oposição, não ultrapassar uma normal linha de informação, sendo certo que, nos regimes autoritários, os riscos de actuação são notoriamente maiores, impondo outra prudência;

- não criticar publicamente quer o governo em que está acreditado, quer membros da oposição;
- evitar, na protecção de seus nacionais, o ataque público a instituições políticas ou judiciais do Estado receptor;
- não favorecer a instrumentalização da sua comunidade imigrada em acções violadoras da ordem pública.

6. Tratamento de assuntos oficiais

O artigo 41.º-2, da Convenção, dispõe que todos os assuntos oficiais deverão ser tratados com o Ministério dos Negócios Estrangeiros ou por seu intermédio, ou com outro ministério sobre que se tenha previamente convindo. Trata-se de uma regra prática que decorre da posição particular reconhecida aos Ministérios dos Negócios Estrangeiros pelo direito internacional.

É uma norma de procedimento que resulta do princípio da não ingerência nos assuntos internos, obrigando os agentes diplomáticos a manterem relações oficiais com as diversas autoridades locais, sobretudo através do Ministério dos Negócios Estrangeiros. A este cabe, assim, um importante e tradicional papel de coordenação, permitindo-lhe assegurar a unidade da política do Estado na relação com os países estrangeiros e, ao mesmo tempo, zelar para que a administração nacional (os diversos Ministérios) cumpra as obrigações internacionais.

Paralelamente, trata-se de uma regra com reconhecido interesse para as Missões acreditadas no país, que através dela poderão encontrar melhor compreensão, apoio ou protecção para as suas diligências junto de outros departamentos do Estado acreditador, ou para a observância dos seus direitos e privilégios.

No entanto, a crescente amplitude e diversificação das tarefas a cargo das Embaixadas têm levado a um enfraquecimento desta norma tradicional, sobretudo nas questões de carácter não directamente político e mais técnico, admitindo-se que os diplomatas, sobretudo os conselheiros ou adidos técnicos, possam tratar directamente com os Ministérios sectoriais. De qualquer modo, a experiência mostra a vantagem para uma Missão em manter o Ministério dos Negócios Estrangeiros local informado sobre a realização de diligências oficiais junto de outros Departamentos do Estado que não tenham sido obtidas por seu intermédio.

Perante a crescente prática das Embaixadas ultrapassarem os serviços dos Ministérios dos Negócios Estrangeiros das capitais em que se encontram acreditadas, caberá recordar um pedagógico decreto de 1810 de Napoleão: «Considerando que vários dos nossos ministros se correspondem com Embaixadores estrangeiros (...) e respondem às suas comunicações, decretamos que 1) nenhum dos nossos ministros poderá (...) receber cartas de Embaixadores estrangeiros. Qualquer comunicação que deles recebam sobre qualquer assunto (...) deverá ser enviada ao nosso ministro dos Negócios Estrangeiros; 2) é expressamente interdito responder a qualquer assunto que lhe seja dirigido por um agente estrangeiro, devendo ser-lhes unicamente dito que se deverão dirigir ao ministro dos Negócios Estrangeiros».

7. Violação de Deveres pelo Agente Diplomático

Declaração de *Persona non Grata*

Se os agentes diplomáticos gozam de um estatuto especial que lhes confere determinadas prerrogativas e os subtrai a certos poderes de soberania do país que os acolhe, o Direito Diplomático fornece em paralelo ao Estado receptor os meios de defesa e as sanções contra as suas actividades ilícitas.

Este é, afinal, o que expressa o emblemático Acórdão do Tribunal Internacional de Justiça, de 1980, sobre o assalto à Embaixada dos EUA em Teerão, que afirma comportar «o direito diplomático *os meios de defesa necessários, assim como as sanções contra as actividades ilícitas dos membros das missões diplomáticas*». O mesmo acórdão sublinha que «as regras do direito diplomático constituem um regime auto-suficiente», o qual, se por um lado, estabelece as obrigações do Estado receptor em matéria de facilidades, privilégios e imunidades concedidas às missões diplomáticas, por outro *prevê o seu possível abuso pelos membros da missão* e especifica os meios de que dispõe o Estado receptor para opor-se a tais situações. Segundo o TIJ, «estes meios são, por natureza, de uma eficiência total»; ou dito por outras palavras, se o Estado que envia não chamar sem dilação o respectivo membro da missão, a perspectiva de perda quase imediata dos seus privilégios e imunidades, decorrente de não lhe ser reconhecida a qualidade de membro da missão diplomática pelo Estado receptor, terá na prática o resultado de o obrigar a sair sem demora, no seu próprio interesse.

A figura de *persona non grata* ou não aceitável

Assim, quanto a eventuais abusos dos agentes diplomáticos, o Estado receptor pode declarar *persona non grata* qualquer membro do pessoal diplomático da missão ou considerar *não aceitável* os outros membros sem estatuto diplomático, tal como é enunciado no artigo 9.º da Convenção. Estas são as sanções previstas pelo direito diplomático, o qual permite deste modo ao Estado receptor exigir a partida de um membro da Missão, declarando-o *persona non grata* e fixar-lhe um prazo para a saída do país.

A declaração de *persona non grata* constitui um acto discricionário do Estado receptor, pelo que *não tem de ser justificada.* Note-se a diferença em relação à não concessão de *agrément*, pois trata-se de um acto de maior visibilidade e gravidade, já que, ao contrário da não concessão de *agrément*, o agente diplomático encontra-se a desempenhar as suas funções, pelo que tal decisão acaba por merecer uma larga atenção mediática, com reflexos inevitáveis nas respectivas relações bilaterais.

Esta situação prende-se com a violação, geralmente repetida, dos seus deveres por parte do agente diplomático, nomeadamente por falta de respeito das leis e regulamentos do país em que se encontra, ingerência nos assuntos internos, uso das suas prerrogativas para fins estranhos à sua função, ou por uma conduta menos correcta ou pouco cortês para com o Estado receptor. Porém, embora hoje estejamos longe das práticas abusivas e generalizadas do período da Guerra Fria, aquela penalização nem sempre segue o espírito da Convenção, pois devido a eventuais tensões políticas no relacionamento bilateral, os Embaixadores servem de «fusível» nos casos em que o visado não é o agente, mas sim o seu governo, conforme ocorreu com frequência no período tenso que antecedeu a queda do muro de Berlim.

No caso de uma declaração de *persona non grata*, o governo do agente diplomático deverá dar seguimento ao pedido, embora geralmente o faça sob protesto. Se o Estado de envio o não fizer na data determinada pelo Estado acreditador, este poderá recusar reconhecer a qualidade de membro da Missão, pelo que o agente perderá todas as suas prerrogativas diplomáticas, o que obviamente funcionará como poderoso meio persuasor. A execução da declaração realiza-se normalmente num prazo que — de acordo com a gravidade do acto ou a deterioração das relações bilaterais — pode oscilar entre 24 horas e quinze dias. Quando é indiscutível e legítimo o bem fundado de uma possível declaração de *persona non grata*, para evitar os melindres políticos dela consequentes, tem-se generalizado a prática de o Estado receptor pedir confidencialmente ao governo a que pertence o agente que o chame (*rappel*), cessando assim as respectivas funções na Missão.

A Convenção exclui como sanção *os actos de represálias*, como as expulsões, que, todavia, são com frequência aplicados pelos Estados, sobretudo em casos de espionagem ou como resposta à declaração de *persona non grata* de agentes por razões ligadas a uma eventual deterioração do relacionamento bilateral[15].

8. Gerência de Assuntos Correntes da Missão Diplomática

No caso de ausência do país do Chefe de Missão, apenas um membro do seu pessoal da carreira diplomática poderá assumir a respectiva gerência, após notificação ao Ministério dos Negócios Estrangeiros local, na qualidade de Encarregado de Negócios a.i. (*ad interim*), conforme está estabelecido no artigo 19.º-2, da Convenção.

---

[15] Salmon singulariza, pela sua amplitude, alguns casos: em 1963, o Congo (Leopoldville) declarou *p.n.g.* 130 membros da Embaixada soviética; em 1971, o Reino Unido, 105; em 1972, a Bolívia, 119; em 1983, a França, 34.

Não poderá, assim, um elemento do pessoal técnico (mesmo com estatuto diplomático) ou administrativo assumir essa função; de acordo com o mesmo artigo, na falta de um diplomata de carreira, aqueles funcionários poderão apenas gerir os assuntos administrativos da Missão (não lhes sendo atribuída a designação de Encarregados de Negócios), desde que a sua nomeação para tal fim seja aceite pelo Estado receptor.

CAPÍTULO VI

REGIMES ESPECIAIS DE IMUNIDADES E PRIVILÉGIOS

1. As Missões Especiais

As Missões Especiais tiveram, como diplomacia *ad hoc*, um lugar importante no início e na posterior evolução da instituição diplomática até à criação das Embaixadas permanentes, com estas aliás sempre coexistindo. Nos nossos dias, a crescente facilidade de viagens e de contactos, e bem assim o continuado alargamento e diversificação de matérias a serem tratadas pela via diplomática, têm contribuído para a sua multiplicação. Neste contexto, o conceito de diplomacia *ad hoc* abrange uma multiplicidade de situações: cimeiras, encontros bilaterais ao nível governamental, enviados especiais, delegações para congressos, reuniões e conferências internacionais, visitas de Estado ou oficiais, missões protocolares.

A Comissão do Direito Internacional da ONU procurou regular a prática tradicional, nem sempre uniforme, através da Convenção sobre as Missões Especiais de 1969, prevendo sobretudo os contactos bilaterais, a qual encontrou pouco sucesso junto dos Estados, designadamente europeus, que, na sua grande maioria, incluindo Portugal, acabaram por não a assinar. Para tanto contribuiu, em grande medida, uma certa imprecisão quanto ao objectivo, composição e nível das missões a que eram atribuídos privilégios; entretanto, os Estados não signatários têm seguido a prática de aplicar a estas missões as normas da Convenção de Viena de 1975 previstas para as Organizações Internacionais de âmbito universal.

A Convenção sobre missões especiais define-as [artigo 1.º-*a)*] como missão temporária possuindo o carácter representativo do Estado, enviado por um Estado junto de outro Estado com o consentimento deste último, para com ele tratar de questões determinadas ou para levar a cabo junto dele uma tarefa determinada. Já o artigo 7.º prevê que «a existência de relações diplomáticas ou consulares não é necessária para o envio ou recepção de uma missão especial». De acordo com os artigos 8.º a 11.º, a composição da Missão, a sua chegada e partida definitiva dos seus membros deverão ser notificados previamente ao Estado anfitrião. Igualmente, segundo o artigo 12.º, os membros da missão poderão ser considerados *persona non grata* ou pessoa não aceitável.

Das diversas missões especiais poderão sublinhar-se os seguintes casos:

- *Missões Protocolares*, representando os Estados em cerimónias oficiais (funerais, coroações, tomadas de posse), não colocam dificuldades, já que o Estado receptor é responsável pelo seu acolhimento e pela tradicional atribuição de privilégios e imunidades durante o curto período da sua duração.
- *Conferências Internacionais*: a prática tende a conceder às delegações os privilégios da Convenção de Viena de 1975, a qual desenvolve, por sua vez, o que se encontra prescrito na Convenção de 1961 sobre as Missões e agentes diplomáticos.
- *Chefes de Estado*: quando em funções oficiais gozam dos tradicionais privilégios e imunidades, inviolabilidade pessoal, imunidade de jurisdição e de execução.

  No caso de visita privada, a doutrina tem distinguido entre uma *imunidade penal absoluta* para um Chefe de Estado *em funções* e a *ausência de imunidade* de jurisdição civil relativamente a actos de carácter privado *(os actos ligados* à *função pública gozam todavia de imunidade).* Também a imunidade de execução segue a prática para os agentes diplomáticos, com as excepções conhecidas: direitos reais, questões sucessórias, actividades lucrativas.
- *Antigo Chefe de Estado*: com o termo das suas funções cessam também os privilégios e imunidades, à excepção dos actos cometidos no exercício das suas funções.

No entanto, no caso de actos ilícitos praticados durante o seu mandato, a imunidade depende da decisão de renúncia do seu Estado, como ocorreu no Chile com o general Pinochet.

- *Chefes de Governo e Ministros dos Negócios Estrangeiros*: atendendo às suas responsabilidades fulcrais para um relacionamento harmonioso da comunidade internacional, a doutrina concede-lhes os mesmos privilégios das Convenções de 61 e 75, nomeadamente a protecção, a inviolabilidade pessoal, a imunidade de jurisdição penal e civil durante *estadias oficiais* e *bem assim durante o seu trânsito.*
- *Funcionários em missão*: os autores defendem a concepção da imunidade de jurisdição para os *actos da sua função e a inviolabilidade da documentação oficial à sua guarda.*

2. As Organizações Internacionais

2.1 O exemplo da ONU

O funcionamento das Organizações Internacionais implica que os Estados-membros estejam nelas representados por Delegações, Representações ou Missões Permanentes.

Embora este tipo de representação tenha raízes na SDN (Sociedade das Nações), a Carta da ONU só o previa expressamente quanto à constituição do Conselho de Segurança. Com efeito, no artigo 28.º-§1 diz-se que «o Conselho de Segurança é organizado de modo a poder exercer as suas funções permanentemente. Para isso cada membro do Conselho deve possuir, a tempo inteiro, um representante na sede da organização».

A realidade, porém, iria rapidamente impor a vantagem dos diversos Estados-membros possuírem uma Representação Permanente, cuja utilidade era já reconhecida numa resolução de 1948, em que se considerava que tal contribuía para a realização dos objectivos e princípios da ONU e para o seu bom funcionamento. Esta prática foi também acolhida nas várias agências especializadas das Nações Unidas (nomeadamente, FAO, UNESCO) e em outras instituições internacionais como a OMS, NATO, OCDE, Conselho da Europa e União Europeia.

Quanto à ONU, a matéria de privilégios e imunidades é regulada pela Carta (artigo 105.º) que estipula que os representantes dos Membros das Nações Unidas «gozam dos privilégios e imunidades que lhes são necessários para exercer com toda a independência as suas funções relativamente à Organização». Esta disposição figura igualmente na Convenção Geral sobre Privilégios e Imunidades das Nações Unidas, de 1946, a qual — no que diz respeito às várias instituições especializadas — seria completada por uma outra Convenção de 1947.

Porém, a necessidade de clarificar as relações entre os Estados e as Organizações Internacionais levou a Comissão Internacional de Direito Internacional da ONU a elaborar uma outra Convenção, a Convenção de Viena sobre a Representação dos Estados nas suas relações com as Organizações Internacionais, de 1975. Esta Convenção limita o seu escopo às organizações internacionais de *carácter universal* (ONU e o seu sistema) não se aplicando assim às organizações regionais. De notar ainda que a sua elaboração suscitou várias controvérsias entre os Estados anfitriões daquelas organizações e os vários países-membros, reflectida no arrastado processo de ratificações nacionais e na resistência dos países de acolhimento em ratificá-la, o que diminui o seu valor dispositivo e mesmo a doutrina interpretativa resultante do seu articulado, o qual por isso deverá ser apreciado caso a caso.

Estabelecimento da Missão

A abertura e instalação da uma Missão decorre do simples facto da admissão do país como Estado-membro. A este respeito note-se uma distinção quanto às relações bilaterais: se relativamente a estas é necessária a existência de um prévio reconhecimento mútuo, de relações diplomáticas e do consentimento do Estado receptor, aqui, uma vez admitido o Estado na Organização Internacional, a abertura da missão depende *apenas* da vontade unilateral do Estado-membro.

Outra distinção quanto à representação bilateral tem a ver com o facto de a organização internacional ser um sujeito de direito internacional sem território, nem cidadãos, tendo a sua sede num Estado-membro (ONU:

Nova Iorque; FAO: Roma; UNESCO: Paris)[1]. Por esta razão, a instalação de uma missão junto de uma organização internacional implica sempre uma relação entre três sujeitos de direito: o Estado que envia; a Organização Internacional; e o Estado anfitrião. A este cabe o direito de proteger a Organização e conceder-lhe privilégios e imunidades.

Uma outra nota distintiva da diplomacia tradicional (em que o costume ainda ocupa lugar de algum relevo), diz respeito ao carácter convencional dos privilégios e imunidades, pois uns e outras estão geralmente previstos nas convenções especiais de criação e instalação das organizações internacionais.

Convirá, entretanto, sublinhar que a prática dos Estados tende a distinguir entre Representações Permanentes, às quais é conferido um estatuto idêntico às missões diplomáticas tradicionais, e Representações Temporárias (delegações a uma reunião ou a uma conferência internacional), em que os privilégios e imunidades estão ligados ao *exercício e duração das funções que as originaram.*

Nomeação do chefe de Missão

Não existe *agrément* para o Chefe da Missão, nem acreditação, como no caso da diplomacia bilateral: os membros de cada Representação são nomeados pelo Estado que envia, sendo o Secretário-Geral apenas informado da constituição da Missão.

A Missão não fica acreditada junto do país anfitrião, com o qual até poderá não ter relações diplomáticas[2]. Não existe por isso a figura do *agrément*, por parte do Secretário-Geral da ONU, o que não permite que a Organização recuse um Representante Permanente ou um membro da Missão.

---

[1] Não é princípio absoluto: a Suíça, embora só tenha sido membro pleno da ONU em 2002, já antes albergava, em Genebra, Organismos das Nações Unidas.

[2] É o caso, entre outros, da Representação de Cuba nas Nações Unidas, em Nova Iorque.

Funções da Missão

- assegurar a representação do Estado junto da Organização e proteger nela os respectivos interesses;
- manter o contacto entre o seu Estado e a Organização;
- conduzir negociações no seu seio e assegurar a participação do seu Estado nas actividades da Organização.

Nacionalidade do chefe de Missão

A nacionalidade não é decisiva quanto à nomeação. Porém, a Convenção de 1975 estipula (artigo 73.º) que o Chefe de Missão e os diplomatas «deverão ter, *em princípio*, a nacionalidade do Estado que envia», e que o Estado anfitrião deverá dar o seu consentimento no caso de os mesmos terem a sua nacionalidade; *nesta situação, os privilégios e imunidades são limitados ao critério do exercício das respectivas funções.*

Organização da Missão

De acordo com a Convenção de 1975, o número de membros da Missão não deve ultrapassar os limites da razoabilidade e normalidade em vista das funções da Organização, necessidades da Missão e circunstâncias e condições existentes no Estado anfitrião.

Imunidades e Privilégios da Missão

A Missão é acreditada junto da Organização e não junto do Estado anfitrião, pelo que os seus privilégios não devem depender das relações bilaterais. Entende-se, aliás, que para uma Organização Internacional funcionar eficazmente não poderá ficar sujeita a exigências nacionais de reciprocidade. Se este é o princípio, já a prática, apesar do disposto na Convenção de 1975 não permitir descriminações entre os Estados, nem sempre evita restrições ligadas ao grau bilateral das relações, invocando-se várias vezes a reciprocidade.

Quanto à sua natureza, os privilégios são idênticos aos das Embaixadas, seguindo o estipulado na Convenção de Viena de 1961 (a imunidade fiscal da Missão e da Residência está expressamente prevista na Convenção de 1975).

Imunidades e Privilégios dos membros da Missão

Beneficiam de:

- inviolabilidade pessoal;
- imunidade de jurisdição penal e civil (tal como os agentes diplomáticos);
- imunidade de testemunhar.

Por outro lado, tendo em conta a Carta das Nações Unidas e a Convenção de 1946, os Estados Membros não devem dificultar o trânsito dos delegados que viajem para qualquer reunião da Organização.

Abusos e Sanções

A figura da declaração de *persona non grata* aplica-se apenas nas relações bilaterais, pois — insiste-se — a Missão, no caso das Organizações Internacionais, não está acreditada junto do Estado anfitrião. O Secretariado da ONU, aliás, sempre contestou a sua aplicação para os diplomatas acreditados junto da Organização.

Todavia, não desaparece o dever dos agentes de cumprirem as leis do Estado da sede. Em caso de violação séria, a prática regista a existência de várias situações que conduziram à expulsão ou pedidos de *rappel pelo Estado anfitrião*. Aliás, a Convenção de 1975 prevê a possibilidade de *rappel* (artigo 77.º) em caso de «infracção grave».

2.2. A União Europeia

O termo Representação Permanente designa as Missões dos Estados membros, tendo decorrido indirectamente da definição do Comité de Representantes Permanentes (Coreper), não existindo qualquer procedimento de acreditação.

Trata-se de decisão unilateral do Estado membro, que é comunicada ao Conselho, Comissão e ao país anfitrião.

Os privilégios e imunidades são reconhecidos nas mesmas condições que aos membros das Missões diplomáticas acreditadas junto do Estado Belga.

Relativamente ao estabelecimento de relações entre a União Europeia e Estados terceiros não membros, e a correspondente instalação das respectivas Representações Permanentes, a prática seguida consiste num pedido do Estado interessado dirigido à Comissão Europeia, a qual o transmite com o seu parecer ao Conselho, que decide por unanimidade.

3. Pessoas gozando de protecção internacional

O aumento exponencial do corpo diplomático foi acompanhado pela frequência de atentados, violências e crimes contra os seus membros.

Esta situação conduziu à elaboração de uma Convenção, em 1973, que pretendeu ampliar os meios de repressão e reforçar as regras já existentes do direito comum ou convencional (Portugal, após ratificação, inseriu-a no seu direito, em 1994).

De acordo com o seu artigo 1.º, as pessoas protegidas são as que gozam de uma protecção internacional, o que compreende designadamente os agentes diplomáticos e o seu agregado familiar.

As infracções reprimidas são o assassinato, o rapto, a sua ameaça ou tentativa; os Estados devem exercer a acção penal por actos exercidos no seu território, caso não procedam à extradição (Portugal formulou a sua habitual reserva quanto a extradições por factos puníveis com a pena de morte ou prisão perpétua).

4. Os Consulados[3]

Como a diplomacia, é antiga a instituição consular, assente desde o seu início numa vontade pragmática de proporcionar o relacionamento entre grupos humanos através da protecção às gentes que contactavam tribos ou aglomerados alheios, primeiro, para simples trocas de produtos, e, posteriormente, já para acções de comércio. E se, com alguns dos principais contornos que hoje lhe associamos, ela apenas terá surgido com as cruzadas, bem antes, quando ainda não lhe era dada a presente designação, encontramos no registo histórico numerosas referências a práticas que afinal a foram formatando ao longo dos tempos e se consubstanciam em princípios de acolhimento, hospitalidade e amparo a estrangeiros. Delas falam, na Índia, o nosso já conhecido Código de Manu e, entre os hebreus, o Antigo Testamento; delas também encontramos rasto nas descrições das colónias fenícias na Península Ibérica, ou assumem desenho bem mais preciso com a criação dos *proxenes*[4], na Grécia Antiga, dos *patroni* no Império romano, dos *telonari* do Código Visigótico no século VII, ou, mais tarde, como entre Veneza e Constantinopla, dos *bailios*.

Será a partir da Alta Idade Média que a instituição consular começa a consolidar-se juridicamente pelo impulso do Código visigótico, iniciando uma caminhada de desenvolvimento que Silvestre Pinheiro Ferreira divide em três fases: do século XI a XVI, em que os cônsules eram geralmente eleitos pelos nacionais estrangeiros residentes num país; do século XVI a finais do século XVIII, caracterizada pelo controlo do poder central que nomeia e envia os cônsules; e a partir do século XVIII, em que os cônsules perdem o poder jurisdicional que detinham sobre os seus nacionais, os Estados controlam inteiramente a organização e funcionamento dos Consulados, e se procede à codificação do respectivo direito.

Também, como acontece com a diplomacia, não é consensual na doutrina o seu conceito. De entre várias, será de reter a completa definição de E. V. Pintos, que a seguir se sintetiza: «instituição jurídico-internacional

[3] Não se pretende neste capítulo abordar a rica diversidade da instituição consular, mas somente referir alguns dos principais aspectos ligados às respectivas imunidades. Para maior desenvolvimento desta matéria ver Vladimir Brito, *Direito Consular*, Coimbra, 2004.

[4] Ver na Parte I a contribuição da Grécia para a evolução da diplomacia.

que consiste no estabelecimento de um órgão de administração pública de um Estado (o Consulado), para actuar no território de outro, por acordo mútuo, com o objectivo principal de assistir os respectivos nacionais prestando-lhes assistência e protecção necessárias — de acordo com o direito internacional e, se requerido, no modo que for autorizado pelo Estado de residência — nomeadamente possibilitando-lhes o exercício dos seus direitos de cidadania e realizar actos regidos pelo seu ordenamento jurídico; ocupando-se igualmente da protecção dos interesses *ius gestionis* do seu Estado, e de prestar os serviços que possam ser solicitados pelas autoridades e nacionais do Estado de residência ou por outras pessoas que neste se encontrem; e tudo isto para fomentar e desenvolver as relações mútuas»[5].

Deste conceito, desde logo se compreende que as relações consulares têm uma natureza bilateral e o seu estabelecimento implica um acordo prévio mútuo, correspondendo a uma vontade política de cooperar para o desenvolvimento das respectivas relações; acresce ainda um objectivo prioritário: a defesa e protecção de diversificados interesses dos seus nacionais residentes ou em trânsito no país em que se encontrem instalados os respectivos Postos Consulares.

Igualmente dele se depreende que as relações diplomáticas e consulares correspondem a dois modos diferentes do relacionamento entre os Estados. Assim, a prática revela que podem existir relações consulares entre dois Estados que não possuem[6] ou tenham rompido relações diplomáticas, mas que mantêm os respectivos postos consulares (n.º 2 do artigo 3.º da Convenção de Viena de 1963), o que se explica por deste modo se estabelecer um útil meio de comunicação bilateral; num sentido oposto e mais comum recorde-se que a existência de relações diplomáticas não obriga a um relacionamento consular.

Aliás, a distinção essencial entre as funções dos agentes diplomáticos e das que são prosseguidas pelos funcionários consulares coloca-se quanto ao carácter representativo e de raiz política do trabalho exercido pelas Embaixadas, o que não ocorre com as responsabilidades consulares.

---

[5] E. V. Pintos, *op. cit.*, p. 95.

[6] Foi o caso, antes já referido, da Espanha com vários países comunistas entre 1967 e 1970.

A este propósito convirá lembrar que os Cônsules não representam o Estado que os envia junto do Estado receptor (por isso não são portadores de credenciais, nem a sua presença implica reconhecimento do Estado receptor); e porque as suas funções têm uma natureza fundamentalmente administrativa, não se encontram acreditados junto do governo central, relacionando-se antes com as autoridades locais da sua área de circunscrição, estando esta devidamente delimitada no documento que estabelece o Posto Consular. Deste carácter não representativo das suas funções resulta que os Postos Consulares escapam, em princípio, às conjunturas políticas que afectam o relacionamento diplomático: mudança de regime, corte de relações diplomáticas; pelas mesmas razões, não deverão, salvo mandato expresso das suas autoridades, receber qualquer notificação judicial envolvendo o seu Estado[7].

A Convenção de Viena sobre as Relações Consulares de 1963, que a seguir será sempre referida como Convenção, hierarquiza os postos consulares em quatro categorias: Consulados Gerais, Consulados, Vice-Consulados, e Agências Consulares; só nos dois primeiros casos, segundo a lei portuguesa que, àqueles, junta os Consulados honorários, os seus titulares pertencem à carreira diplomática.

Imunidades e Privilégios

I

Relativamente a privilégios e imunidades, os quais poderão ser alargados por acordo bilateral, haverá que distinguir entre o Posto Consular e os seus membros. Assim, os locais do Consulado, e nomeadamente os seus bens (mas não a residência do Cônsul), gozam de inviolabilidade nos mesmos termos que ocorre com a Missão Diplomática, existindo deste modo para o Estado anfitrião um idêntico dever de prevenção e de repressão (artigos 28.º a 39.º da Convenção); igualmente, os seus arquivos gozam de inviolabilidade absoluta (artigo 33.º); é-lhes reconhecido o direito de livre

[7] Salmon, *op. cit.*, p. 461.

comunicação para todos os fins oficiais (artigo 35.º); não podem sofrer qualquer busca (dever de não penetração nos locais do Consulado, artigo 31.º-2); não podem ser requisitados, bem como os seus bens e meios de transporte (artigo 31.º-4), embora, ao contrário do que acontece com a Missão Diplomática, seja permitida a sua expropriação para fins de defesa ou de utilidade pública; o artigo 32.º concede isenção fiscal ao Posto Consular, a qual incide sobre os impostos relativos à aquisição ou alienação de imóveis, taxas municipais devidas com a construção ou alteração de terrenos ou edifícios, impostos sobre o valor de bens móveis destinados ao Posto Consular; o artigo 39.º-1 dá ao Posto o direito de cobrar emolumentos e taxas estabelecidos pela legislação nacional do Estado que envia isentando-o de qualquer obrigação fiscal; o artigo 29.º permite aos Postos Consulares o uso da bandeira e do respectivo escudo nacional. Tal como na Convenção sobre Relações Diplomáticas, a Convenção de 1963 estipula que «o Estado receptor concederá todas as facilidades para o exercício das funções do Posto Consular», o que permite alargá-las por via de acordo bilateral.

II

No que diz respeito aos funcionários consulares, gozam de imunidade de jurisdição penal, civil e administrativa (artigo 43.º-1), embora, ao contrário dos agentes diplomáticos, *não seja absoluta no plano penal*, pois só poderá ser invocada quanto a actos praticados *no exercício das suas funções oficiais*; também no domínio civil, a imunidade não ocorre em caso de contratos privados e bem assim quando um meio de transporte do funcionário consular cause danos em terceiros (artigo 43.º-2); o artigo 44.º não concede a imunidade de testemunhar, mas os funcionários consulares não são obrigados a depor sobre factos relacionados com as suas funções.

O *princípio da inviolabilidade tem aqui uma dimensão mais restrita*, pois não é absoluta: assim, se os funcionários consulares não podem ser detidos ou presos, já o *serão* em caso de *crime grave ou em virtude de decisão de autoridade judicial* competente (artigo 41.º-1) ou em execução de uma decisão judicial (artigo 41.º-2). Por isto, em caso de crime grave e de instauração de processo judicial, o funcionário consular deverá apresentar-se às autoridades judiciais do Estado receptor.

O artigo 49.º da Convenção concede *isenção de impostos*, extensiva ao agregado familiar, mas determina várias excepções: rendimentos, transmissão de bens de natureza pessoal ou decorrentes de actividade privada. Por seu turno, o artigo 50.º isenta o funcionário consular e família de direitos alfandegários quanto a bens importados para o seu uso pessoal e instalação e artigos de consumo (os empregados consulares têm iguais direitos relativamente a objectos importados para a sua *instalação*).

Relativamente aos funcionários consulares que sejam nacionais do Estado receptor ou nele vivam em permanência, *só terão direito aos privilégios que aquele lhes conceder.*

Quanto aos *Consulados Honorários*, o Posto Consular goza de inviolabilidade das suas instalações, arquivo e documentos, na parte efectivamente afecta ao serviço consular (atendendo à especial natureza destes postos, funcionam geralmente em escritórios dos seus titulares). No que diz respeito ao Cônsul, só goza de inviolabilidade, imunidade jurisdicional e isenções fiscais em *relação aos actos oficiais, não sendo tais prerrogativas extensivas ao seu agregado familiar e empregados* (artigo 58.º).

CAPÍTULO VII
A COMUNICAÇÃO DIPLOMÁTICA

Porque desde a sua criação a diplomacia é um método para facilitar o relacionamento entre os povos e as entidades políticas que os representam, foi desenvolvendo ao longo do tempo regras de disciplina para garantir através de mensagens e sinais uma desejável eficácia de comunicação[1]. E esta, continuadamente alterada nos nossos dias por constantes inovações tecnológicas, assenta, sobretudo, no plano bilateral por um diálogo constante a que é dado o nome de diligência diplomática. Esta consiste nos contactos e comunicações efectuadas pela Missão junto das autoridades do Estado receptor. Podem revestir a natureza oral (a mais frequente) ou escrita.

Principais formas de diligência escrita[2]:

- *Notas formais*: correspondência a que se atribui especial importância, dirigida pessoalmente pelo Chefe da Missão ao Ministro dos Negócios Estrangeiros do Estado receptor.
- *Notas verbais*: é a forma mais habitual de correspondência das Missões. Distingue-se da nota formal por não ter assinatura e ser redigida na 3.ª pessoa.

---

[1] «Sem comunicação não pode existir diplomacia.» C. Jönsson e M. Hall, *Essence of Diplomacy*, p. 37.

[2] Calvet, no seu *Manual Diplomático*, pp. 229 e seguintes, oferece um completo formulário.

- *Memorando* (*ou memória*, *pró-memória ou* aide-mémoire): forma de correspondência, sem qualquer formalidade de cortesia, expondo um assunto, geralmente para acompanhar uma diligência oral.
- *Non-paper*: ao contrário das restantes formas não é geralmente escrito em papel com timbre da missão, não tem geralmente título nem forçosamente a identificação do assunto, servindo para apoiar diligências orais ou transmitir posições. Como o nome indica, considera-se não possuírem existência oficial.

CAPÍTULO VIII
A DOCUMENTAÇÃO DIPLOMÁTICA

Entre os principais documentos oficiais[1] que formatam o relacionamento bilateral merecem referência os seguintes:

- *Credenciais*: documento de acreditação de um Embaixador assinado pelo Chefe de Estado e pelo Ministro dos Negócios Estrangeiros.
- *Cartas de Gabinete*: documento de acreditação dos Encarregados de Negócios permanentes, exarado pelo Ministro dos Negócios Estrangeiros e dirigida ao seu homólogo.
- *Carta Patente*: documento de acreditação de um Cônsul de carreira, emitido e assinado pelo Chefe de Estado.
- *Exequatur*: documento de aceitação da acreditação de um Cônsul pelo país que recebe, assinado pelo respectivo Chefe de Estado.
- *Cartas de Correio de Gabinete*: documento emitido pelo Ministério dos Negócios Estrangeiros que certifica a qualidade de portador de mala diplomática.
- *Passaportes Diplomáticos*: documentos de viagem emitidos pelos Ministérios dos Negócios Estrangeiros.
- *Plenos Poderes*: documento assinado pelo Chefe de Estado que certifica que uma pessoa está autorizada a representar um Estado numa reunião internacional e assinar em seu nome um documento dela emanado [artigo 2.º-*a)* da Convenção sobre o Direito dos Tratados, de 1969].

---

[1] Para maior desenvolvimento ver Calvet, *idem*, p. 154.

- *Cartas de Ratificação*: documentos emitidos pelo Estado e assinados pelo Chefe de Estado, que indicam que se completou o processo da aceitação de um acto internacional.

BIBLIOGRAFIA

A.A.V.V., «A Diplomacia na História de Portugal», in *Actas do Colóquio da Academia Portuguesa de História*, Lisboa, 1990.

——, *1648, La Paix de Westphalie*, Paris, Imprimerie Nationale, 1998.

Anderson, M. S., *The Rise of Modern Diplomacy, 1450–1919*, Londres, Longman, 1993.

Antoniade, Constantin, *Les Ambassadeurs en Venise au XVI Siècle*, Madrid, Destin, 1984.

Aron, Raymond, *Paix et Guerre entre les Nations*, Paris, Calmon-Levy, 1964.

Badie, Bertrand, *La diplomatie des droits de l'homme*, Paris, Fayard, 2002.

Baker, James, *The Politics of Diplomacy*, Califórnia, Perigee, 1995.

Battistella, Dario, *Théories des Relations Internationales*, Paris, SciencesPo, 2006.

——, *Un monde unidimensionnel*, Paris, SciencesPo, 2011.

Bély, Lucien, *L'Art de la Paix en Europe*, Paris, PUF, 2007.

——, *Les Relations Internationales en Europe (XVII-XVIII siècles)*, Thémis, Paris, Puf, 2007.

——, *La Société des Princes*, Paris, Fayard, 1999.

Bély, Lucien e outros, *Histoire de la Diplomatie Françoise*, Paris, Perrin, 2005.

Bernis, *Mémoires du Cardinal de Bernis*, Paris, Mercure de France, 1986.

Berridge, G. R., Maurice Keens-Soper e T. G. Otte, *Diplomatic Theory from Machiavelli to Kissinger*, New York, Palgrave, 2001.

Berridge, G. R., *Diplomacy, theory and practice*, N.Y., Palgrave, 2002.

Black, Jeremy, *A History of Diplomacy*, Londres, Reaktion Books, 2010.

Blin, Arnaud, *La Paix de Westphalie*, Bruxelas, Editions Complexe, 2006.

Bonefous, Marc, *Le Fer et le Velours, Essoi sur la violence et la diplomatie*, Paris, F. X. Guibert, 2002.

Brazão, Eduardo, A *Secretaria de Estado dos Negócios Estrangeiros*, Coimbra Editora, Coimbra, 1978.

Braudel, Fernand, *La Grammaire des Civilizations*, Paris, Flammarion, 1993.

Braudel, Fernand e Duby, Georges, *La Mediterranée*, Paris, Champs-Flammarion, 1986.

Brito, Wladimir, *Direito Consular*, Coimbra Editora, Coimbra, 2004.

Cahill, Kevin, *La Diplomatie Preventive*, Paris, Nil Editions, 2005.

Cambon, Jules, *Le Diplomate*, Paris, Hachette, 1926.

Castro, Zília Osório (coord.) e outros, *Diplomatas e Diplomacia*, Lisboa, Horizonte, 2004.

Chambon, Albert, *Mais que Font Donc ces Diplomates entre Deux Cocktails*, Paris, A. Pedone, 1983.

Chas. W. Freeman, *The Diplomats Dictionary*, Washington DC, USIP, 2003.

Clément, J. P., *Chateaubriand*, Paris, Flammarion, 1998.

Cluny, Isabel, *O Conde de Tarouca*, Lisboa, Horizonte, 2006.

——, *D. Luís da Cunha*, Lisboa, Horizonte, 1999.

Cohen, Raymond e Westbrook, Raymond (coord.), *Amarna Diplomacy*, Baltimore, J. Hopkins University Press, 2000.

Cooper, Andrew, *Celebrity Diplomacy*, Boulder-Londres, Paradigm Publishers, 2008.

Cunha, Hélder Mendonça, *Regras do Cerimonial Português*, Lisboa, Bertrand, 1976.

Darwin, John, *The Global History of Empire*, N.Y., Allen Lane, 2007.

Deleuze, Giles, *Proust et les Signes*, Paris, Quadrige-PUF, 1996.

Destremau, Bernard, *Qual d' Orsay, derrière la fa*çade, Paris, Plon, 1994.

Dickie, John, *Inside the Foreign Office*, Londres, Chapmans, 1992.

——, *The New Mandarins*, Londres, I. B. Tauris, 2004.

Dinh, Nguyen Quoc, *Direito Internacional Público*, Lisboa, Fundação Gulbenkian, 2003.

Doty, C. Stewart (edit.), *Western Civilization*, N.Y., Thomas Crowell Co., 1973.

Dreyfus, Simone, *Droit des Relations Internationales*, Paris, Cujas, 1991.

Eban, Abba, *The New Diplomacy*, N.Y., Random House, 1983.

Elias, Norbert, *A Sociedade de Corte*, Lisboa, Editorial Estampa, 1995.

Faria, Ana Maria Homem Leal de, *Duarte Ribeiro de Macedo, Um Diplomata Moderno*, Lisboa, Instituto Diplomático, 2005.

——, *Os Cadernos de Duarte Ribeiro de Macedo*, Lisboa, Instituto Diplomático, 2007.

——, *Arquitectos da Paz*, Lisboa, Tribuna, 2008.

Febvre, Lucien, *A Europa, Génese de uma Civilização*, Lisboa, Teorema, 2001.

Friedman, Thomas L., *Compreender a globalização*, Lisboa, Quetzal, 2000.

Gaddis, John Lewis, *A Guerra Fria*, Lisboa, Edições 70, 2007.

Galbraight, J. Kenneth, *A Life in Our Times*, Boston, Houghton C., 1981.

Giraud, René, *Diplomatie Européenne, Nations et Imperialismes*, Paris, A. Colin, 1997.

Goff, Jacques Le, *Les Intelectuels au Moyen Age*, Paris, Seuil, 2000.

Gomes, Bernardino e Sá, *Tiago, Carlucci versus Kissinger*, Lisboa, D. Quixote, 2008.

Hamilton, Keith e Langhorne, Richard, *The Practice of Diplomacy*, N.Y., Routledge, 1995.

Hobsbawm, Eric, *Nations et nationalistes depuis 1780*, Paris, Gallimard, 1992.

Holsti, Kalevi, *Taming the Sovereigns*, Cambridge, Cambridge University Press, 2004.

Homem, António Barbas, *História das Relações Internacionais*, Coimbra, Almedina, 2003.

Jardine, Lisa, *Worldy Goods*, Londres, Macmillan, 1996.

Jönson, Christer e Hall, Martin, *Essence of Diplomacy*, N.Y., Palgrave, 2005.

Judt, Tony, *Reappraisals*, Londres, Vintage, 2009.

Kissinger, Henry, *Diplomacy*, New York, Touchstone, 1994.

——, *White House Years*, Boston, Boston and London, 1979.

——, *Western Civilisation*, N.Y, Crowel, 1973.

Kupchan, Charles e outros, *Power in Transition*, N.Y., United Nations University Press, 2001.

Lauren, Paul G., Gordon, Craig e George, Alexander L., *Force and Statecraft*, N.Y., Oxford University Press, 2007.

Leonard, Marc, *Public Diplomacy*, Londres, Foreign Policy Center, 2002.

Lourenço, Eduardo, *Nós e a Europa*, Lisboa, INCM, 1988.

——, *O Esplendor do Caos*, Lisboa, Gradiva, 1998.

——, *A Europa Desencantada*, Lisboa, Gradiva, 2001.

Macedo, Jorge Borges de, *História Diplomática Portuguesa*, Lisboa, Tribuna, 2006.

Madelin, Louis, *Talleyrand*, N.Y., Roy Publishers, 1948.

Magalhães, José Calvet de, *A Diplomacia Pura*, Lisboa, Bizâncio, 2005.

——, *Manual Diplomático*, Lisboa, Bizâncio, 2001.

Maltez, José Adelino, *Curso de Relações Internacionais*, S. João do Estoril, Principia, 2002.

Maresca, Adolfo, *La Missione Diplomática*, Milão, Milano Giuffré, 1959.

Martinez, Pedro Soares, *História Diplomática de Portugal*, Lisboa, Verbo, 1992.

Mathias, Marcello Duarte, *Diário da Índia*, Lisboa, Gótica, 2004.

——, *Diário de Paris*, Lisboa, Oceanos, 2004.

Mattingly, Garrett, *Renaissance Diplomacy*, N.Y., Dover Publications, 1988.

Melissen, Jan, *The New Public Diplomacy*, Londres, Palgrave, 2007.

Merle, Marcel, *Bilan des Relations Internationales Contemporaines*, Paris, Economica-Paris, 1995.

Milza, Pierre, *As Relações Internacionais de 1918 a 1939*, Lisboa, Edições 70, 2007.

——, *As Relações Internacionais de 1871 a 1914*, Lisboa, Edições 70, 2007.

Minc, Alain, *Antiportraits*, Paris, Gallimard, 1996.

Mongiardim, Maria Regina, *Diplomocia*, Coimbra, Almedina, 2007.

Morand, Paul, *Journal d'un Attaché d'Ambossode*, Paris, Gallimard, 1996.

——, *Journal Inutile*, Paris, Gallimard, 2001.

Moreira, Adriano, *A Circunstância do Estado Exíguo*, Loures, Diário de Bordo, 2009.

Morgenthau, Hans, *Escritos sobre Política Internacional*, Madrid, Tecnos-Madrid, 1990.

Nicolson, Harold, *Diplomacy*, Londres, Oxford University, 1955.

——, *The Evolution of Diplomotic Method*, Leicester, University of Leicester, 1998.

Oliveira, Luís Soares de, *História Diplomática*, Lisboa, PF-Lisboa, 1994.

Oper, Robert, *A Diplomatic Life Behind the Iron Certain*, Bloomington, XLibris, 2009.

Pascual, Edmond, *La Communication* écrite *en Diplomatie*, Perpignam, Presses Universitaires de Perpignan, 2004.

Peyrefitte, Alain, *L'Empire Imobile*, Paris, Fayard, 1989.

Pinto, Maria do Céu, *As Nações Unidas e a Manutenção da Paz*, Coimbra, Almedina, 2007.

Pintos, E. Vilariño, *Curso de Derecho Diplomático e Consular*, Madrid, Tecnos, 2003.

Plantey, Alain, *De la Politique entre les États*, Paris, Pedone, 1991.

Queller, Donald E., *The Office of the Ambassador in the Middle Ages*, Princeton, Princeton University Press, 1967.

Quermone, Jean-Louis, *L'UE dans le Temps Long*, Paris, Sciences-Po, 2008.

Rapp, Francis, *Le Saint Empire Romain Germanique*, Paris, Tallandier, 2000.

Rémy, Jean Pierre, *Trésors et secrets du Quai d'Orsay*, Paris, J. C. Lattès, 2001.

Renouvin, Pierre e J. B. Duroselle, *Introduction à l'Histoire des Relations Internationales*, Paris, A. Colin, 1995.

Rietbergen, Peter, *Europe, A Cultural History*, Londres, Routledge, 2006.

Rhodes, Richard, *Arsenals of Folie*, Londres, Simon and Schuster, 2007.

Roche, J. Jacques, *Relations Internationales*, Paris, Montechretien, 2005.

Roy, Albert du, *Domaine Reservé, Les coulisses de la diplomatie française*, Paris, Seuil, 2000.

Saint-Simon, *Mémoires*, Paris, Folio Gallimard, 1990.

Salmon, Jean, *Manuel de Droit Diplomatique*, Bruxelas, Brulant, Delta, 1996.

Satow, Ernest, *Satow's Guide to Diplomotic Practice*, 5.ª edição, Londres, 1979.

Serres, Jean, *Le Protocole et les Usages*, Paris, PUF, 1963.

Silva, G. Nascimento e, *Diplomacia/Protocolo*, G. Record Editora, Rio de Janeiro, 1969.

——, *A Missão Diplomática*, Rio de Janeiro, C.ª Editora Americana, 1971.

Silva, Maria Beatriz Nizza da, *D. João V*, Temas e Debates, Lisboa, 2009.

Stiglitz, Joseph, *Globalization ond its Discontents*, Londres, Allen Lane, 2002.

Touchard, Jean, *Histoire des Idées Politiques*, Paris, PUF, 2006.

Tran, V. Dinh, *Communication and Diplomacy in a Changing World*, Ablex P. Corporation, U. S., 1987.

Veiga, Tomé Pinheiro da, *Fastigimia*, Lisboa, INCM, 2009.

Villar, Constanze, *Le Discours Diplomatique*, Paris, L 'Harmattan, 2006.

Waresquiel, Emanuel de, *Talleyrand le Prince Imobile*, Paris, Fayard, 2003.

Watson, Adam, *Diplomacy, The Dialogue Between States*, Londres, Routledge, 1991.

——, *The Evolution of International Society*, Londres, Routledge, 1992.
Winock, Michel, *Le xx Siécle Ideologique et Politique*, Paris, Perrin, 2009.
Wight, Martin, *Power Politics*, Leicester, Leicester University Press, 2007.
Zamoyski, Adam, *Rites of Peace*, Londres, Harper Perennial, 2008.

ÍNDICE ANALÍTICO